Hamburger Edition

Till van Rahden

Vielheit

Jüdische Geschichte und die Ambivalenzen des Universalismus

Hamburger Edition

Für David, Frederik, Jonathan und Luise

Hamburger Edition HIS Verlagsges. mbH
Verlag des Hamburger Instituts für Sozialforschung
Mittelweg 36
20148 Hamburg
www.hamburger-edition.de

Umschlaggestaltung: Lisa Neuhalfen
Umschlagabbildung: Otto Freundlich, Komposition, 1938,
Gouache oder Tempera auf grundierter Malpappe, 54,5 x 45 x 0,4 cm;
Jüdisches Museum Berlin, Inv.-Nr. 1999/179/0, Foto: Jens Ziehe
Satz aus Alegreya Serif und Sans durch Dörlemann Satz, Lemförde
Druck und Bindung: CPI books GmbH, Leck
Printed in Germany
ISBN 978-3-86854-358-2
1. Auflage Oktober 2022

Inhalt

Einleitung 7

1 Minderheit und Mehrheit: Vom Ideal demokratischer Gleichheit zum Traum nationaler Reinheit 21

2 Jüdisches Leben und die Ambivalenzen der bürgerlichen Gesellschaft in Deutschland 47

3 »Deutsche jüdischen Stammes«: Gemeinschaftsvorstellungen zwischen Nationalismus und Partikularismus von 1850 bis 1933 73

4 Situative Ethnizität oder sozialmoralisches Milieu: Juden und Katholiken im deutschen Kaiserreich 99

5 Verrat, Schicksal oder Chance: Kontroversen über den Begriff der Assimilation 121

Anmerkungen 145

Literaturhinweise 217

Danksagung 222

Einleitung

Der Begriff der »Vielheit« ist kaum noch geläufig. Er beschreibt eine »in sich nicht einheitliche Vielzahl von Personen oder Sachen«. Verbreitet ist heute der Begriff der »Vielfalt«, der eine »Fülle von verschiedenen Arten« umfasst, »in denen etwas Bestimmtes vorhanden ist, vorkommt, sich manifestiert; große Mannigfaltigkeit«. Auf den ersten Blick scheinen Vielheit und Vielfalt eng miteinander verknüpft zu sein. Beide Begriffe beschreiben Verschiedenheit.[1] Bei Lichte besehen, stehen sie jedoch für unterschiedliche Sichtweisen auf die Frage der Verschiedenheit. Historisch ist auffällig, dass die Rede von der »Vielfalt« seit dem Beginn des 20. Jahrhunderts lange vorherrschende Begriffe wie den der »Vielheit« oder der »Mannigfaltigkeit« verdrängt hat. Jedenfalls lässt sich die Rede von »Vielfalt«, ob als biologische oder als genetische, kulturelle oder sprachliche, erst seit dem frühen 20. Jahrhundert nachweisen.[2] Der Begriff der »Vielfalt« entspricht *diversitas, diversité* bzw. *diversity,* »Vielheit« dagegen *multitudo* oder *pluralitas, multitude* oder *plurality, multitude* bzw. *pluralité.*[3] Das Suffix »-heit« war ursprünglich ein eigenständiges Wort mit der Bedeutung »Zustand«.[4]

Bis ins frühe 20. Jahrhundert waren Begriffe wie »Vielheit« und »Mannigfaltigkeit« gängig, um Verschiedenheit zu beschreiben. Seit etwa 1920 wird Vielheit kaum verwendet. Der um 1800 noch verbreitetere Begriff der Mannigfaltigkeit verliert schon im 19. Jahrhundert an Bedeutung und verschwindet im Laufe des 20. Jahrhunderts fast ganz.[5] Bezeichnenderweise finden sich in Lexika und Wörterbüchern aus dem 18. und 19. Jahrhundert zwar oft Lemmata zu »Vielheit« und »Mannigfaltigkeit«, aber kaum Einträge zu »Vielfalt« und »Diversität«. Sulzers *Allgemeine Theorie der Schönen Künste* etwa bezog 1774 die Idee der Mannigfaltigkeit auf den Wunsch des vernunftbegabten Menschen nach »Abwechslung, das ist die Mannigfaltigkeit der Gegenstände, die den Geist, oder das Gemüth beschäftigen«. *Pierer's Universal-Lexikon* definierte Mannigfaltigkeit 1860 knapp als die »Verschiedenheit in einer in Hauptcharakteren übereinstimmenden Mehrheit, z. B. vom Menschen, Thieren etc.«[6] Worauf verweist dieser Befund?

Seit etwa 1900 verbreitete sich eine neue, abstraktere Sprache der Verschiedenheit, der wir uns bis in die Gegenwart selbstverständlich bedienen. Je höher die Abstraktion, desto eher gerieten die Spezifika einzelner Konflikte aus dem Blick. An die Stelle der anschaulichen und konkreten Begriffe von Vielheit und Mannigfaltigkeit, Kolonien und Kulten, Stämmen und Nationalitäten treten Schlagworte wie Vielfalt, Assimilation, Minderheit und Minderheitenrechte. Vor allem mit dem Gegensatz von Mehrheit und Minderheit war eine höhere Ebene der Abstraktion in der Auseinandersetzung über Verschiedenheit erreicht.

Der Begriff der Vielheit war anschaulicher, politischer und anstößiger. In *Zedlers Universal-Lexicon* hieß es 1746, »Vielheit, Lat. Multitudo, bedeutet in den Rechten [...] so viel, als eine Menge oder Hauffen Volcks, sonst auch im Lateinischen *Turba* genannt«. *Turba* wiederum meine einen »Lerm, Schwarm, Unordnung usw.« Und weiter: »Daher kommt *Turbare,* [...] stöhren, verstöhren, verhindern, verwirren, betrüben, irre machen.«[7] Auch in anderen Lexika der Zeit entsprach »Vielheit« meist dem Lateinischen *multitudo*, einem Begriff, in dem sich die Angst vor dem Verlust an Kontrolle und Ordnung niederschlug.

Offen blieb, wie es möglich sei, eine Vielheit zu zählen oder gar zu ordnen. Johann August Eberhards *Versuch einer allgemeinen deutschen Synonymik* grenzte daher 1800 den Begriff der »Vielheit« von dem der »Menge« ab: »Die Vielheit kommt allem zu, was nicht wenig ist [...]; Menge nur dem Ungezählten.« Weiter heißt es: »Durch das Zählen bekommen wir deutliche Begriffe von einer Vielheit; was daher so viel ist, daß man es nicht zählen kann, [...] das nennen wir eine Menge.«[8] Doch der Vorschlag, Vielheit und Menge zu unterscheiden, setzte sich nicht durch. Vielheit, hieß es 1829 im *Allgemeinen Handwörterbuch der philosophischen Wissenschaften*, bezeichne »eine unbestimmte Menge«.[9] Die Bedeutung der kaum zählbaren und anstößigen Unordnung blieb erhalten.

Während bei der Rede von der Vielfalt der sprachlogische Gegenbegriff der Einfalt kaum mitgedacht wurde, blieb der Begriff »Vielheit« durchgängig auf den der »Einheit« bezogen.[10] Typisch für die Spätscholastik war Wilhelm von Ockhams Annahme, dass Vielheit zu »Zwietracht« (*discordia*) führe. Mit der Aufklärung setzte sich die Vorstellung einer »Einheit in der Vielheit« durch, wie sie etwa Gottfried Wilhelm Leibniz bereits 1677 formuliert hatte.[11]

Einheit und Vielheit als gegenstrebige Fügung

Die Natur sei »Einheit in der Vielheit«, notierte Alexander von Humboldt 1845 im ersten Band seines *Kosmos*. Dabei handele es sich um die »Verbindung des Mannigfaltigen [...] als ein lebendiges Ganze[s]«.[12] Das Verhältnis der Begriffe fasste Alexander von Humboldt nicht als einen binären Gegensatz, sondern als eine gegenstrebige Fügung im Sinne Heraklits. Die »gegenspännige Zusammenfügung wie von Bogen und Leier« diente dem vorsokratischen Philosophen als ein Bild, um zu beschreiben, wie die Spannung zwischen Gegensätzen eine Einheit in der Verschiedenheit bildet.[13] Humboldt übertrug seine aus der Betrachtung der Natur abgeleitete Vorstellung auf die politische Theorie: »Indem wir die Einheit des Menschengeschlechtes behaupten, widerstreben wir auch jeder unerfreulichen Annahme von höheren und niederen Menschenracen. Es giebt bildsamere, höhere gebildete, durch geistige Cultur veredelte, aber keine edleren Volksstämme. Alle sind gleichmäßig zur Freiheit bestimmt.«[14] Aus seiner Vorstellung der Einheit in der Vielheit leitete Humboldt ein zum allgemeinen Prinzip erhobenes Ideal der Freiheit ab.

Für den bedeutendsten Naturforscher des 19. Jahrhunderts war die Debatte über die rechtliche Gleichstellung und die bürgerliche Verbesserung der Juden paradigmatisch. Ihre Zurücksetzung sei mit den »Grundsätzen der Staatsklugheit« unvereinbar, mahnte Alexander von Humboldt 1842.[15] Zudem hielt er den Vorwurf, die indigene Bevölkerung Lateinamerikas sei »müßig und faul«, für ebenso haltlos wie ein judenfeindliches Vorurteil. Allein »Verfolgung und Fanatismus« seien schuld an ihrer Lage: »Was Dohm über die zivile Reform der Juden sagt, kann auch auf Indios angewendet werden.«[16]

Im Gegensatz zu seinem Bruder Wilhelm, der die rechtliche Gleichstellung der Juden vor allem als ein theoretisches Problem begriff, pflegte Alexander von Humboldt eine lebenslange »Weggemeinschaft mit Juden« und wandte sich praktisch gegen ihre Zurücksetzung. Der Universalgelehrte setzte sich 1842 dafür ein, dass der Komponist Giacomo Meyerbeer als einziger Jude in die neu gegründete Friedensklasse des Ordens Pour le mérite berufen, der Physiker Peter Theophil Rieß als erster Jude Mitglied der Preußischen Akademie der Wissenschaften und 1847 der jüdische Arzt Robert Remak zum Privatdozenten an der Berliner Universität ernannt wurde.[17] Ein Jahr vor seinem Tod veröffentlichte Alexander von Humboldt in der *Neuen Zürcher Zeitung* einen offenen Brief an seinen ersten jüdischen Biografen. Seit seiner »Jugend« sei er »mit den edelsten Ihrer Glaubensgenossen innigst verbunden« und ein »lebhafter« wie »ausdauernder Verfechter der Ihnen gebührenden und so vielfach noch immer entzogenen Rechte«.[18]

Das Denken der jüdischen Aufklärer Berlins hatte Humboldts Vorstellung einer Einheit in der Vielheit geprägt. Bereits mit sechzehn Jahren zählte er zu den Gästen der »Gesellschaft der Freunde der Aufklärung«, des Salons des jüdischen Arztes und Philosophen Marcus Herz und seiner Frau Henriette.[19] Über diese Kreise lernte Alexander von Humboldt Moses Mendelssohn kennen, der Zeitgenossen als ein »Weiser wie Sokrates« galt. Mit dessen Sohn Joseph blieb er bis zu dessen Tod im Jahre 1848 befreundet.[20]

Von den Verhältnissen der Menschen gegeneinander

Zwei Jahre zuvor hatte Mendelssohn in seiner Schrift *Jerusalem oder die religiöse Macht und Judentum* für ein universelles Recht auf Glaubens- und Gewissensfreiheit plädiert. Zwar ging der Philosoph davon aus, dass die Frage nach dem Verhältnis von Staat und Religion in der Vergangenheit »glücklicher praktisch beigelegt, als theoretisch aufgelöset« worden sei.[21] Doch dann setzte er sich systematisch mit dem Toleranzverständnis der Vertragstheorie auseinander. »Gegenstand der bürgerlichen Verfassung« sind laut Mendelssohn allein die »Verhältnisse der Menschen gegeneinander«. Die »Kirche, Synagoge oder Moschee« dagegen sind für »die Verhältnisse der Menschen gegen Gott« zuständig.[22] Der Staat habe das Recht, ein Gesetz zu erlassen, um eine äußerliche »Handlung als Handlung« zu »bestrafen und [zu] belohnen«. Im Gegensatz dazu hat »die Kirche kein Recht Handlungen zu belohnen oder zu bestrafen«. Gemäß »ihrer Natur« kennen »religiöse Handlungen weder Zwang noch Bestechung. Sie fließen entweder aus freiem Antrieb der Seele, oder sie sind ein leeres Spiel, und dem wahren Geiste der Religion zuwider.«[23]

Daraus leitete Mendelssohn ein allgemeines Recht auf Verschiedenheit ab. Weder »Kirche noch Staat« hätten »ein Recht die Grundsätze und Gesinnungen irgend einem Zwange zu unterwerfen«. Zwar dürfe der Staat »zu gemeinnützigen Handlungen zwingen«, aber dies sei nur äußerlich. Keinesfalls sei der Staat befugt, »mit gewissen bestimmten Lehrmeinungen Besoldung, Ehrenamt und Vorzug zu verbinden«. Bei Fragen der »Gesinnungen und [moralischen] Grundsätze« müssten sich »Religion und Staat [...] auf Lehren, Vermahnen, Bereden und Zurechtweisen« beschränken.[24] Vor Vielheit, Unordnung und Konflikten zwischen wie innerhalb von Religionen brauche man sich nicht zu fürchten. Wem die »wahre Gottseligkeit« am Herzen liege, dürfe in Glaubensfragen »Übereinstimmung« weder heucheln noch erzwingen, da »Mannigfaltigkeit offenbar Plan und Endzweck der Vorsehung ist«.[25] Religiöser Pluralismus war für Mendelssohn nicht nur ein zu duldendes Übel, sondern auch aus theologischer Sicht wünschenswert.

Vom Recht auf Verschiedenheit

Obwohl Begriffe wie »Gottseligkeit« und »Vorsehung« mittlerweile veraltet klingen, findet sich hier ein Verständnis von bürgerlichen Grundrechten, das die liberale Demokratie kennzeichnet. Statt die liberale Idee der Freiheit gegen die demokratische Idee der Gleichheit auszuspielen, strebte Hans Kelsen »die Synthese beider Prinzipien« an.[26] Das Gebot der allgemeinen Gleichheit und die partikulare Idee der Freiheit sind wechselseitig verschränkt, so der Staatsrechtler, der aus einer Prager jüdischen Familie mit Wurzeln im galizischen Brody stammte. Das demokratische Prinzip beruhe nicht allein auf der Idee der Gleichheit, sondern vor allem auf jener der Freiheit: »Nur der Gedanke, daß – wenn schon nicht alle – so doch möglichst viele Menschen frei sein, d. h. möglichst wenig Menschen mit ihrem Willen in Widerspruch zu dem allgemeinen Willen [...] geraten sollen, führt auf einem vernünftigen Wege zum Majoritätsprinzip. Daß dabei natürlich die Gleichheit als die Grundhypothese der Demokratie vorausgesetzt wird, zeigt sich eben darin, daß nicht gerade dieser oder jener frei sein soll, weil dieser nicht mehr gilt als jener, sondern daß möglichst viele frei sein sollen.«[27] Individuelle Verschiedenheit setzt hier die Norm allgemeiner Gleichheit voraus.

Unabhängig davon, ob man an die »Schönheit der Differenz« glaubt oder auf den »Skandal der Vielfalt« blickt: Die Erfahrung der Verschiedenheit, des Konflikts und der Zwietracht ist in einem Gemeinwesen der Freien und Gleichen allgegenwärtig.[28] Demokratische Grundrechte wie der Freiheit der Meinung, des Glaubens und des Gewissens garantieren ein Recht auf Verschiedenheit, das auch Mehrheitsentscheidungen nicht einschränken dürfen.[29] Gerade der Streit über den Umgang mit Vielheit, Zwietracht und Konflikten erweist sich so als »die unvermeidliche, wenn auch nicht immer bewundernswerte Folge der persönlichen Freiheit« aller.[30]

Damit geht es auch um die Frage, was eine demokratische Lebensform sein könnte. Darunter versteht Sabine Hark eine Lebensweise, »die auf der Sorge um uns selbst, um andere und um die Welt gründet«. Deren »Richtschnur«, so die Soziologin, bestehe in der Einsicht, dass nicht der Mensch, sondern »Menschen im Plural die Erde bewohnen, weshalb ausnahmslos allen das gleiche Recht zukommt, in der Welt gedeihen zu dürfen«.[31] Das Leben im Widerstreit wird zum Kennzeichnen einer demokratischen Haltung. Laut Karl Mannheim gilt es, den Konflikt nicht nur hinzunehmen, um Kompromisse zu finden. Der Wert aller Meinungsverschiedenheit bestehe darin, dass sie die Bürgerinnen und Bürger zwingt, »sich dem Wandel auszusetzen«, die »eigene Persönlichkeit zu erweitern, indem sie Züge« von Menschen annehmen, die »sich wesentlich von ihnen unterscheiden«.[32]

Manchmal mag Vielheit »stöhren, verstöhren, verwirren« oder gar »irre machen«, wie es in *Zedlers Universal-Lexicon* 1746 hieß, doch steht sie im Zentrum einer liberalen Demokratie. Nicht abstrakt verwirklichte sich das Prinzip der allgemeinen Gleichheit. Konkret wurde es nur in dem Maße, in dem die Freiheitsrechte allen Bürgerinnen und Bürgern die Chance boten, »ohne Angst verschieden [zu] sein«.[33] Angesichts des Traumes von der Freiheit und Gleichheit aller erschien die alteuropäische Welt der Stände, Zünfte und Korporationen mit ihren »natürlichen« Hierarchien, »großen Unfreiheiten« und partikularen Freiheitsrechten zunehmend fragwürdig.[34]

Daher kann es nicht überraschen, dass der Streit über kulturelle und religiöse Differenz umso heftiger wird, je mehr sich das Ideal der allgemeinen Gleichheit und Freiheit durchsetzt. Die Idee der Gleichheit verändert das Verständnis für alle Formen der Verschiedenheit.[35] Gerade wegen der Überzeugung, dass alle Bürgerinnen und Bürger gleich sind, wird es zum Problem, dass wir im Alltag ständig erfahren, wie sehr wir uns unterscheiden. Der Blick auf Auseinandersetzungen über die jüdische Gleichstellung seit dem ersten Zeitalter der demokratischen Revolutionen belegt anschaulich eine These Thomas Nipperdeys: Je selbstverständlicher es den »modernen Menschen« wurde, »sie selbst sein« zu wollen, »frei von allen äußeren, fremden, gar autoritären Zwängen«, umso schwerer taten sie sich, »zugleich anzuerkennen, daß andere anders sein wollten«.[36]

Abgründig wird das Wechselspiel aus Gleichheit und Verschiedenheit erst dann, wenn es einer zwanghaften Logik des Entweder-oder folgt. Beim Streit über konkurrierende Ansprüche auf ein individuelles oder kollektives Recht auf Verschiedenheit ist die Neigung verbreitet, auf Begriffspaare zurückzugreifen, die uns zwingen, die Spannung als ein eindeutiges Entweder-oder zu verstehen. Das gilt für den Gegensatz zwischen dem Universalen und dem Partikularen, der Minderheit und der Mehrheit, dem Kommunitarismus und dem Liberalismus, den Eingesessenen und den Zuwanderern, dem Eigenen und dem Fremden, dem Nationalismus und dem Kosmopolitismus. Gemeinsam ist diesen binären Gegensätzen, dass sie uns auffordern, die Welt eindeutig zu klassifizieren. Alle diese Begriffspaare laden dazu ein, unser Augenmerk auf die Frage der Verschiedenheit an einer Logik des wechselseitigen Ausschlusses auszurichten. Schnell verstellen ideologische Gewissheiten den Blick auf jede spezifische Qualität eines Konflikts.

Deswegen soll hier eine andere Sicht auf die Spannung von Einheit und Vielheit, von Gleichheit und Verschiedenheit eingenommen werden. Statt die damit verbundenen Positionen entweder als universal oder als partikular zu klassifizieren, gehen die folgenden Fallstudien davon aus, dass es sinnvoller ist, die Spannung mithilfe einer Logik des Sowohl-als-auch zu begreifen. Heraklits sperriges Bild der »gegenstrebigen Fügung« ist hier hilfreich. Es führt vor Augen, dass der Streit über Fragen der Verschiedenheit zwar nicht beendet, aber doch zur Quelle des demokratischen Zusammenlebens werden kann. Das setzt allerdings voraus, dass wir das Verhältnis zwischen dem Universalismus und Partikularismus, Nationalismus und Kosmopolitismus nicht mehr als binäre Gegensätze verstehen.

Was Reinhart Koselleck für die Kategorien von Erfahrung und Erwartung gezeigt hat, gilt auch für das Verhältnis von Universalem und Partikularem: Man wird ihm nicht gerecht, wenn man dieses Verhältnis analog zu Begriffen wie Arbeit und Muße, Krieg und Frieden als Opposition fasst. Das Begriffspaar von Allgemeinem und Besonderem folgt wie das von Erfahrung und Erwartung einer anderen Logik. Es ist, so Koselleck, »in sich verschränkt, es setzt keine Alternativen, vielmehr ist das eine ohne das andere gar nicht zu haben«.[37]

Ein solches Verständnis des Universalismus lässt sich nicht auf ein abstraktes System allgemeingültiger Prinzipien reduzieren, sondern öffnet den Blick auf konkrete Universalismen im Widerstreit. Jüdische und postkoloniale Perspektiven ergänzen einander. Michael Walzer etwa unterscheidet einen »triumphalistischen« Universalismus der abstrakten Glaubenssätze von einem »reiterativen Universalismus mit partikularistischen Fokus und pluralisierender Tendenz«. Zwar orientierten sich viele emanzipatorische Bewegungen an den Erzählungen über den Auszug der Israeliten aus Ägypten im Buch

Exodus. Doch folge der Aufbruch in die Freiheit keinem abstrakten Muster. Sondern er wiederhole sich stets auf eine spezifische Weise, die partikulare Erfahrungen und Erwartungen aufnehme.[38]

Wie der amerikanisch-jüdische Philosoph plädiert auch Souleymane Bachir Diagne dafür, die Vielheit universalistischer Argumente ernst zu nehmen. Jedes Nachdenken über allgemeingültige Normen müsse von »der faktischen Pluralität unserer empirischen und menschlichen, allzu menschlichen Sprachen« ausgehen.[39] Der senegalesische Philosoph misstraut einem vertikalen Universalismus als einem »veralteten Universalismus, der nostalgisch auf eine Zeit zurückblickt, in der allein Europa als die Bühne der Geschichte galt, auf der sich das Drama des Universellen entfaltete – ein Drama, das dann durch Kolonisierung auf den Rest der Welt ausgedehnt werden konnte«.[40] Stattdessen plädiert er für einen horizontalen bzw. »lateralen« Universalismus, den wir »durch die ethnologische Erfahrung und ihre unaufhörliche Prüfung des Selbst durch den Anderen und des Anderen durch das Selbst erwerben«. Im Gegensatz zum vertikalen Universalismus geht es hier nicht darum, Ideen und Praktiken zu hierarchisieren, sondern um einen Universalismus des Übersetzens. Das Universelle, so Diagne, wird »in der Übersetzung« konkret. Dank »der Verknüpfung der Sprachen und in der dadurch geschaffenen Gegenseitigkeit« wird es sich »seiner selbst bewusst«.[41]

Der Verzicht auf eine allgemeingültige Definition der universalistischen Vernunft bietet die Gelegenheit, »mannigfaltige Ideale und unterschiedliche Vorstellungen vom guten Leben« anzuerkennen, »die durch den Respekt vor den lokalen Konventionen und Regeln der Konfliktlösung abgemildert werden«, so Stuart Hampshire. Zwar sei es sinnvoll, sich »bei der Regelung von Konflikten« auf für alle verbindliche und in diesem Sinne vernünftige Verfahren zu verständigen. Doch werde der Universalismus zum Problem, so der Philosoph weiter, wenn man aus dem konkreten Fall allgemeine Prinzipien ableite und »partikulare Ergebnisse von bestimmten moralischen Meinungskonflikten« zu einem Gebot der universellen Vernunft überhöhe.[42]

Eine Möglichkeit, den horizontalen Universalismus aufzunehmen, bieten die folgenden Fallstudien, in deren Zentrum die Auseinandersetzungen über die Gleichstellung der Jüdinnen und Juden stehen.[43] In der Nahaufnahme jüdischer Erfahrungen wird eine geschichtliche Wirklichkeit sichtbar, die es ermöglicht, über die normativen Gewissheiten unserer Gegenwart nachzudenken. Die Episoden bieten keine Handlungsanweisungen für unsere Gegenwart. Geschichte dient hier nicht als Lehrmeisterin des Lebens. Stattdessen ermöglicht die Erforschung der geschichtlichen Wirklichkeit eine spezifische Form der moralischen Reflexion über die Spannung zwischen Universalismus und Partikularismus, Einheit und Vielheit, Gleichheit und Verschiedenheit. Es bleibt eine Spannung, die wir nicht auflösen, sondern nur aushalten können.

Im Zeitalter der universellen Gleichheit verdichtete sich der Streit um Anerkennung kultureller Unterschiede in umstrittenen Schlagworten. Historische Erfahrungen, ideologische Vorannahmen und normative Erwartungen prägten das Verständnis dieser Begriffe. Seit dem frühen 20. Jahrhundert setzten sich abstrakte Begriffe wie »Assimilation«, »Integration«, »Ethnizität« und vor allem »Mehrheit« und »Minderheit« durch. So entstand ein fester Bestand von scheinbar präzisen und allgemeingültigen Grundbegriffen der Vielfalt, von denen alle zu wissen glaubten, was gemeint war. Adjektive wie »national« und »ethnisch«, »religiös«, »kulturell« oder »sprachlich« begleiteten diese Schlagworte, um von dem Abstraktionsniveau abzulenken.

Wir könnten es als eine Gelegenheit begreifen: Dank der historischen Analyse des Moments, in dem die abstrakte Sprache der Vielfalt die konkrete Sprache der Vielheit verdrängte, gewinnen wir Abstand von den begrifflichen Selbstverständlichkeiten und ideologischen Gewissheiten der Gegenwart. Darauf hat vor allem Siegfried Kracauer hingewiesen. Die spezifischen Möglichkeiten der historischen Erkenntnis führen weiter, wenn das Interesse dem »*statu nascendi* großer ideologischer Bewegungen« gilt, »jenem Zeitraum, da sie noch nicht institutionalisiert waren, sondern sich mit anderen Ideen um die Herrschaft stritten«. So fällt das Augenmerk »weniger auf die Richtung, die die triumphierenden Ideologien in der Folge einschlugen, als vielmehr auf die Fragen, die zur Zeit ihrer Entstehung zur Debatte standen«, so Kracauer weiter. Werden Ideen, Begriffe und

Sprachen allzu selbstverständlich, »ziehen Staubwolken auf, die ihre Konturen und Inhalte verschleiern«. Begriffe und Ideen bewahren ihre produktive Unschärfe und anstößige Widersprüchlichkeit nur so lange, bis sie sich zu einem »weithin sanktionierten Glauben« verfestigen.[44]

Dank Kracauers Skepsis gegenüber geschichtsphilosophischen Gewissheiten erscheint auch das Verhältnis von Moderne und Ambivalenz in neuem Licht. Vor allem Zygmunt Bauman hat die Zeit seit der Aufklärung als Epoche »des besonders bitteren und unnachgiebigen Kampfes gegen Ambivalenz« gedeutet.[45] Für den Soziologen ist nicht die Toleranz, sondern die »Intoleranz [...] die natürliche Neigung der modernen Praxis«. Als Beleg für seine These vom »modernen Kampf gegen Ambivalenz«, der auf »die Ausmerzung von Ambivalenz« zielt, dient Bauman die Emanzipationsgeschichte des deutschsprachigen Judentums.[46] Die deutsch-jüdische Geschichte zeige, dass der Nationalstaat »kulturelle Kreuzzüge« begonnen habe, um alle »autonome, kommunale« Eigenart auszulöschen. Leitmotiv der Moderne sei »kulturelle *Intoleranz*«, das »Nicht-Ertragen und Nicht-Dulden aller *Differenz* und ihrer unvermeidlichen Ergebnisse – Vielfalt und Ambivalenz«.[47] Im Anschluss an Bauman hat Thomas Bauer argumentiert, die Moderne sei eine Epoche der »schwindenden Ambiguitätstoleranz in durchbürokratisierten, hochtechnisierten und vor allem kapitalistischen Gesellschaften«. Lange sei dies das Ergebnis von äußerem Zwang gewesen. Doch die »Maschinenmenschen« des frühen 21. Jahrhunderts, so der Islamwissenschaftler, hätten die »Strategien der Vereindeutigung« verinnerlicht.[48]

So anregend Baumans und Bauers These ist, dass das moderne Denken darauf zielt, alles Ambivalente, Zwei- oder Mehrdeutige zu vernichten, ist die These ihrerseits zu pauschal.[49] Es bleibt nur die irreführende Alternative, den aufgeklärten Universalismus um jeden Preis zu verteidigen oder zu verurteilen. Statt moderne und postmoderne Ansätze scharf gegenüberzustellen, gilt es die Ambivalenzen der historischen Wirklichkeit am Beispiel der Geschichte der Debatten über die jüdische Gleichberechtigung zurückzugewinnen. Es geht dabei nicht darum, Universalismus und Partikularismus

»zu versöhnen« und zur deutsch-jüdischen Symbiose zu überhöhen, sondern die Spannung in ihrer konkreten und anschaulichen »Wirklichkeit herauszustellen«.[50]

Der Blick auf jüdische Erfahrungen von Emanzipation und Diskriminierung schärft das Bewusstsein dafür, wie das Besondere das Verständnis des Allgemeinen prägt – und umgekehrt. So gering das numerische Gewicht der jüdischen Bevölkerung im Untersuchungszeitraum war – 1933 betrug ihr Anteil an der Gesamtbevölkerung weniger als ein Prozent –, erschließt sich aus dem »vermeintlich engen Blickwinkel jüdischer Geschichte heraus« eine umfassende Perspektive auf grundlegende Fragen der allgemeinen Geschichte.[51] Jüdische Stimmen knüpften an die Wertschätzung des Wortes und der Schrift, des Buches und der Gelehrsamkeit an. Die gelehrte Exegese, der Streit um die Auslegung von religiösem wie weltlichem Wissen, setzte die Fähigkeit voraus, Texte genau zu lesen.[52] Intellektuelle Neugier, weltoffene Gelehrsamkeit und der Glaube an den Erfolg der Emanzipation verbanden sich hier mit einer spektakulären Geschichte des wirtschaftlichen und sozialen Aufstiegs. Ab dem späten 18. Jahrhundert waren jüdische Stimmen laut zu vernehmen, die für die rechtliche Gleichberechtigung eintraten und ihr Augenmerk auf Blindstellen des christlichen oder des rationalistischen Universalismus richteten. Mit Haltung und Stolz trotzten sie der Zurücksetzung und Demütigung; selbstbewusst stritten sie für ein Recht auf Verschiedenheit.

Der Mut war umso bemerkenswerter, als sich Jüdinnen und Juden im Zeitalter der Emanzipation nicht nur mit religiösem Judenhass, sondern auch mit antijüdischen Ressentiments von aufgeklärten und liberalen Denkern konfrontiert sahen.[53] Christliche Aufklärer wie Immanuel Kant glaubten, dass das Judentum im Gegensatz zum Christentum keine »moralische Religion«, sondern nur eine »statutarische« und daher »gar keine Religion« sei.[54] Andere wie Wilhelm von Humboldt argwöhnten, dass Juden »nur ein Cärimonial-Gesetz und eigentlich keine Religion hatten«.[55] Der Philosoph Wilhelm Traugott Krug, ein Schüler Kants, schließlich warnte 1833 vor dem »Streben nach Absonderung, wie es zum Beispiel dem Judenthum in religiöser und politischer Hinsicht eigen war«.[56] Vielen, die an einen Universalismus im Zeichen der bürgerlichen Eintracht glaubten, sahen jüdische Forderungen als anstößig und überheblich, verstanden Juden als fremde und »spröde Elemente«.

Die Auseinandersetzungen über die rechtliche Gleichstellung der Juden sind paradigmatisch dafür, wie das Versprechen allgemeiner Gleichheit mit einem Anspruch auf Differenz verbunden werden kann. Dieses Buch behandelt das Problem weder enzyklopädisch noch erschöpfend. Stattdessen erörtert es exemplarisch Schlüsselbegriffe der Sprache der Verschiedenheit. Einige Kapitel führen auf unsicheres Gelände, andere lassen vertraute Themen in ungewohntem Licht erscheinen. Wenn dies zu neuen Fragen und anderen Perspektiven anregen kann, hat das Buch seinen Zweck erfüllt.[57]

1

Minderheit und Mehrheit: Vom Ideal demokratischer Gleichheit zum Traum nationaler Reinheit

Viele Begriffe, die wir verwenden, um die Spannung zwischen Gleichheit und Verschiedenheit zu beschreiben, sind umstritten.[1] Das gilt für abstrakte Begriffe wie das »Universelle« und das »Partikulare« oder das »Zentrum« und die »Peripherie«. Es trifft für Ideen wie »Rasse«, »Kultur« und »Volk« zu, aber auch für wissenschaftliche Konzepte wie Kreolisierung, Hybridisierung, Assimilation, Multikulturalismus oder Transkulturalität. In wissenschaftlichen und öffentlichen Debatten über Vielheit ist das Bewusstsein dafür gewachsen, wie stark historische Erfahrungen, ideologische Vorannahmen und normative Erwartungen das Verständnis dieser Begriffe prägen. Sie werden daher in der Regel mit Bedacht gewählt.

Dagegen werden die Begriffe »Mehrheit« und »Minderheit« meist selbstverständlich verwendet. Sie gelten als analytisch präzise und wissenschaftlich objektiv. Das Begriffspaar erfasst eine Beziehung, die eher numerisch als politisch zu sein scheint.[2] Bezeichnenderweise konzentriert sich der Eintrag über »Mehrheit« und »Minderheit« in dem bedeutendsten begriffsgeschichtlichen Nachschlagewerk, den *Geschichtlichen Grundbegriffen*, auf die Frage der Mehrheitsentscheidung und streift das Thema der Verschiedenheit nur am Rande.[3] »Minderheit« dient als vermeintlich harmloser Oberbegriff, der vergleichende Untersuchungen im Feld der Minderheitenstudien ermöglicht. Minderheiten, heißt es in der 2001 erschienenen Ausgabe der *International Encyclopedia of the Social & Behavioral Sciences*, sind »Menschen mit besonderen Merkmalen, die sie von der Mehrheit unterscheiden, mit der sie verbunden sind. Sie haben in der Regel weniger Macht und einen geringeren Status und werden oft diskriminiert. Jeder Versuch, sie zu zwingen, die Sprache, die Religion und die Bräuche der Mehrheit zu übernehmen, kann jedoch auf heftigen und kostspieligen Widerstand stoßen, so dass oft besondere Maßnahmen ergriffen und Gesetze erlassen werden, um ihre Ausgrenzung zu bekämpfen.« Der Begriff ist »ein relationaler Klassifikationsbegriff, der sich auf numerische und hierarchische Verteilungsverhältnisse zwischen gesellschaftlichen Gruppen bezieht«, betont die jüngste Ausgabe des *Staatslexikons*. Um eine Gruppe als Minderheit zu beschreiben, »bedarf es daher immer der Definition einer Mehrheit als Referenzgruppe«.[4]

Diese Definitionen klingen harmlos. Mit Bezug darauf hat die Minderheitenforschung zahlreiche Studien vorgelegt, die von der Antike bis zur Gegenwart reichen und die ganze Welt umspannen.[5] Zu dem Sachgebiet »71.63 (Minderheitenproblem)« verzeichnet allein der Katalog der Staatsbibliothek zu Berlin gegenwärtig fast 4600 Titel. In den 1960er und 1970er Jahren etwa diente der Begriff »Minderheit« als Paradigma, um die jüdische Geschichte in größere Erzählungen der europäischen Geschichte zu integrieren. Der Status von Minderheiten, argumentierte Stefi Jersch-Wenzel 1974, könne als Maßstab für den Grad der Emanzipation in der Gesellschaft insgesamt dienen. Peter Pulzer verstand seine 1992 erschienene Aufsatzsammlung *Jews and the German State* als die »politische Geschichte einer Minderheit«.[6] In der Studie über *The Minority Rights Revolution* räumte John Skrentny 2002 zwar ein, dass der Begriff Minderwertigkeit suggerieren könne. Doch der Soziologe, der an anderer Stelle das Für und Wider des Konzepts des »Rahmens« als Grundlage des politischen Lebens ausführlich erörtert, merkt nur knapp an, er halte an dem Begriff der Minderheit fest, da er in »Dokumenten dieser Zeit allgegenwärtig« sei und er »kein Synonym kenne, das »verschiedene, auf unterschiedlichen, aber nicht klassenbedingten Grundlagen benachteiligte Gruppen miteinander verbindet«.[7]

Die selbstverständliche Verwendung des Minderheitenbegriffs kann sich auf viele Einträge in Enzyklopädien und wissenschaftlichen Fachlexika zu »Minderheiten«, »Minderheitenrechten« und »Minderheitenschutz« sowie der »Minderheitenkultur« und »Minderheitenliteratur« berufen. Das gilt umso mehr für speziellere Nachschlagewerke wie die zweibändige *Encyclopedia of Minorities in American Politics* aus dem Jahre 2000, die *Encyclopedia of the World's Minorities* aus dem Jahre 2004, die 2011 erschienene *Encyclopedia of Migration and Minorities in Europe* sowie das *Routledge Handbook of Minority Discourses in African Literature* und das *Oxford Handbook of Sexual and Gender Minority Mental Health*, die beide jüngst veröffentlicht wurden. Zu nennen sind hier auch wissenschaftliche Zeitschriften wie *Immigrants and Minorities*, die seit 1982 erscheint. Laut dem Editorial befasst sich die Zeitschrift weniger mit »der Geschichte bestimmter Gruppen«, stattdessen untersucht sie »allgemeinere« Fragen in historischer Perspektive.[8] Weitere Zeitschriften sind *Women and Minorities in Science and Engineering*, welche die National Science Foundation von 1982 bis 1992 herausgab und die später *Women, Minorities, and Persons with Disabilities in Science and Engineering* hieß, sowie das 1994 gegründete *Journal of Women and Minorities in Science and Engineering*.

Der Gegensatz zwischen Minderheit und Mehrheit scheint zwar auf einem numerischen Verhältnis zu beruhen, doch verweist er, auch wenn das meist implizit geschieht, zugleich auf »Rassen«- und Kulturmetaphern. Die Ausgabe des *World Directory of Minorities* aus dem Jahre 1997 stützt sich auf eine Definition der Unterkommission zur Verhütung von Diskriminierung und für Minderheitenschutz der Vereinten Nationen von 1979. Eine Minderheit sei »eine nichtdominante Gruppe in einem Staat, deren Angehörige ethnische, religiöse oder sprachliche Merkmale besitzen, die sie von den übrigen Staatsangehörigen unterscheiden, und die wenigstens implizit ein Gefühl der Solidarität bezeigen, das auf die Bewahrung der eigenen Kultur, der eigenen Traditionen, der eigenen Religion oder der eigenen Sprache gerichtet ist«. Während die Unterkommission 1979 noch betont hatte, es handele sich dabei um eine »numerisch unterlegene«

Gruppe, gelten im *World Directory* als Minderheiten auch »nichtdominante Gruppen, die in einem Staat eine zahlenmäßige Mehrheit bilden können, und solche, die nicht notwendigerweise Staatsangehörige oder Bürger des Staates sind, in dem sie leben«.[9]

Das asymmetrische Begriffspaar von Minderheit und Mehrheit erweckt zugleich kulturelle und statistische Vorstellungen. Der Begriff der Minderheit umfasst dabei ein breites Spektrum an Bedeutungen. Doch unabhängig davon, wie vieldeutig der Begriff verwendet wird, immer wirft das Konzept Fragen der Differenz, der Devianz und der Anomalie auf. Dagegen wird »Mehrheit« selten genauer bestimmt; das Wort beschreibt eine nicht markierte, immer schon gegebene Normalität.[10] Die Unterscheidung zwischen Normalität und Devianz ist binär codiert. Personen oder Gruppen gehören entweder der Mehrheit oder der Minderheit an. Das Begriffspaar beruht auf einer ähnlichen Logik wie der Gegensatz von Reinheit und Gefährdung, auf den Mary Douglas aufmerksam gemacht hat. Ordnung entstehe, so die Anthropologin, durch »Trennen, Reinigen, Abgrenzen und Bestrafen von Überschreitungen«. Ihre Funktion liege darin, die »ungeordnete Erfahrung zu systematisieren. Nur dadurch, dass man den Unterschied zwischen Innen und Außen, Oben und Unten, Männlich und Weiblich, Dafür und Dagegen scharf pointiert«, entstehe »ein Anschein von Ordnung«.[11]

Angesichts zahlloser Veröffentlichungen zur Minderheitenforschung erstaunt, dass es keine Studie zur Geschichte des Begriffs »Minderheit« gibt, geschweige denn zum Begriffspaar von »Mehrheit« und »Minderheit«, sieht man von Studien zur Geschichte der Mehrheitsentscheidung ab.[12] Mahmood Mamdani etwa meint, dass die Idee der Minderheitenrechte auf das Jahr 1648 zurückgeht. Nach dem Westfälischen Frieden habe sich in Europa die Idee der Toleranz »als Schlüssel zur Sicherung des bürgerlichen Friedens innerhalb des Nationalstaates« erwiesen. Infolgedessen, so der Anthropologe und Politikwissenschaftler, »wurden Minderheiten im eigenen Land als Gegenleistung für ihre politische Loyalität geduldet, was in der Praxis bedeutete, dass sie in dem Maße geduldet wurden, wie die nationale Mehrheit sie als nicht bedrohlich ansah. Dieses Toleranzregime festigte die Struktur des Nationalstaates, indem es das Verhältnis zwischen der nationalen Mehrheit und der Minderheit definierte. Es ist die Struktur der Toleranz, die als Kennzeichen des liberalen Charakters der politischen Mehrheit gilt.« So anregend Mamdanis Argument ist, es stützt sich auf Begriffe wie »Minderheit«, »Nation« und »liberal«, die sich erst im 19. und vor allem im 20. Jahrhundert durchsetzten, um eine fast vierhundertjährige Geschichte der Kämpfe um die Anerkennung von Verschiedenheit zu analysieren.[13]

Angesichts solcher Anachronismen drängt sich eine Frage auf, mit der sich Historikerinnen und Historiker längst hätten beschäftigen sollen: Seit wann und warum galt es als selbstverständlich, Gesellschaften in eine Mehrheit und eine Minderheit einzuteilen? Statt diesen binären Gegensatz fortzuschreiben, könnte es sich als fruchtbar erweisen, seine Geschichte zu untersuchen. Das bietet zugleich die Chance, an die neuere Forschung über *minoritization* anzuknüpfen, der wir die Einsicht verdanken, dass der Rechtsstatus und die gesellschaftliche Stellung von Minderheiten nicht gegeben sind, sondern durch politische Entscheidungen geschaffen werden.[14]

Dank der begriffsgeschichtlichen Herangehensweise stößt man auf ein Datum, ab dem das Verhältnis zwischen ethnischen oder religiösen Gruppen ganz selbstverständlich auf den Gegensatz von Mehrheit und Minderheit gebracht wurde: das Jahr 1919. Das Begriffspaar bildete sich nach dem Ersten Weltkrieg heraus, als vier europäische Imperien zusammenbrachen und sich die Ideen der Demokratie und des homogenen Nationalstaats durchsetzten. Oft wird angenommen, dass die für die Zwischenkriegszeit so charakteristische Obsession mit dem Begriff der Minderheit vor allem eine Folge des Zusammenbruchs der multiethnischen Imperien war. Dagegen deuten die begriffsgeschichtlichen Befunde darauf hin, dass die Entstehung der Minderheitensemantik eng mit dem europaweiten Siegeszug der Demokratie zusammenhing, auch wenn sich dieser Triumph häufig als kurzlebig erweisen sollte.[15]

Die frühe Bedeutung von »Minderheit«

Selbstverständlich kannten alle europäischen Sprachen die Wörter »Mehrheit« und »Minderheit« lange vor dem 20. Jahrhundert. Doch damals bedeuteten sie etwas anderes als heute. Nur selten verwendete man das Begriffspaar, um das Verhältnis von Gleichheit und Verschiedenheit zu beschreiben. Vor Beginn des 20. Jahrhunderts waren die Begriffe »Mehrheit« und »Minderheit« in drei verschiedenen Kontexten gängig: im Recht, in der Moral und in der Politik. Der numerische Aspekt, der heute als grundlegend gilt, spielte nur im dritten Kontext eine Rolle, nämlich in der Geschichte von ständischen Repräsentativversammlungen und Parlamenten.

Ab dem 15. Jahrhundert bezogen sich die Begriffe »Minderheit« bzw. »Minorität« und »Mehrheit« bzw. »Majorität« auf den Zustand der Minderjährigkeit, auf das Alter bzw. den rechtlichen Status der Mündigkeit.[16] Im Jahr 1739 enthielt Zedlers *Großes Universallexikon* weder ein Lemma zu »Minderheit« noch eines zu »Minorität«, sondern allein einen Eintrag zum Stichwort »Minderjährig«. Auch in der *Encyclopédie* findet sich kein Stichwort für »minorité«, im Gegensatz zu einem Eintrag über »majorité«, in dem es heißt: »[e]st un certain âge fixé par la loi, auquel on acquiert la capacité de faire certains actes«.[17] Die meisten Enzyklopädien enthielten also weder das Stichwort »Mehrheit« noch das der »Minderheit«, sondern allein Lemmata zu »Minorennität (Minderjährigkeit)«, wie etwa die 7. Auflage des *Brockhaus* aus dem Jahre 1830.[18] Als ein Minderjähriger galt hier nicht einfach eine Person, die minderjährig war und der daher bestimmte Rechte vorenthalten blieben, sondern er (später auch sie) galt als unreif. Vorstellungen von rechtlicher und moralischer Reife waren verschränkt. Wer mündig wurde, erwarb einen rechtlichen Status und verkörperte nun zugleich die Idee der moralischen Reife.

Solche rechtlichen, scheinbar harmlosen Verwendungen des Begriffspaares erwiesen sich als ansteckend. Das fiel bereits den Zeitgenossen auf. Das *Allgemeine Handwörterbuch der philosophischen Wissenschaften* von 1833 enthielt ein Stichwort zu »majorenn« und »minorenn«. Dieses verwies auf ein separates Lemma über »Mündig«, das die begriffliche Nähe und Verschiebung der Bedeutung belegt. Laut dem Eintrag, den vermutlich der Herausgeber Wilhelm Traugott Krug verfasst hat, war die rechtliche und moralische Mündigkeit nicht allein eine Frage des biologischen Alters. Das Erreichen der Volljährigkeit führe nicht zwangsläufig zu rechtlicher und moralischer Reife oder gar zur Mündigkeit: »Diese Ausdrücke«, so Krug, sind »nicht völlig gleichgeltend; denn es kann Jemand unmündig sein, wenn er gleich das Lebensalter erreicht hat, wo der Mensch in der Regel mündig wird, wie Blöd- oder Wahnsinnige«. Obwohl diese Unterscheidung nicht neu war, konstatierte das *Allgemeine Handwörterbuch*, die Reichweite der Begriffe habe sich in letzter Zeit verändert. Neuerlich habe »man die Begriffe der Mündigkeit und Unmündigkeit auch auf ganze Völker angewandt«, schloss Krug, »indem man die rohen oder ungebildeten als unmündige, die gebildeten aber als mündige betrachtete und daher auch meinte, nur die Letztern hätten das Recht eine vernunftmäßige Staatsverfassung zu fodern [sic!]«.[19]

Knapp zwanzig Jahre später stritt ganz Europa über die Frage der rechtlichen Gleichstellung von Juden und Katholiken, Frauen, Sklaven und Bauern. Vor diesem Hintergrund kommentierte *Meyers Conversations-Lexikon* 1851 die Nähe der Begriffe »Mehrheit« und »Mündigkeit«. Wie eng die Beziehung war, belegt das Lemma »Majorennität«, das zwei Jahre nach dem Scheitern der europäischen Revolutionen von 1848 erschien: »Endlich ist noch der Ausdehnung zu gedenken, welche der Begriff der Unmündigkeit und Bevormundung durch analoge Anwendung auf andere Seiten des öffentlichen Lebens erhalten hat. Es gehören dahin die Maximen der Regierungskunst, nach welchen ganze Stände, z. B. der Bauernstand, oder gar ganze Volksstämme und Völker für unmündig erklärt und unter die Vormundschaft der Regierung gestellt werden.«[20] Umso dringlicher warnten daher die Vordenker der Demokratie davor, die Rechte des Volkes mit Verweis auf dessen angebliche »politische Unmündigkeit« einzuschränken. »Ein Rechtsstaat«, hieß es 1852 im *Volksthümlichen Handbuch der Staatswissenschaften und Politik*, »darf nach den ewigen Grundsätzen der Vernunft eine fortdauernde Unmündigkeit nicht anerkennen und unterstützen.«[21]

Damit eng verbunden ist der zweite Kontext, in dem das asymmetrische Begriffspaar von »Mehrheit« und »Minderheit« zwischen dem 17. und dem 19. Jahrhundert verwendet wurde, nämlich in Diskussionen über Fragen der moralischen Über- bzw. Unterlegenheit. Laut dem *Oxford English Dictionary* bezeichneten die Begriffe »minor«, »minorité«, »minoritas« und »minorem« ursprünglich »the condition of or fact of being smaller, inferior or subordinate«, gingen daher mit der Vorstellung der rechtlichen und politischen, intellektuellen und moralischen Minderwertigkeit einher. Bezeichnenderweise unterschied Campes *Wörterbuch der Deutschen Sprache* von 1809 zwei Bedeutungen des Begriffs der »Minderheit«; die erste bezog sich auf den »Zustand da etwas minder als ein anderes ist, sowol in Ansehung der Zahl, Menge, als auch in Ansehung der inneren Stärke und der Würde. ›Da alles Edle nur ein Vorwurf ihrer Minderheit scheinet.‹ Meyer 2) Die mindere oder kleinere Zahl (Minorität); im Gegensatz der Mehrheit. ›Die Minderheit der Stimmen‹«. Vorrangig war also die moralische Bedeutung, die arithmetische Dimension dagegen nachrangig; eine Abstufung, die sich auch im Eintrag in Grimms *Deutschem Wörterbuch* 1884 wiederfindet.[22]

Ähnlich wurde der Begriff auch in anderen europäischen Sprachen verwendet. In seinem 1831 veröffentlichten Roman *Notre-Dame de Paris* (*Der Glöckner von Notre-Dame*) spielte Victor Hugo auf die dem Begriff innewohnende Idee der moralischen Unterlegenheit an, um die Schadenfreude des Publikums zu beschreiben, das zusah, wie Quasimodo gefoltert wurde: »Le peuple, au Moyen-Âge surtout, est dans la société ce qu'est l'enfant dans la famille. Tant qu'il reste dans cet état d'ignorance première, de minorité morale et intellectuelle, on peut dire de lui comme de l'enfant: cet âge est sans pitié.« Auch Charles Baudelaire nahm diese Semantik auf, als er Edgar Allan Poes Kurzgeschichte *The Colloquy of Monos and Una* übersetzte. »Knowledge was not meet for man in the infant condition of his soul«, hieß es bei Poe, was Baudelaire mit »La science n'était pas bonne pour l'homme pendant la minorité de son âme« übersetzte.[23]

Auch in parlamentarischen Auseinandersetzungen markierte das Begriffspaar von »Mehrheit« und »Minderheit« zunächst ein Verhältnis der moralischen Über- bzw. Unterlegenheit. Im späten Mittelalter und in der frühen Neuzeit setzte das Prinzip des *maior et sanior pars* dem Aufstieg des rein numerischen Mehrheitsentscheids

Grenzen. Solange der größere und vernünftigere Teil als maßgebend galt, war für eine legitime Mehrheitsentscheidung nicht die Stimmzahl entscheidend. Vorrang hatte das größere Gewicht und die höhere Autorität derer, die dank ihrer Klugheit, ihrer Urteilskraft, ihres Ansehens und ihres Gerechtigkeitssinns als besonders vernünftig galten. Stimmen wurden nicht gezählt, sondern gewogen.[24]

Seit Beginn des 18. Jahrhunderts meinte der Begriff der Minderheit eine Fraktion, die in einer Repräsentativversammlung oder einem Wahlgremium gegen die Mehrheit stimmte. Im parlamentarischen Alltagsgeschäft bezeichnete das Begriffspaar Mehrheit und Minderheit nun eine numerische Beziehung. Da sie auf einem unvorhersehbaren Ausgang von Wahlen gründete, lag auf der Hand, dass die Kategorien fließend waren. Die Mehrheit von heute konnte die Minderheit von morgen sein und umgekehrt.

Damit stand die Frage im Raum, wie man die Minderheit vor der Tyrannei der Mehrheit schützen könne. Lange gingen auch Liberale davon aus, dass die Minderheit »the most intelligent part of the nation« repräsentiere.[25] Noch entschiedener stellten Konservative das Prinzip der Mehrheitsentscheidung infrage und werteten zugleich den Minderheitenstatus auf. In einer Demokratie, so Edmund Burke 1790, ist »die Majorität der Bürger im Stande, die Minorität aufs grausamste zu unterdrücken«. Diese »Unterdrückung« erstrecke sich »viel weiter« und werde »mit viel größerer Wut ausgeübt [...] als je unter der Regierung eines einzelnen Szepters«. 1850 prägte Friedrich Julius Stahl den Satz »Autorität statt Majorität«, der zum Schlagwort der deutschen Konservativen wurde und eine moralische Überlegenheit der wenigen über die vielen beschwor. Hermann Wageners *Neues Conversations-Lexikon* setzte 1863 das tugendhafte Prinzip der Autorität gegen die törichte Mehrheitsentscheidung. In der Demokratie werde »die Arithmetik zum Regulator des Staatslebens und die Thorheit der Meisten zur Vernunft aller«.[26]

Als Liberale gegen Ende des 19. Jahrhunderts begannen, sich mit dem demokratischen Prinzip der Mehrheitsentscheidung zu versöhnen, werteten sie zugleich die Rechte der Minderheit auf.[27] Georg Jellinek argumentierte 1898, dass die Minderheit in einem Parlament besonderen Schutz gegen den möglichen Missbrauch der Gesetzgebungsbefugnisse durch die Mehrheit benötige. Das Interesse des Staatsrechtlers galt dem »Recht der Minoritäten bei Entscheidungen in gesetzgebenden Collegien und bei Volksabstimmungen. Die geschäftsführenden Rechte, welche die Minoritäten in den Parlamenten genießen, werden auch nur soweit berührt werden, als sie mit jenem Problem im Zusammenhang stehen.« Sie hätten »alle den Zweck, einer Minorität oder einem Einzelnen die Möglichkeit zu verschaffen, sich geltend zu machen und dadurch die Entscheidung des Collegiums zu beeinflussen«.[28] Dank solcher Regeln sei die »Minorität [...] prinzipiell nicht aus- sondern eingeschlossen«, notierte Georg Simmel zehn Jahre später. Die »Majorität agiert nicht im Namen ihrer eigenen größeren Macht, sondern in dem der idealen Einheit und Gesamtheit«.[29]

Die Frage der Rechtsmündigkeit, die Idee der moralischen Reife und Unreife sowie das politische Instrument der Mehrheitsentscheidung im Parlament: Diese drei Bedeutungen des Begriffspaares von Mehrheit und Minderheit waren bis zu Beginn des 20. Jahrhunderts so gängig, dass sich an ihnen keine Kontroversen entzündeten. In den Enzyklopädien der Jahrhundertwende wurden die Begriffe jedenfalls kaum diskutiert. Im *Brockhaus* von 1894 heißt es im Stichwort zu »Majorität und Minorität« knapp, die Kategorien bezögen sich auf die »numerischen Verhältnisse insbesonders bei Abstimmungen in Versammlungen und Behufs einer Wahl oder einer Beschlußfassung«. Anders als der *Brockhaus* von 1894 enthält *Meyers Konversationslexikon* von 1905 zwar getrennte Lemmata zu »Minorität« und »Majorität«, aber beide Einträge beziehen sich ebenfalls ausschließlich auf Minderheiten in beratenden Versammlungen.[30]

In den Kämpfen um die Gleichstellung der christlichen Konfessionen tauchten die Begriffe der Mehrheit und Minderheit ab der Mitte des 19. Jahrhunderts auf, um numerische Unter- bzw. Überlegenheit zu beschreiben. Der bayerische Minister des Innern habe nach 1838 den »Glaubenshass der katholischen Mehrheit gegen die protestantische Minderheit aufgereizt«, kommentierte etwa August Kurtzel 1853 in der Schriftenreihe *Die Gegenwart. Eine encyclopädische Darstellung der neuesten Zeitgeschichte für alle Stände*, die er für den Brockhaus-Verlag betreute. Auch *Meyers Großes Conversations-Lexicon für die gebilde-*

ten Stände von 1854 zeichnete den Innenminister als ultramontanen Dunkelmann. Abel habe der katholischen Kirche »das Gemeinwohl geopfert« und den »Glaubenshass der katholischen Mehrheit gegen die protestantische Minderheit heraufbeschworen«.[31]

Der Leitbegriff in den Auseinandersetzungen über die konfessionelle Gleichberechtigung blieb bis zum Vorabend des Ersten Weltkriegs die »Parität«, ein Schlagwort, dem fast alle zeitgenössischen deutschsprachigen Lexika ein Lemma widmeten. Manches spricht dafür, dass der Begriff an eine alteuropäische Semantik anknüpfte und im 19. Jahrhundert seine Bedeutung kaum veränderte. *Zedlers Universallexikon* etwa bestimmte 1742 Religionsparität als ein rechtliches Verfahren, um »Irrungen und Streitigkeiten« zwischen »Fürsten und Ständen verschiedener Religionen« beizulegen. Voraussetzung sei, dass die »gleiche Anzahl von Räthen und Beysitzern beyderlei Religion« vertreten sei. Dadurch sei es möglich, »nicht allein die Gleichheit derer Stimmen« zu beachten, »sondern auch alle[n] Schein und Verdacht einiger Parteylichkeit« zu vermeiden. Die *Allgemeine Encyclopädie der Wissenschaften und Künste* definierte Parität 1839 als »Gleichheit überhaupt, insbesondere aber Gleichheit der Rechte auch der Zahl zwischen Protestanten und Katholiken in einer Stadt oder einem Lande«. Etwas allgemeiner verstand im selben Jahr *Brockhaus Bilder-Conversations-Lexikon* den Begriff, nämlich als Gleichheit, »vorzugsweise in Bezug auf die Gleichheit der Rechte verschiedener Glaubensgenossen in einem Lande oder einer Stadt«. Ähnlich bestimmte 1908 *Meyers Großes Konversations-Lexikon* den Begriff: Parität meine die »Gleichheit, insbes. der Zustand der völlig gleichmäßigen Anerkennung und Behandlung mehrerer Kirchengesellschaften durch den Staat«.[32]

Auf dem Berliner Kongress von 1878, der vielen als Geburtsstunde des modernen Minderheitenrechtsregimes gilt, spielten die Begriffe »Minderheit« und »Minderheitenrechte« keine Rolle.[33] Nach dem Ende des Krieges zwischen dem Osmanischen Reich und dem zaristischen Russland strebten die europäischen Großmächte eine Stabilisierung des Balkans an. Mit der Unterzeichnung des Berliner Vertrages am 13. Juli 1878 kam es zur Gründung mehrerer neuer Staaten wie Serbien, Montenegro, Bulgarien und Rumänien. Gemäß den

Artikeln V (Bulgarien), XXVII (Montenegro) und XXXV (Serbien) waren die Regierungen verpflichtet, ein Grundrecht auf Religionsfreiheit zu garantieren. Der Wortlaut war in allen drei Artikeln praktisch identisch und enthielt weder den Begriff der Minderheit noch den der Minderheitenrechte: »Der Unterschied des religiösen Glaubens und der Bekenntnisse darf Niemandem gegenüber geltend gemacht werden als ein Grund der Ausschließung oder der Unfähigkeit bezüglich des Genusses der bürgerlichen und politischen Rechte, der Zulassung zu öffentlichen Diensten, Aemtern und Ehren oder der Ausübung der verschiedenen Berufs- und Gewerbszweige, an welchem Orte es auch sei. Die Freiheit und die öffentliche Ausübung aller Kulte werden allen Angehörigen Bulgariens sowie den Ausländern zugesichert, und es darf weder der hierarchischen Organisation der verschiedenen Religionsgemeinschaften noch deren Beziehungen zu ihren geistlichen Oberen ein Hinderniß entgegengestellt werden.«[34]

Auch der Internationale Statistische Kongress, der sich zwischen 1853 und 1879 regelmäßig traf, um gemeinsame Kriterien für die Durchführung von Volkszählungen in ganz Europa festzulegen, konnte sich nicht auf eine Definition der Nationalität, geschweige denn der ethnischen Zugehörigkeit einigen. Das Kriterium der Nationalität lehnten die meisten anwesenden Statistiker als zu vage ab und verständigten sich stattdessen 1872 auf die *langue parlée* als kleinsten gemeinsamen Nenner. Zwar wurde das statistische Denken in der zweiten Hälfte des 19. Jahrhunderts zur Grundlage der gesellschaftlichen Selbstbeschreibung. Doch beruhte es damals auf anderen arithmetischen Obsessionen als in der Zwischenkriegszeit, als die Minderheitenstatistik zu dem am schnellsten wachsenden und ideologisierten Bereich der »Politik der großen Zahlen« wurde.[35]

Selbst in Lexika, in denen man die Stichwörter Mehrheit und Minderheit am ehesten vermuten konnte, sucht man vergeblich. Das gilt für die drei Ausgaben des *Staats-Lexikons* (1834/1866), das *Deutsche Staatswörterbuch* (1857–1870), das *Neue Conversations-Lexikon. Staats- und Gesellschaftslexikon* von Hermann Wagener (1856–1867) oder das *Österreichische Staatswörterbuch. Handbuch des gesamten österreichischen öffentlichen Rechtes* (1905–1907). Noch nicht einmal die theologischen und religionswissenschaftlichen Enzyklopädien enthielten Einträge zum Verhältnis von Mehrheit und Minderheit.[36] Die zwölfbändige *Jewish Encyclopedia*, die von 1901 bis 1906 in New York erschien, enthält kein Stichwort zu »Minority«, sondern nur eines zu »Majority«. An keiner Stelle ist von jüdischen Gemeinden als Minderheit oder überhaupt von kulturellen Unterschieden die Rede. Das längere Lemma erörtert lediglich die biblischen Quellen des numerischen Mehrheitsprinzips und die Frage der Volljährig- und Mündigkeit. Der Begriff der »religious majority« meint hier allein das »age of maturity«, ab dem ein Junge verpflichtet ist, die »Gebote des Judentums einzuhalten«.[37]

Im Deutschland und Europa des Fin de Siècle war das Begriffspaar von Mehrheit und Minderheit also weder besonders strittig noch intensiv diskutiert. Ein Blick in die *Bibliographie der deutschen Zeitschriftenliteratur* zwischen 1861 und 1906 ist aufschlussreich. Unter den Schlagworten »Majorität« und »Mehrheit«, »Minderheit« und »Minorität« sowie »Nationalität« finden sich nur wenige Beiträge: ein Aufsatz aus dem Jahre 1877 über die Frage, warum das Verhältniswahlrecht die Stellung der Minderheitenvertretung in Schweizer Parlamenten stärken würde; eine Analyse des Siegeszugs des numerischen Mehrheitsprinzips in Repräsentativversammlungen seit der Französischen Revolution in der *Deutschen Revue* aus dem Jahre 1888, nach der »eine Abstimmung wohl eine thatsächliche Lösung [...] einer Streitfrage, aber auch nicht mehr« sei, ein kurzer Beitrag über Fragen der Minoritätenvertretung in der in Linz erscheinenden Zeitschrift *Der Kyffhäuser* von 1899; sowie eine erste Fassung von Georg Jellineks bahnbrechender Studie über die Rechte von parlamentarischen Minderheiten und einige zeitgenössische Reaktionen auf dessen Thesen.[38] Dass sich so wenige Beiträge finden lassen, ist umso bemerkenswerter, als dieselbe *Bibliographie* in dem Zeitraum jährlich jeweils etwa dreißig bis fünfzig Aufsätze unter den Stichworten »Juden« oder »Polen« auflistet.

Für die Jahre vor dem Ausbruch des Ersten Weltkrieges verzeichnet die *Bibliographie der deutschen Zeitschriftenliteratur* vereinzelt Aufsätze, welche die Spannung zwischen dem Versprechen der demokratischen Gleichheit, Fantasien nationaler Homogenität und der immer lauter werdenden Forderung nach einem Recht auf Verschiedenheit mithilfe des Begriffspaars von Mehrheit und Minderheit vermessen. Hier beginnt die Vorgeschichte der Kontroversen über die Stellung der nationalen Minderheiten und die Minderheitenrechte, die im Europa der Zwischenkriegszeit verheerende Formen annehmen sollten.

Die neue Bedeutung des Begriffspaares von Mehrheit und Minderheit als allgemeiner Formel, um kulturelle Vielfalt zu beschreiben, tauchte zuerst in den Randzonen von Imperien auf. Dazu zählten die Provinz Quebec im Dominion of Canada und die Auseinandersetzung um die *Home Rule* in Irland nach 1886, Konflikte in Britisch-Indien und Auseinandersetzungen am Rande des Habsburgerreiches.[39] In diesen politisch und geografisch umkämpften Räumen wurden die Konflikte um Fragen der Verschiedenheit und Vielheit, der Anerkennung und Gleichheit besonders heftig ausgetragen. Die scheinbar selbstverständliche Verwendung des binären Gegensatzes zwischen Mehrheit und Minderheit in Kontroversen über kulturelle Unterschiede hat sich zuerst in kolonialen Konflikten durchgesetzt. Hier lässt sich in der zweiten Hälfte des 19. Jahrhunderts beobachten, dass der Begriff der Minderheit sich nun auch auf Fragen der kulturellen Vielheit beziehen konnte.

Zwar führte der Streit um die jeweiligen Rechte der Franko- und Anglokanadier seit dem *Quebec Act* von 1774 zu heftigen Konflikten über Fragen der Sprache, der Schulbildung und die Rolle der Kirchen.[40] Doch galten diese Konflikte erst ab der Mitte des 19. Jahrhunderts ausdrücklich als Kampf zwischen einer Mehrheit und einer Minderheit. Als der *Act of Union* von 1840 die Parlamente von Ober- und Niederkanada durch eine einzige gesetzgebende Versammlung ersetzte, wuchs die Sorge um die Stellung der Frankokanadier in der nun als Vereinigte Provinz von Kanada bezeichneten britischen Kolonie. Im September 1847 übersetzte und druckte die *Globe and Mail* einen Leitartikel des *Courrier des États-Unis* ab, der vor den Gefahren eines zentralisierten Staates warnte. Es sei wahrscheinlich, dass die Vereinigung von Ober- und Niederkanada »in einer absoluten Form« zu »einer einzigen Regierung und einem einzigen Parlament« führen werde, schrieb die in New York erscheinende Zeitung. Man könne sich »die Lage der Frankokanadier« in diesem Fall »leicht vorstellen«: »Sie wären dann bereits in der Minderheit und ihre Stimme würde in der großen Mehrheit der Engländer im Parlament untergehen.« Die Frankokanadier, schloss der *Courrier*, wüssten genau, »was von den englischen Absichten zu halten sei«; immer, »wenn sie sich von diesen einen Vorteil für sich erhofften, sollten sie sich an das begründete Misstrauen der ehrwürdigen Trojaner erinnern«.[41]

Vereinzelte Belege für die neue Bedeutung des Begriffs finden sich in Österreich-Ungarn um die Zeit des Ausgleichs von 1867, als zum ersten Mal die Rede von der jüdischen oder tschechischen Minderheit aufkam. »Die frühere Absperrung von den Völkern hat aufgehört«, notierte Adolf Jellinek 1863. Der »Handel und Verkehr nimmt auf die kleine jüdische Minderheit keine Rücksicht; die Staaten treffen nicht ihre Einrichtungen nach den Gesetzen und Bräuchen, Satzungen und Sitten Israels.« »[W]ir leben mit den Völkern, stehen unter dem Einflusse ihrer Anordnungen und Anstalten«, schloss der Wiener Rabbiner, »sollen und müssen mit ihnen zusammenleben.« Die jüdische Wochenzeitung *Die Neuzeit* aus Wien zitierte zwei Jahre darauf eine Studie von Alfred Legoyt über die Lebensumstände der europäischen Juden. Laut dem französischen Statistiker belegten die Erhebungen über Kriminelle, dass Juden insgesamt eine höhere Moralität hätten. Dabei sei es irrelevant, ob dies an deren »religiösen oder philosophischen Gefühl« liege oder »aus der Nothwendigkeit für die religiösen – oder andersweitigen [–] Minderheiten« erfließe, »sich den feindlichen Majoritäten gegenüber genau zu überwachen«. Im Dezember 1886 berichtete das *Znaimer Wochenblatt* über die Wahlrechtsdebatte im Mährischen Landtag, in der die Verschränkung von demokratischer Teilhabe und kulturellen Minderheitenrechten bereits zum Thema wurde. Wer die Ausweitung des Wahlrechts ablehne, weil sie angeblich »nationale Tendenzen verfolge«, übersehe, dass die »deutsche Majorität im böhmischen Landtage [...] denselben Antrag eingebracht habe« wie »die tschechische Minderheit« in Brünn.[42]

Doch erst nach der Jahrhundertwende häuften sich Stimmen, die wie etwa Otto Bauer die Sprach- und Nationalitätenkonflikte als »Minoritätenfrage« beschrieben. Dabei war dem Austromarxisten und seinen Zeitgenossen bewusst, dass die Mehrheit in einem Ort des Habsburgerreiches schon zwanzig Kilometer weiter eine Minderheit sein konnte. Der Sohn eines jüdischen Textilfabrikanten veröffentlichte 1907 die knapp sechshundertseitige Studie über *Nationalitätenfrage und Sozialdemokratie*. Darin plädierte der 1881 in Wien geborene Bauer dafür, die Kultur- und Sprachautonomie aller Nationalitäten zu respektieren. Daraufhin folgte ein langjähriger Streit innerhalb der sozialdemokratischen Partei, der vor allem in der Monatsschrift *Der Kampf* ausgetragen wurde. Am Ende der Debatte warnte Bauer davor, die »nicht assimilierbaren Bestandteile der Minderheit« zur Annahme einer anderen Sprache zu »nötigen«. Solche Minderheiten hätten vielmehr Anspruch auf zweisprachige Schulen. Die Frage, »welcher Teil der Minderheit aufgesogen […], welcher sich sein Volkstum bewahren wird«, müsse »dem freien Wettbewerb der nationalen Kulturen« überlassen bleiben. Daher seien die »lebensfähigen« unter den »Minderheiten im fremden Gebiet gegen jede Nötigung [zu] schützen«.[43] Zunehmend entwickelte sich dabei das Konzept der nationalen Minderheit zum Oberbegriff, um kulturelle Konflikte aller Art zu bündeln, in denen nun ausdrücklich von tschechischer, kroatischer oder italienischer Minderheit die Rede war, auch wenn Enzyklopädien oder Wörterbücher wie etwa die 28-bändige tschechische Enzyklopädie *Ottův slovník naučný* (1888–1909) die neue Begrifflichkeit noch nicht erfassten.[44]

Obwohl sich die Bedeutung des Begriffs der Minderheit verschob und erweiterte, diente das Konzept zu Beginn des 20. Jahrhunderts noch nicht als ein Leitbegriff in den Kämpfen um Fragen der kulturellen und nationalen Anerkennung. Kam es zu Streit über Fragen der Sprache oder der Religion, ethnische oder nationale Besonderheiten, spielte das Begriffspaar von Minderheit und Mehrheit so gut wie keine Rolle. Meist beschränkten sich die Zeitgenossen auf eine »bloße Aufzählung vorhandener Gruppen« (Georg Landauer), sei es, dass sie diese als »Volksstämme« oder »Nationalitäten«, »Stämme« oder »Völkerbruchteile«, »Religionsgemeinschaften« oder schlicht als »fremde Elemente« bezeichneten.[45] Wer um 1900 über Vielheit redete, verwendete weiterhin eine Sprache der spezifischen Begriffe.

Das Kompositum der »Minderheitenrechte« war noch nicht gebräuchlich. Stattdessen sprach man von den »Rechten der Minderheiten« oder den »Rechten der Minoritäten« und meinte damit das Prinzip der individuellen Bürgerrechte. In einer Notiz in der Monatsschrift *Im Deutschen Reich* aus dem Jahr 1902, dem ersten Eintrag zu diesem Thema in einer deutsch-jüdischen Zeitung, stellte der Autor fest: »Der innere Friede großer Staaten hängt wesentlich davon ab, daß die Rechte aller Minderheiten der Bevölkerung geachtet werden, daß für die Rechtspflege und Verwaltung ein Unterschied zwischen den Angehörigen der Mehrheit und denen der Minderheiten nicht vorhanden ist. Nur der Staat kann gedeihen, in dem alle Staatsbürger gleich Pflichten erfüllen, aber auch gleiche Rechte zu genießen haben.«[46] Wer »nicht nur mit dem Verstand, sondern auch mit dem Herzen davon überzeugt ist, dass die bürgerliche und staatsbürgerliche Gleichberechtigung aller Staatsangehörigen das Alpha und Omega des Staatsrechts und der Politik ist«, betonte 1907 Ludwig Fuld in dem ersten längeren Aufsatz in einer jüdischen Zeitschrift zu dem Thema, »für den wird es stets eine unverständliche Anomalie bleiben, dass der moderne Staat berechtigt sei, Minoritäten, die lediglich mit Bezug auf Abstammung, Sitten und Gebräuche besonderen Gruppen angehören, im übrigen aber der Mehrheit vollkommen gleichstehen, sei es auf bürgerlichem, sei es auf staatsbürgerlichem Gebiete zurückzusetzen, ob er sie nur *de facto* oder auch *de jure* als Staatsbürger zweiter Klasse behandelt«. Daher gelte in einem Rechtsstaat, so der Mainzer Justizrat, »das Recht der Minoritäten auf volle Gleichberechtigung mit der Majorität«.[47] Fulds Denken blieb also dem Ideal der individuellen staatsbürgerlichen Rechte und dem Prinzip der Gleichberechtigung verpflichtet, Ideen, die im Gegensatz zum Leitbild der Zwischenkriegszeit stehen, demzufolge Minderheiten vor allem als Gruppen besonderen Schutz und Anerkennung verdienen.

Zwar lassen sich einige Argumente, die in der Zwischenkriegszeit zur gängigen Münze wurden, bereits vor dem Ende des Ersten Weltkriegs finden. Doch zeigt der Gegensatz zwischen der Vorkriegs- und der Nachkriegszeit, dass dies die Ruhe vor dem Sturm war. Um das Begriffspaar von Mehrheit und Minderheit zu verstehen, wie wir es noch im 21. Jahrhundert selbstverständlich verwenden, müssen wir uns dem *annus mirabilis* von 1919 zuwenden. In wenigen Monaten zerfielen vier Imperien, während das Ideal der Demokratie fast überall in Europa triumphierte.

Als alles anfing

Im Mai und Juni 1919 änderte sich alles. Der Begriff der Minderheit wurde in den Kämpfen um kulturelle und politische Anerkennung in den Zwischenkriegsjahren zu einem Schlagwort. Als Rechtsbegriff adelten ihn die Pariser Verträge von 1919. Im Anschluss an den Frieden von Versailles und die Pariser Vorortverträge erschienen zahllose Artikel, Pamphlete und Bücher. Umgehend nahmen Enzyklopädien und Fachlexika die entsprechenden Stichwörter auf. Überall in Europa widmeten sich neu gegründete Zeitschriften dem Thema wie etwa *Glasul minorităţilor = La voix des minorités = Die Stimme der Minderheiten* (1923–1942), *La fédération balkanique: organe des peuples opprimés et minorités nationale des Balkans* (1924–1930), *Kulturwille. Zeitschrift für Minderheitenkultur u. -politik* (ab 1925), *Sprawy Narodowościowe* (1927–1939) oder *Les minorités nationales* (1928–1933). Gleichzeitig tauchten neue Komposita wie »nationale Minderheit« und »Minderheitenrechte«, »Minderheitenschutz«, »Minderheitenpolitik« oder »Minderheitenstatistik« auf und schossen in vielen europäischen Sprachen ins Kraut. Der »Gedanke marschiert!«, konstatierte bereits 1923 der Jurist Hermann Willms im deutschnationalen *Politischen Handwörterbuch*: »Wie der Nationalismus die Welt umgestaltete, so wird die völkisch-nationale Bewegung der Minderheiten und unterdrückten Mehrheiten ihr ein anderes Gesicht geben, mehr als es die soziale Revolution jemals vermögen wird.«[48]

In wenigen Jahren nahm der Begriff der Minderheit zahlreiche, auch widersprüchliche Bedeutungen in sich auf, seien sie rechtlicher oder politischer, religiöser, kultureller, oder völkischer Natur. Je breiter, fließender und vieldeutiger das Schlagwort wurde, desto beliebter wurde es im gesamten politischen Spektrum, von Sozialisten und Sozialdemokraten über Linksliberale und konservative Liberale bis hin zu faschistischen Bewegungen; nur die Nationalsozialisten konnten mit dem Begriff wenig anfangen und warben stattdessen für ein »nationalsozialistische[s] Volksgruppenrecht«, das nach dem Vorbild der »Nürnberger Gesetze« allein für »abstammungsverwandte, artgleiche Volksgruppen« gelten sollte, alle »Andersartigen [...] (Juden, Zigeuner, Farbige)« dagegen ausschloss.[49]

Die öffentlichen, oft polemischen Kontroversen der Zwischenkriegszeit kreisten um die Frage, ob der Minderheitenstatus (und damit die rechtliche oder zumindest kulturelle Anerkennung als Minderheit) auf der Religion oder der Kultur, der Sprache oder der Sitte, der »Rasse« oder der Nationalität beruhe. Strittig war zudem, ob es sich dabei in erster Linie um eine differenziertere und erweiterte Form der individuellen Freiheitsrechte handelte oder ob der Minderheitenschutz Gruppenrechte voraussetzte, die Vorrang vor den Rechten des Einzelnen besitzen müssten, weil sie allein vor »der Entnationalisierung« schützten, wie Rudolf Laun 1930 im *Handbuch des Deutschen Staatsrechts* betonte.[50] Offen blieb auch, ob Migranten in den Genuss des Minderheitenschutzes kommen sollten, wobei der Begriff des »Migranten« ebenso umstritten war: Die polnische Nachkriegsregierung sprach Juden den Status der nationalen Minderheit zunächst ab, weil sie als Migranten galten, obwohl sie im 16. Jahrhundert in die polnischen Gebiete zugewandert waren.[51]

Wie schnell das neue Verständnis des Minderheitenbegriffs die widersprüchlichsten Bedeutungen annehmen konnte, zeigt der Blick in wichtige Lexika der 1920er Jahre. »Nationale Minderheiten« seien, so 1928 *Meyers Lexikon*, »die einem Staatsvolk (Wirtsvolk) geographisch eingegliederten, in der Minderheit befindlichen Angehörigen anderer Nationalität (Gast-, Fremdvolk), die sich durch Abstammung, Sprache, Bekenntnis, Sitte und Geschichte [...] unterscheiden. Solche Minderheiten hat es von jeher gegeben.« Durch »die Friedensverträge von Saint Germain« seien »sie infolge der Bildung neuer Staaten [...] zu einer Gefahr für die Staatenordnung geworden«. Der katholische Missionswissenschaftler Theodor Grentrup konzedierte im *Staatslexikon* 1929 zwar, dass »das Wort ›Minderheit‹ als technischer Ausdruck für eine fremdartige bodenständige Volksgruppe innerhalb eines größeren Staates neu ist«. Doch reiche »die Sache selbst, reichen ihre Probleme und ihre wissenschaftliche und staatsrechtliche Behandlung in eine weite Zeit zurück«, betonte der Generalrat der Steyler Mission, der damals an der Hochschule für Politik in Berlin lehrte: »Aus der neueren Zeit sei nur erinnert an die zerstörte österreichisch-ungarische Monarchie. Die Fülle von Fragen, die in ihrem Nationalitätengefüge lebte«, notierte Grentrup, »sehen wir zum nicht geringen Teil überall dort wiederkehren, wo nationale Minderheiten in einen Mehrheitsstaat eingebettet sind.«[52]

Während *Meyers Lexikon* und das *Staatslexikon* betonten, wie sehr das neue Recht die Legitimität des Nationalstaats bedrohe, zeichnete das *Jüdische Lexikon* 1927 ein positiveres Bild. »Die Beziehungen zwischen Staat und Nation, das Problem der Organisation und Gliederung der Menschheit, bildet den Untergrund der Frage der Minderheitenrechte«, argumentierte dort Max Kollenscher, einer der Gründer der Jüdischen Volkspartei. Der aus Posen stammende Anwalt und Zionist trennte den Begriff des »Staates« von dem der »Nation«. Den Staat verstand er anders als die Nation nicht als natürliche Ordnung, sondern als »die Organisation des Volkes in bestimmten Grenzen, zunächst aufgrund tatsächlicher Machtverhältnisse, später aufgrund selbstgeschaffener und innerhalb und außerhalb des Gebietes anerkannter Rechtsbestimmungen«. Nationen dagegen sind »die durch gemeinsame Abstammung und gemeinsames Schicksal geeinten, zumeist auch durch Sprache, Land und Kultur verbundenen Gruppen«.[53]

So unterschiedlich die Lexika den Begriff fassten, setzen sie dennoch voraus, dass der Gegensatz zwischen Minderheiten und einer Mehrheit sich weit in die Geschichte zurückverfolgen lasse. Zwar stand in den 1920er Jahren vielen vor Augen, dass ihr Verständnis des Begriffs der Minderheit neu war. Doch bemühten sie sich, die Terminologie in eine ehrwürdige Tradition zu kleiden. Dabei verdeckt der Hinweis auf eine lange Vorgeschichte eine entscheidende Zäsur. Wie verführerisch eine solche Vorstellung von tiefen historischen Wurzeln sein kann, hatte Paul Valéry im Sinn, als er 1927 argumentierte, Geschichte sei »das gefährlichste Elaborat, das die Chemie des Intellekts produziert hat. Seine Eigenschaften sind allbekannt. Es bringt die Völker ins Träumen, versetzt sie in Rausch, gaukelt ihnen eine Vergangenheit vor, übersteigert ihre Reflexe, hält ihre Wunden am Schwären, stört sie in ihrer Ruhe auf, treibt sie zu Größenwahn oder auch zu Verfolgungswahn und macht, daß die Nationen verbittert, auftrumpfend, unausstehlich und eitel werden. Die Geschichte rechtfertigt, was immer man will.«[54]

Die Schärfe des Streits über Minderheitenrechte in der Zwischenkriegszeit erklärt die Geschichtswissenschaft mit Verweis auf den Zerfall der multiethnischen Imperien auf dem europäischen Kontinent. Als Folge der Pariser Verträge kam es zu einer grundlegenden territorialen Neuordnung in Mittel- und Osteuropa.[55] In den neu entstehenden Staaten traf der Traum der nationalen Souveränität und Homogenität auf ein Gewebe der kulturellen Vielheit, das als Überrest der Vielvölkerreiche den Alltag prägte. Selbst manche, die sich bewusst sind, dass der Minderheitenbegriff in seiner heutigen Bedeutung sich erst 1919 herausgebildet hat, ordnen ihn in eine lange Kontinuität des Nachdenkens über die Frage der Anerkennung kultureller Unterschiede ein. Was wir »heute als Minderheitenrechte definieren«, betont etwa André Liebich, reicht bis in das 17. Jahrhundert zurück und »entwickelte sich in erster Linie als Kompensation für Verlierer; den Besiegten galten Minderheitenrechte und ihre historischen Vorläufer meist als unzureichend und den Siegern als anstößig«.[56]

Der begriffsgeschichtliche Befund legt eine andere Erklärung nahe. Dass das Schlagwort der Minderheit sich in kürzester Zeit in ganz Europa verbreitete, hatte weniger mit dem Zerfall der multiethnischen Imperien zu tun als mit den Erfolgen der Demokratie nach dem Krieg, auch wenn diese in vielen Ländern nur von kurzer Dauer waren. Laut Tara Zahra hatte die amerikanische Politik des Wilsonianismus die Ideen der »Demokratie und des Nationalstaats« in eins gesetzt und in ganz Europa die »Verschmelzung von nationalistischer und demokratischer Rhetorik« befördert.[57] Was auf den ersten Blick eng mit dem völkischen Tribalismus der 1920er Jahre verbunden zu sein scheint, ist zuvorderst eine Folge eines nicht auflösbaren Widerspruchs, der dem demokratischen Projekt zugrunde liegt. Das Ideal der Demokratie beruht zwar auch auf dem allgemeinen Wahlrecht, doch vor allem auf dem Mehrheitsprinzip. In den europäischen Demokratien der Zwischenkriegszeit besaßen alle Bürger und meist auch alle Bürgerinnen das Wahlrecht. Im Prinzip beruht die demokratische Herrschaft auf der freiwilligen Zustimmung der Beherrschten. Praktisch handelt es sich dabei jedoch nicht um die Zustimmung aller, sondern allein um die Zustimmung der Mehrheit der Wahlberechtigten.

Im Streit über die Spannung zwischen Gleichheit und Vielheit steht die Demokratie für das Prinzip der Gleichheit, während die bürgerlichen Freiheitsrechte einen Anspruch auf Verschiedenheit begründen. In einem liberalen Verfassungsstaat hat die Minderheit die gleichen staatsbürgerlichen Rechte wie die Mehrheit, und mag sie noch so groß sein. Der Siegeszug des allgemeinen Wahlrechts nach dem Ersten Weltkrieg ging Hand in Hand mit demokratischen Homogenitätsfantasien und der Angst vor dem anderen, die sich in der Rede vom »Minderheitenproblem« niederschlug. Je mehr sich die Vorstellung von einer demokratischen Gleichheit ausbreitete, desto stärker wuchs die Sorge vor der Tyrannei der Mehrheit, die den Traum der Volkssouveränität begleitet, und umso dringlicher erschien das Prinzip der Minderheitenrechte.

Verschiedenheit und die liberale Demokratie

Bis heute gilt das Begriffspaar Mehrheit und Minderheit meist als harmlose Formulierung, die auf numerische Verhältnisse verweist. Der Blick auf die Begriffsgeschichte zeigt jedoch, dass die Gegenüberstellung einer Mehrheit und einer oder mehrerer Minderheiten auf einer Bedeutung beruht, die sich erst vor gut hundert Jahren herausbildete und von Anfang an umstritten war. Wer von Minderheitenrechten sprach, landete schnell beim Minderheitenproblem. Dass niemand nur als ein Problem gelten möchte, schrieb W. E. B. Du Bois bereits 1903: »Ein Problem zu sein ist eine seltsame Erfahrung. [...] Es ist sonderbar, dieses doppelte Bewusstsein, dieses Gefühl, sich selbst immer nur durch die Augen anderer wahrzunehmen, der eigenen Seele den Maßstab einer Welt anzulegen, die nur Spott und Mitleid für einen übrig hat.«[58]

Vor allem angesichts der Erfahrung von Völkermord und Vernichtungskrieg in der Mitte des 20. Jahrhunderts wuchsen die Zweifel an der Norm der Minderheitenrechte. Als die ersten Nachrichten aus den Todeslagern New York erreichten, verabschiedete der Jüdische Weltkongress den Begriff der Minderheit und verzichtete auf die Forderung, den Minderheitenschutz der Zwischenkriegszeit wiederherzustellen. Im November 1941 betonte Nahum Goldmann, die Minderheitenverträge seien »unzureichend«, um eine »künftige Friedensordnung« zu begründen. Entscheidend war für den Mitbegründer des Jüdischen Weltkongress die »Abschaffung des souveränen Staates und die Einrichtung von internationalen Organen mit Handlungs- und Zwangsbefugnissen«. An die Stelle des Minderheitenschutzes müsse eine »internationale Magna Charta« treten, die »allen Individuen und allen besonderen Gruppen von Individuen – religiösen, ethnischen, sprachlichen, nationalen Gruppen – überall gewisse Mindestrechte garantiere«. Eine Magna Charta der Mindestrechte sei dem Prinzip der Minderheitenrechte überlegen, »denn der Ausdruck der ›Minderheitenrechte‹ beruht auf der Idee [...], dass ein Staat der Mehrheit gehört und die Minderheiten sozusagen Gäste dieser Mehrheit sind, denen Schutz vor der Mehrheit garantiert werden muss. Die Vorstellung, dass ein Mehrheitsvolk den Staat besitzt, ist eine falsche und reaktionäre Vorstellung. Ein Staat gehört denjenigen, die in ihm leben, als seine Bürger, die ihn aufgebaut haben; und religiöse, ethnische und sprachliche Unterschiede schmälern nicht ihren vollen Anspruch und ihr Recht, zu den Eigentümern des Staates zu gehören.«[59]

Auch Jacob Robinson, führender Vertreter des Comité des délégations juives beim Völkerbund und dem 1925 gegründeten Europäischen Nationalitätenkongress, der die Minderheitenrechte lange als Voraussetzung für ein lebendiges jüdisches Leben in der Diaspora verstanden hatte, steht für diesen Sinneswandel. Während die »starken Minderheiten« wie die Deutschen, die Ungarn oder die Ukrainer den Nationalitätenkongress für ihre nationalistische Machtpolitik genutzt hätten, seien die Interessen der »schwachen Minderheiten« wie etwa der Juden kaum berücksichtigt worden. Kein Verweis auf die Norm des Minderheitenschutzes, so der litauische Jurist und Historiker, habe den Holocaust, die ethnischen Säuberungen und die Zwangsvertreibungen verhindern können. Das Gewebe der ethnischen, nationalen und kulturellen Unterschiede in Europa, die Voraussetzung jüdischen Lebens in der Diaspora, sei zerstört.[60]

Dass es bei dem Begriffspaar von Mehrheit und Minderheit nicht um ein Zahlenverhältnis, sondern um Macht ging, zeigte sich auch in der Gründungsgeschichte der Vereinten Nationen. Vergeblich erinnerte W. E. B. Du Bois als Delegierter der NAACP daran, dass »die Mehrheit der Weltbevölkerung, die zum größten Teil farbig ist, als berechtigt und fähig angesehen werden muss, am menschlichen Fortschritt teilzuhaben und Teilhaber an jener Demokratie zu werden, die allein den Frieden unter den Menschen sichern kann«. Dagegen zeige die Zusammensetzung des Sicherheitsrates, dass die Europäer und Nordamerikaner »die Mehrheit der Menschen« weiterhin »vor allem als Profitquelle« betrachte.[61] Auch mit Blick auf diese globale »Colour Line« zog Hans Kohn 1947 in der *Encyclopedia Britannica* die Bilanz der hitzigen Kontroversen der Zwischenkriegszeit: Längst seien die Konzepte der Mehrheit und der Minderheit »in erster Linie politische und nicht numerische Begriffe« geworden.[62]

Daran hat sich bis heute wenig geändert. Ausgerechnet die Semantik der Minderheit, die den vermeintlich harmlosen und meist impliziten Rahmen für den Streit darüber bildet, wie die Spannung zwischen Gleichheit und Verschiedenheit auszuhalten ist, erweist sich als ein schwer fassbares, politisch aufgeladenes und gefährliches Schlagwort. Der Begriff der Minderheit, der die Vorstellung einer Mehrheit voraussetzt, entpuppt sich als ebenso »gefährlich« wie die Kategorien der »Rasse«, der Kultur und des Volks, um noch einmal an Eric Wolfs bahnbrechenden Aufsatz von 1994 zu erinnern. Anhand der Geschichte des Gegensatzes zwischen Minderheit und Mehrheit lässt sich im Anschluss an Raymond Grew zeigen, wie »formale, öffentliche Unterscheidungen konstruiert werden«. Solche Unterscheidungen, so der Historiker, sind meist die Folge einer zwanghaften, »fast manischen« Logik. Vielleicht misstrauen wir Konzepten wie Assimilation oder Akkulturation auch deshalb, weil sie oft in Verbindung mit dem binären Begriffspaar Mehrheit und Minderheit verwendet werden.[63]

Die Sprache der Vielheit vor der Zäsur von 1919 war eine Sprache der konkreten und anschaulichen Konzepte, die immer auf spezifische Kontexte verwiesen: Dazu zählten Begriffe wie Kolonie oder Gemeinschaft, Kult, Kirche oder Sekte, *naissance*, Volk oder Stämme bzw. *tribus*, Nationalitäten oder Nationen. Mit dem binären Gegensatz von Mehrheit und Minderheit war eine höhere Ebene der Abstraktion in der Auseinandersetzung über Verschiedenheit erreicht. Je höher die Abstraktion, desto eher gerieten die Spezifika jedes einzelnen Streits aus dem Blick. Das Gegensatzpaar von Mehrheit und Minderheit versprach eine Formel zu werden, dank derer kulturelle Konflikte aller Art gelöst werden konnten. Die Idee der Minderheitenrechte galt bald als Allheilmittel in Kämpfen um Anerkennung. Doch wie so oft bei universell einsetzbaren Mitteln erwiesen sich die Nebenwirkungen als schwerwiegender als die Heilwirkung.

Seit dem 15. Jahrhundert bezog sich der Minderheitsbegriff auf den Status der Minderjährigkeit. Als Teil der Regularien für den Konflikt im Parlament fand der Begriff im 18. Jahrhundert Eingang in die Sprache der Politik und bezeichnete eine Partei, die in einer beratenden Versammlung oder einem Wahlgremium gemeinsam gegen die Mehrheit stimmte. Zwar sind beide Bedeutungen heute noch geläufig, doch ist in Vergessenheit geraten, dass der Begriff nicht als harmlose Bezeichnung eines numerischen Verhältnisses entstanden ist. Die Begriffe »minor«, »minorité«, »minoritas« und »minorem« bezeichneten ursprünglich einen minderwertigen oder untergeordneten Status. Immer gingen sie mit der Vorstellung eines rechtlichen oder politischen, intellektuellen und moralischen Makels einher.

Statt die Annahme der moralischen Minderwertigkeit und der intellektuellen Unreife fortzuschreiben, die aus dem Gegensatz von Mehrheit und Minderheit hervorgeht, sollte die Frage nach dem Verhältnis zwischen dem Partikularen und dem Universalen ins Zentrum unseres Verständnisses der Geschichte Europas im 19. und 20. Jahrhundert gerückt werden. Gerade der Streit über Fragen der kulturellen Vielheit erweist sich so als »die unvermeidliche, wenn auch nicht immer bewundernswerte Folge der persönlichen Freiheit« aller.[64] Kommt es in einer liberalen Demokratie zum öffentlichen Streit, ist nicht nur die Vernunft im Spiel, sondern es geht immer auch um individuelle Gefühle und Ängste. Alle Bürgerinnen und Bürger formulieren ihr Recht auf demokratische Teilhabe als Individuen, selbst wenn die Norm universeller Gleichheit notwendigerweise abstrakt sein muss. Die Annahme, Bürgerinnen und Bürger sollten ihre moralischen Leidenschaften und Vorurteile, Ängste und Fantasien außen vor lassen, wenn sie sich am politischen Streit beteiligen, ist ein für die liberale Demokratie gefährliches Missverständnis.

Im Zentrum der liberalen Demokratie steht die Vielheit. Nicht im geografischen, aber doch im politischen Sinn sind alle Bürgerinnen und Bürger Einwanderer, die in der demokratischen Öffentlichkeit ihrer jeweiligen Eigenart Ausdruck verleihen.[65] Als fragwürdig erweist sich daher die in wissenschaftlichen und öffentlichen Debatten vorherrschende Tendenz, das Thema der Vielfalt mit der Frage der Marginalität in eins zu setzen. Solange Vielheit allein als Folge der Zuwanderung oder der Emanzipation ehemals entrechteter religiöser oder ethnischer Gruppen gilt, bleibt das Nachdenken über die Frage dem Paradigma der Minderheitenforschung verhaftet. Um diesen Kurzschluss zu vermeiden, sollte Verschiedenheit – mit anderen Worten: moralische Inkommensurabilität – nicht allein als eine soziale Tatsache begriffen werden, sondern als Signum der liberalen Demokratie.

2

Jüdisches Leben und die Ambivalenzen der bürgerlichen Gesellschaft in Deutschland

Im Juni 1879 kündigte Theodor Fontane dem Redakteur der Zeitschrift *Die Gegenwart* einen »anti-adelig[en] und sehr judenfreundlich[en]« Essay über »Das Judenthum und die Berliner Gesellschaft« an.[1] Am Vorabend des Berliner Antisemitismusstreits kontrastierte er die Rolle des Adels in der Hauptstadt mit der des Judentums. Die »Durchschnitts-Adelsgesellschaft« lasse »zu wünschen übrig«. Der preußische Adel habe zwar »Selbstbewußtsein und Haltung«, sei jedoch »zu arm, zu binnenländisch beschränkt, zu unkosmopolitisch und zu unvertraut mit dem was allein eine feinere Form schafft: mit Wissenschaft und Kunst«. Der Aufstieg des jüdischen Bürgertums sei dagegen ein Fortschritt. Zwar finde man auch unter den reichsten Berliner Juden »das Gefühl einer kaum losgewordenen Pariaschaft«, aber in der jetzt »dominierenden Gesellschaft« entfalte »sich eine Ueberlegenheit und das Enge, das Provinziale ist abgestreift. Große Interessen werden verhandelt, der Blick hat sich erweitert, er geht über die Welt. Die Sitten sind verfeinert, geläutert, gebessert. Vor allem der Geschmack. Der Courszettel verträgt sich besser mit der Weltbildung als der Rennbahn oder WochenMarkt-Bericht.« Unter den Juden Berlins finde man »alles, das Beste was wir haben. [...] Der Staat mag dadurch verloren haben, die Welt hat gewonnen.«[2]

Letztlich entschloss sich Fontane, seine Eloge über die prominente Rolle des jüdischen Bürgertums in Berlin nicht zu veröffentlichen.[3] Vielleicht fürchtete er, das Thema könne zu heikel sein angesichts der Erregung, die der Berliner Antisemitismusstreit, ein Wendepunkt in der Geschichte des Kaiserreichs, auslöste.[4] Möglicherweise wollte er den von ihm sonst geschätzten märkisch-preußischen Adel vor solch beißender Kritik verschonen.[5] Wahrscheinlich schien es dem »philosemitischen Antisemiten« Fontane unangemessen, ausgerechnet die Rolle von Juden im kulturellen Leben Deutschlands öffentlich zu loben.[6]

Ähnlich wie Theodor Fontane hat sich die seit etwa 1980 florierende Bürgertumsforschung schwergetan, Jüdinnen und Juden als Teil einer Geschichte des Bürgertums und der bürgerlichen Gesellschaft zu untersuchen. Lange scheute sich die deutsche Geschichtswissenschaft, Fragen nach religiöser, ethnischer und geschlechtlicher Differenz die gleiche Bedeutung zuzuweisen wie der sozialökonomischen Ungleichheit. Das Problem der Gerechtigkeit reduziert sich hier auf die Dimension der materiellen Ungleichheit im Schichtungs- und Klassensystem einer Gesellschaft, während der Aspekt der Anerkennung von kultureller Differenz kaum in den Blick gerät.[7] Jürgen Kocka, der Doyen der deutschen Sozialgeschichtsschreibung, etwa streift die Frage nach der Bedeutung von Juden für die Geschichte der bürgerlichen Gesellschaft zwar bei seiner Erörterung des Bürgertums in Ostmitteleuropa, nicht jedoch in seiner Analyse des deutschen oder französischen Bürgertums.[8] Ein Grund für diese Zurückhaltung mag darin liegen, dass Kocka die bürgerliche Gesellschaft des 19. Jahrhunderts als eine »säkularisierte« Ordnung begreift – eine These, die im Widerspruch zu den vielen Studien steht, welche die Bedeutung von religiösen Differenzen im Bürgertum betonen.[9]

Obgleich die Bielefelder und die Frankfurter Forschungen zum Bürgertum sowie die vom Arbeitskreis für moderne Sozialgeschichte angeregten Bände zur Geschichte des Bildungsbürgertums von unterschiedlichen Ansätzen ausgehen, haben diese Projekte wenig zum Verständnis des jüdischen Bürgertums beigetragen.[10] Ohne Gehör blieb etwa Shulamit Volkov, die 1988 riet, die soziale und kulturelle

Entwicklung des deutschen Judentums als ein »Paradigma der Verbürgerlichung« zu begreifen.[11] Das überrascht umso mehr, als nahezu alle Studien davon ausgehen, die Mehrheit der deutschen Juden habe von etwa 1848 bis 1933 dem Bürgertum angehört. Arbeiten zur neueren Geschichte der deutschen Juden verweisen meist auf Jacob Tourys Schätzung, bereits 1870 hätten über sechzig Prozent der deutschen Juden in »bürgerlich gesicherten« Verhältnissen gelebt.[12] Laut Monika Richarz haben Juden vor dem Ersten Weltkrieg »zum weit überwiegenden Teil der städtischen Mittelklasse angehört«. Gemeint ist hier nicht etwa der weite Begriff der »Mittelschicht«, sondern ausdrücklich »das Bürgertum«.[13]

Der Zeitpunkt, Forschungen zur Geschichte der bürgerlichen Gesellschaft und zur jüdischen Geschichte enger aufeinander zu beziehen, ist günstig. Das Gespür für Fragen religiöser und ethnischer Vielheit ist gewachsen und in den letzten zwanzig Jahren hat sich in Studien vermehrt »die Stadt als zentrales Handlungsfeld des Bürgertums« erwiesen, ein Raum, in dem Juden ab dem 19. Jahrhundert sichtbarer waren als auf nationaler Ebene.[14] Zudem sind jüngst Untersuchungen zur Geschichte des Bürgertums erschienen, die die Rolle von Jüdinnen und Juden in der bürgerlichen Gesellschaft untersuchen; Arbeiten zur jüdischen Geschichte hatten Fragen der Bürgertumsforschung bereits ab den 1990er Jahren aufgegriffen.[15] In seiner Studie über das Bürgertum in Frankfurt am Main zwischen 1780 und 1914 betont Ralf Roth, dass parallel zum Niedergang des traditionellen Stadtpatriziats jüdische Bürgerinnen und Bürger in den fünfziger und sechziger Jahren des 19. Jahrhunderts in die wirtschaftliche Oberschicht aufgestiegen seien, sodass Juden im Jahre 1870 knapp vierzig Prozent der 133 größten Steuerzahler stellten.[16] Im Anschluss an ihren wirtschaftlichen Erfolg hätten Juden nach 1870 führende Positionen in der liberalen Bewegung der Stadt übernommen.[17] Die aktive Rolle von bürgerlichen Juden in Frankfurt schlug sich in konkreter Politik nieder, etwa bei der Gründung der aus privaten Geldern finanzierten Universität im Jahre 1914. Da in Frankfurt auch Juden Lehrstühle übernehmen konnten, setzte die Stadt ein Zeichen gegen die antijüdische Diskriminierungspolitik an anderen Universitäten.[18]

Je mehr der Nationalstaat sich als selbstverständlicher Bezugsrahmen auflöst, umso größer wird das Interesse an der Geschichte des jüdischen Bürgertums. Im Zeichen transnationaler und postkolonialer Ansätze haben Historikerinnen und Historiker den »methodologischen Nationalismus« der Geschichtsschreibung kritisiert.[19] Bei dem Versuch, das Paradigma nationaler Homogenität zu überwinden, gilt das Interesse zwar bisher vor allem globalen Phänomenen wie dem Kolonialismus. Dennoch hat Samuel Moyn zu Recht konstatiert, dass ausgerechnet die deutschen Juden, die im »nationalistischen Narrativ« als »Schurken« galten, in der postnationalistischen Erzählung eine »privilegierte Rolle« spielen können. Im Rahmen einer deutschen Geschichte des 19. und 20. Jahrhunderts, die sich auch als eine geteilte Geschichte ethnischer und religiöser Vielheit und Differenz versteht, dürften Juden jedenfalls »als ein Muster der kulturellen Hybridität und als ein Leitbild der modernen Diasporaexistenz gelten«.[20]

Vor diesem Hintergrund wirkt die Diskrepanz zwischen der Historiografie über die Geschichte der bürgerlichen Gesellschaft und der jüdischen Geschichtsschreibung überholt. Bezieht man beide Forschungsfelder aufeinander, eröffnet sich die Chance, gängige Vorstellungen von Bürgertum, Bürgerlichkeit und bürgerlicher Gesellschaft infrage zu stellen, indem das Wechselspiel von Anpassung und Eigensinn sowie die Spannung zwischen zunächst alteuropäisch-ständischen, später nationalen Reinheitsimaginationen und der Idee der rechtlichen Gleichheit in das Zentrum des Interesses rücken.[21]

In den Blick geraten damit die Brüche und Ambivalenzen der bürgerlichen Gesellschaft, wie sie in der Debatte über das Spannungsverhältnis zwischen Freiheit und Gleichheit, zwischen Partikularismus und Universalismus zutage traten. Ab dem 18. Jahrhundert war das eine transnationale Diskussion, in welcher der Begriff der bürgerlichen Gesellschaft den Konzepten der *civil society* oder *société civile* entsprach.[22] Gemeint ist damit nicht jenes enge, vor allem von Hegel geprägte Verständnis von bürgerlicher Gesellschaft als dem Raum zwischen Familie und Staat.[23] Die Geschichte des jüdischen Bürgertums lässt sich vielmehr am ehesten auf der Grundlage eines weiten Verständnisses von bürgerlicher Gesellschaft schreiben. Gilt das Interesse dem Wechselspiel zwischen rechtlichen, sozialen und staatlichen Aspekten der Verbürgerlichung der Juden und deren Teilhabe an der bürgerlichen Gesellschaft, liegt es nahe, an die aristotelische bzw. spätaufklärerische Tradition anzuknüpfen, die das politische Gemeinwesen als Teil der bürgerlichen Gesellschaft verstand und keinen Gegensatz zwischen Staat und bürgerlicher Gesellschaft konstruierte.[24]

Zur Diskussion steht die Frage, wie sich das Verhältnis zwischen dem Besonderen und dem Allgemeinen beschreiben lässt, die Beziehung zwischen unterschiedlichen Gruppen in einem Raum, in dem diese die Bedingungen ihres Zusammenlebens verhandelten. Mit dem Aufstieg des Rechtsstaates im 19. Jahrhundert wurden der Staat, die Nation und die Öffentlichkeit zu sich ständig verändernden Arenen, in denen einzelne Gemeinschaften konkurrierende Forderungen erhoben und möglicherweise, aber nicht zwingend durchsetzten. Innerhalb dieses Raumes forderten nicht nur Katholiken und Juden, sondern auch Protestanten, oder wen auch immer man als die Trägerin »wahrer Bürgerlichkeit« oder »wahren Deutschtums« ansehen mag, ein Recht auf Verschiedenheit ein. In Bezug auf den Staat, die Nation und die Öffentlichkeit, in Bezug auf das Universale also, traten nicht nur einige, sondern alle Gruppen als »Minderheiten« auf.[25]

Damit soll nicht behauptet werden, dass der öffentliche Raum, der Staat oder die Nation neutral gewesen seien. Wenn Juden, Katholiken oder Protestanten versuchten, ihre partikularen Interessen durchzusetzen, formulierten sie gleichzeitig ihre je eigene Vorstellung, wie das Spannungsverhältnis zwischen Einheit und Vielfalt, auszubalancieren sei. Vor diesem Hintergrund wird der unauflösbare Widerspruch verständlich, der dem Nationalstaat des 19. Jahrhunderts zugrunde lag:[26] Einerseits setzte die Nation die Idee einer homogenen Gemeinschaft voraus, von der manche glaubten, ihr Ursprung reiche bis in eine mythische Vergangenheit zurück; andererseits war die Nation die Alltagspraxis aller Mitglieder, in der diese ihre jeweiligen Vorstellungen von individueller und kollektiver Identität geltend machten. Protestanten besaßen daher weder ein Definitionsmonopol darüber, was es hieß, deutsch zu sein, noch waren sie nationalistischer als andere Deutsche. Zwar träumten Nationalisten aller Couleur von der einen und unteilbaren Nation, doch darf nicht in Vergessenheit geraten, dass es konkurrierende und möglicherweise antagonistische Vorstellungen nationaler Einheit gab.[27] Es ist daher sinnvoll, nicht nur partikulare Identitäten wie Konfessionen oder Ethnizitäten als offen und veränderbar zu begreifen, sondern auch das Universale als einen sich ständig verändernden Raum zu verstehen, der sich erst im Prozess der Artikulation von kulturellen Differenzen ausbildet.[28]

In diesen bisweilen dialogischen, oft antagonistischen Auseinandersetzungen war die Frage der Macht zentral. Spitzenpositionen in der Regierung oder des Militärs waren bis zum Ende des Kaiserreichs praktisch ein Monopol der Protestanten und in anderen Bereichen, etwa den Universitäten, konnten sie Machtpositionen leichter erreichen. Aufgrund ihrer staatlichen Benachteiligung hatten es Juden und Katholiken schwerer als Protestanten, ihre Interessen zu vertreten, für ihre Vorstellung von Bürgerlichkeit und Deutschtum zu werben und ihr Recht auf Differenz zu artikulieren. Doch trotz dieser Zurücksetzung waren weder Katholiken noch Juden zum Schweigen verurteilt, wie die Erfolge der Zentrumspartei bei den Reichstagswahlen oder die führende Rolle von bürgerlichen Juden in der Kommunalpolitik und dem Vereinswesen in vielen deutschen Städten belegen.

Kern des liberalen Bürgertums

Was Fontane 1879 vermutete, hat die neuere sozialhistorische Forschung bestätigt: Juden bildeten ab der Mitte des 19. Jahrhunderts einen wesentlichen Teil des Bürgertums. Genau lässt sich der Anteil nicht bestimmen, da sich diese Sozialformation heterogen zusammensetzte und die Grenzen fließend waren. Der 1814 verstorbene jüdische Schullehrer Moses Philippson, der in Dessau in bescheidenen Verhältnissen lebte, konnte sich dank des mit seinem Beruf verbundenen Sozialprestiges ebenso zum Bürgertum zählen wie der

Großbankier Hermann Wallich, um 1900 einer der reichsten Männer Berlins und Mitglied einer selbstbewussten großbürgerlichen Oberklasse.[29]

Angesichts der sozialökonomischen Heterogenität bietet es sich an, das Bürgertum mit Max Weber als eine ständische Vergesellschaftung zu beschreiben, die zwar eine bürgerliche Klassenlage voraussetzt, sich jedoch nicht auf sie reduzieren lässt. Die Klassenlage des Einzelnen innerhalb der sozialen Hierarchie gründe sich auf den »ökonomische[n] Erwerb« und die »bloße, nackte [...] rein ökonomische Macht«.[30] Dagegen beruhe die ständische Lage auf dem Ansehen des Einzelnen. Diese »ständische Ehre« schlage sich im Alltag »vor allem in der Zumutung einer spezifisch gearteten Lebensführung« nieder.[31] Das soziale Prestige des Bürgers beruhe auf einer solchen Lebensführung und sei mit den »Prätentionen des rein ökonomischen Erwerbs als solchem« unvereinbar.[32] Wer dem Bürgertum angehören wollte, musste über ein entsprechendes Einkommen verfügen und sich den Anforderungen einer spezifischen Lebensführung unterwerfen, um an der bürgerlich-ständischen Ehre teilzuhaben.[33]

Überblickt man die drei Generationen deutscher Jüdinnen und Juden zwischen 1780 und 1870, lässt sich eine eindrucksvolle Geschichte des Aufstiegs aus Armut und gesellschaftlicher Randständigkeit erzählen.[34] Noch im Laufe des 18. Jahrhunderts hatte sich die soziale Lage der Juden im deutschsprachigen Mitteleuropa verschlechtert. Viele Juden verarmten, manche waren gezwungen, von der Bettelei zu leben. Um 1750 gehörten fast drei Fünftel aller Juden der »unbemittelten Klasse« an und lebten am Rande des Existenzminimums.[35] Der rasche soziale Aufstieg, der nun folgte, war vor allem in den Städten, aber auch auf dem Land zu beobachten.[36] Nahm innerhalb der Gesamtbevölkerung der Anteil der Unterschichten zumindest bis zur Mitte es 19. Jahrhunderts zu, schafften viele Juden den Sprung von dort in das Klein- oder sogar das Großbürgertum.[37] Für Juden trifft die These der sozialhistorischen Mobilitätsforschung nicht zu, das Zeitalter der Industrialisierung sei kein Goldenes Zeitalter hoher Aufstiegsmobilität gewesen.[38] Je mehr ständische und zünftische Schranken fielen, je mehr sich die Wirtschaft liberalisierte, Handel und Industrie auf Kosten der Landwirtschaft wuchsen, desto mehr Mobilitätschancen boten sich. Aus der Sicht vieler deutschsprachiger Juden war das 19. Jahrhundert durchaus ein Goldenes Zeitalter des wirtschaftlichen Vorwärtskommens.

Freilich verbergen sich hinter dem Bild einer hohen Aufstiegsmobilität Biografien voller Anstrengungen: Der Erfolg hatte seinen Preis.[39] Wie hoch er war, ist schwierig zu ermitteln. Autobiografien verfassten meist jene, die ihren Weg gemacht hatten, ihre oft nostalgische Rückschau wirft wenig Licht auf Entbehrungen. Wenn der Blick auf die Armut in Kindheit und Jugend fiel, diente er vor allem dazu, die Geschichte des eigenen Aufstiegs umso wirkungsvoller darzustellen.[40]

Eine erste Vorstellung von der Bedeutung, die Juden in der Geschichte des Bürgertums zukam, erhält man, wenn nach ihrem Anteil an den bürgerlichen Berufsgruppen und bürgerlichen Einkommensklassen gefragt wird. Schaut man auf die Berufsstruktur und die Einkommensverhältnisse der Breslauer Juden im Kaiserreich – zu Beginn des Kaiserreichs lebte in der Odermetropole die zweitgrößte jüdische Gemeinde in Deutschland –, ergibt sich ein recht präzises Bild.[41] Obwohl das 19. Jahrhundert für die Breslauer Juden eine Zeit hoher Aufstiegsmobilität war, ist die Vorstellung irreführend, die Mehrheit der Juden in der schlesischen Hauptstadt habe dem Bürgertum angehört. Unterscheidet man zwischen Kleinbürgertum und gehobenem Bürgertum und berücksichtigt die bedeutende Anzahl von alleinstehenden Frauen, waren weder zu Beginn noch am Ende des Kaiserreichs die Mehrheit der Jüdinnen und Juden dem Bürgertum im engeren Sinne zuzurechnen. Gemessen am Beruf gehörten 1876 zwar rund vierzig und 1906 fast sechzig Prozent aller Breslauer Juden dem gehobenen Bürgertum an. Allerdings ist zu beachten, dass viele einem bürgerlichen Beruf nachgingen, ohne über ein bürgerliches Einkommen zu verfügen. Daher ist die Analyse der Berufe durch eine der Einkommen zu ergänzen. Selbst wenn man nur auf die Altersgruppe mit den höchsten Einkommen blickt, verfügten in den siebziger Jahren des 19. Jahrhunderts nur ein Drittel und selbst am Vorabend des Ersten Weltkriegs weniger als die Hälfte aller dreißig- bis sechzigjährigen Juden über ein bürgerliches Einkommen. Vieles spricht deshalb dafür, die Vorstellung aufzugeben, im Kaiserreich habe die Mehrheit der Jüdinnen und Juden den bürgerlichen Einkommensschichten angehört. Unterbürgerliche Juden gab es um die Jahrhundertwende auf dem Lande und in den Großstädten. Auch die Geschichte des jüdischen Bürgertums kennzeichnete daher die Anstrengung, sich von kleinbürgerlichen und unterbürgerlichen Schichten abzugrenzen.[42]

Obwohl die Mehrheit der Breslauer Juden im Kaiserreich nicht den bürgerlichen Einkommensschichten angehörte, waren sie gemessen an ihrem Bevölkerungsanteil im Kleinbürgertum und gehobenen Bürgertum der Stadt überrepräsentiert. Blickt man auf den Beruf, stellten Juden zu Beginn und am Ende des Kaiserreichs mehr als ein Viertel des gehobenen Bürgertums, in der Teilgruppe des Wirtschaftsbürgertums sogar ein Drittel. Wegen ihres Einkommensvorsprungs blieben Juden auch in den bürgerlichen Einkommensschichten – den bürgerlichen Klassen im Sinne Webers – überrepräsentiert. In den siebziger Jahren des 19. Jahrhunderts stellten Juden ein knappes Drittel der bürgerlichen Klassen Breslaus, um 1910 noch ein Viertel.

Solange das preußische Dreiklassenwahlrecht in Kraft blieb, schuf der Einkommensvorsprung einen großen politischen Handlungsspielraum. Zu Beginn des Kaiserreichs lag der jüdische Wähleranteil in der dritten Wählerklasse bei zwölf Prozent, in der zweiten bei dreiundzwanzig Prozent und in der ersten sogar bei etwa fünfunddreißig Prozent. Nach der Jahrhundertwende nahm der jüdische Anteil in den beiden oberen Wählerklassen noch zu. Unter den Wählern der dritten Wählerklasse waren 1906 sieben Prozent jüdisch, in der ersten und zweiten jeweils knapp vierzig Prozent. Juden prägten die liberale, staatsferne und größte Fraktion des Bürgertums. In Breslau trugen bürgerliche Juden Teile des Vereinswesens, stellten einen Großteil der höheren Schüler und Schülerinnen, gestalteten die Kommunalpolitik zu wesentlichen Teilen mit und bildeten das Rückgrat des Linksliberalismus. Im Bürgertum der Stadt waren Jüdinnen und Juden keine Minderheit.[43] Sollten diese Ergebnisse auch auf Berlin oder Frankfurt, Hamburg oder Königsberg übertragbar sein, hat das Konsequenzen für die Historiografie des Bürgertums.

Eine Geschichte des großstädtischen Bürgertums im Kaiserreich ohne Juden verkürzt ihren Gegenstand oder verfehlt ihn sogar ganz.

Juden und andere Bürger

Auch wenn man die Vorstellung akzeptiert, dass Juden ab der Mitte des 19. Jahrhunderts einen bedeutenden Teil der bürgerlichen Berufsgruppen und Einkommensschichten stellten, bleibt die Frage offen, ob es sinnvoll ist, bürgerliche Juden dem allgemeinen Bürgertum als einer ständisch vergesellschafteten Sozialformation zuzurechnen. Andrea Hopp etwa versteht das »jüdische Bürgertum [als] ein separat zu erforschendes Phänomen«: »Es stellte eine eigenständige Fraktion innerhalb der bürgerlichen Gesellschaft dar, die bestimmt war durch die Merkmale ihrer Existenz als ethnisch-religiöse Minderheit.«[44] Grundlegend für alle Untersuchungen des jüdischen Bürgertums ist also die Frage nach dem Verhältnis von Inklusion und Exklusion: Inwieweit definierten sich bzw. lassen sich Juden als Teil eines allgemeinen Bürgertums definieren? Inwiefern kann man von einem jüdischen Bürgertum im Sinne einer eigenen Subkultur sprechen?

Einige jüngere Studien stützen David Sorkins These einer jüdischen Subkultur und betonen die Existenz eines separaten jüdischen Bürgertums. Da Juden in der ersten Hälfte des 19. Jahrhunderts das allgemeine Vereinswesen lange verschlossen blieb, begannen sie, eigene Vereine zu gründen, die sich am Vorbild der bürgerlichen Assoziation orientierten. Ab den 1820er Jahren schufen Juden ein paralleles Vereinswesen, das den wichtigsten Baustein einer jüdischen Subkultur bildete.[45] »Zwar blieb den deutschen Juden der Eintritt in die bürgerliche Gesellschaft versperrt, zwar konnten sie weder auf eine ausreichende, geschweige denn auf ihre umfassende soziale Integration hoffen«, so Sorkin, doch konnten sie »parallele Institutionen« gründen, die jenen der bürgerlichen Umwelt ähnelten, um so der »größeren Gesellschaft anzugehören«.[46] Gegen die beschönigende Rede von der »Vielfalt« des Bürgertums kann man Sorkins These auch allgemein wenden und den geringen Grad konfessionsübergreifender Geselligkeit und das hohe Maß an »gegenseitiger Verhetzung« betonen.[47]

In der Tat existierte, auch nachdem das allgemeine Vereinswesen in den 1850er Jahren begonnen hatte, sich Juden zu öffnen, weiterhin ein jüdisches Vereinswesen. Das jüdische Wohlfahrtswesen in Hamburg zeigt, dass sich Juden in diesem Bereich nicht mit anderen Bürgern der Stadt zusammenschlossen, sondern einen separaten Raum bewahrten, obwohl die Stadt in den sechziger Jahren angeboten hatte, die jüdischen Armen in das allgemeine Wohlfahrtswesen zu integrieren.[48]

Zugleich entwickelten sich neue Formen eines spezifisch jüdischen Selbstbewusstseins. Statt die theologischen Gewissheiten der christlichen Umwelt zu übernehmen, versuchten Rabbiner und Intellektuelle, das Modell eines bürgerlichen, gleichberechtigten Judentums zu begründen, das an das religiöse und kulturelle Vermächtnis einer mehrtausendjährigen Geschichte anknüpfte.[49] Die Rabbinerversammlungen der 1840er Jahre stritten darüber, wie es möglich sei, die traditionellen national-religiösen Aspekte jüdischer Gemeinschaftsvorstellungen in eine bürgerliche Konfessionalität zu überführen. Zentrale Elemente jüdischer Religiosität wie die Messiasidee und die Endzeiterwartung wurden dabei ihrer national-ethnischen Konnotation entkleidet. Jüdisches Selbstverständnis und bürgerliche Bildung ergänzten sich nun. Immer mehr setzte sich die Idee durch, Juden seien schon immer Bürger gewesen: Sowohl reformorientierte als auch orthodoxe Rabbiner betonten, das Judentum habe stets die Tugenden hochgehalten, auf denen die bürgerliche Gesellschaft basiere. Dass protestantische und katholische Bürger meist widersprachen, bestärkte Juden eher in dieser Überzeugung.[50]

Jüdische Intellektuelle versuchten schon früh, christlich geprägte Deutungen der Menschheitsgeschichte infrage zu stellen, in denen Juden nur eine marginale Rolle zukam. Dass »die große Familienchronik der Juden, die Bibel, der ganzen germanischen Welt als Erziehungsbuch« gedient habe, betonte etwa Heinrich Heine 1838. Zu beobachten sei nicht nur eine »innige Wahlverwandtschaft zwischen den beiden Völkern der Sittlichkeit, den Juden und den Germanen«. Letztlich, so Heine, habe »die Physiognomie Palästinas« sowohl

Deutschland als auch das übrige Europa geprägt: Die »Juden trugen schon im Beginn das moderne Prinzip in sich, welches sich erst heute bei den europäischen Völkern sichtbar entfaltet«.[51] Ähnlich urteilte 1874 der Heine-Bewunderer Heinrich Graetz. Der führende jüdische Historiker seiner Zeit argumentierte, dass die »Höhe der Gesittung, deren sich die Völker der Gegenwart rühmen«, nicht etwa christliche Einflüsse widerspiegele, sondern allein auf die hellenistische und jüdische Kultur zurückzuführen sei: »Das Griechenthum und das Israelitenthum oder – um ohne Zimperlichkeit zu sprechen – das Judenthum, beide haben eine ideale Atmosphäre geschaffen, ohne welche Culturvölker gar nicht denkbar sind.«[52] Damit wandten sich Heine und Graetz gegen das Geschichtsbild von christlichen Liberalen wie Carl Theodor Welcker (1790–1869). Der Herausgeber des *Staats-Lexikons*, des »Hausbuch[s] des gebildeten Liberalismus« (Thomas Nipperdey), betonte 1846 in seiner Analyse der »Deutschen Staatsgeschichte«, dass die Idee sowohl der Freiheit als auch der Bildung ebenso wie »die größte Erscheinung der Weltgeschichte, das große europäische Gemeinwesen«, sich allein auf »christliche und die besseren bewährten classisch-alterthümlichen und deutschen Grundsätze« zurückführen ließen.[53]

Die systematische Benachteiligung von jüdischen Bürgerinnen und Bürgern zeigte sich besonders in der staatlichen Beamtenlaufbahn und dem staatsnahen Bereich der Universität.[54] Abgesehen von der liberalen Berufungspolitik zu Beginn der siebziger Jahre des 19. Jahrhunderts, als auch Juden als professorabel galten, blieb es für jüdische Wissenschaftler nahezu ausgeschlossen, auf einen Lehrstuhl zu gelangen; eine Exklusionspolitik, die an philosophischen und juristischen Fakultäten noch schärfer als an medizinischen oder naturwissenschaftlichen war.[55] Außenseiter in ihrer Zunft blieben die wenigen jüdischen Gelehrten, denen wie Harry Bresslau oder Hermann Cohen der Sprung auf einen geisteswissenschaftlichen Lehrstuhl gelang. Eine Berufung in den Olymp des preußischen Wissenschaftssystems, die Berliner Friedrich-Wilhelms-Universität, war undenkbar und an den Provinzuniversitäten, an denen Juden unterrichteten, blieb ihre Stellung im Kreis der Kollegen in der Regel marginal.

Distanz kennzeichnete auch im privaten Bereich die Beziehungen von Juden und anderen Bürgern. Möglicherweise sei es im Bereich der privaten Geselligkeit, so Marion Kaplan, zu einer »Verhärtung der Abgrenzungen zwischen Mehrheit und Minderheit« gekommen. Da die Pflege der familiären Bande aufwendig war, blieb oft wenig Zeit für Freundschaften. Gerade im jüdischen Bürgertum gab es laut Kaplan ein Bedürfnis, »unter sich« zu bleiben, wobei die Furcht vor Zurückweisung eine Rolle gespielt haben mag.[56] Auch dass christlich-jüdische Ehen in unterbürgerlichen Schichten häufiger geschlossen wurden als im Bürgertum, belegt, wie selten enge Beziehungen zwischen Juden und Christen im Bürgertum waren.[57] Das Beispiel des Königsberger Kaufmanns Aron Liebeck, Jahrgang 1856, bestätigt Kaplans These. Er zählte zu seinem Bekannten- und Freundeskreis fast ausschließlich Jüdinnen und Juden, was sich verstärkte, als Liebeck sich im Anschluss an seine Heirat aus dem Königsberger Vereinsleben zurückzog, an dem er zuvor rege teilgenommen hatte.[58]

Angesichts der weitreichenden Teilhabe von Juden am allgemeinen Vereinswesen nach 1860 ist fraglich, ob sich Sorkins Konzept einer jüdischen Subkultur für die zweite Jahrhunderthälfte als überzeugend erweist. Für die Juden verloren die jüdischen Vereine ihre Ersatzfunktion. Sie wurden zu einem Ort, an dem sie sich als Juden vergemeinschafteten, sich jüdisches Wissen und jüdische Kultur aneigneten, beides umdeuteten oder sogar neu erfanden.[59] Von den 1860er Jahren bis in die 1920er Jahre wurde für viele bürgerliche Juden die situative Teilhabe sowohl an spezifisch jüdischen als auch an allgemein bürgerlichen Formen der Vergemeinschaftung kennzeichnend.[60]

Die Freimaurerlogen stehen dafür, wie das allgemeine bürgerliche Vereinswesen ab der Mitte des 19. Jahrhunderts begann, sich Juden zu öffnen. Zu Beginn des Kaiserreichs »konnten die jüdischen Freimaurer das Gefühl haben, ein wichtiger Teil der deutschen Logenkultur zu sein«, ohne ihr Judentum zu verleugnen.[61] Die zunehmende Öffnung des bürgerlichen Assoziationswesens belegt zudem die prominente Rolle von Juden bei den Feiern zum 100. Geburtstag von Schiller im November 1859 und von Fichte im Mai 1862, die das bürgerlich-liberale Lager begrüßte, während sich die konservative

Publizistik empörte.[62] Auch das Beispiel der jüdischen Sozialreformerinnen in Frankfurt am Main zeigt, dass es für jüdische Bürgerinnen möglich war, sich zugleich im jüdischen wie im allgemeinen Wohlfahrtswesen zu engagieren: In der Frankfurter Frauenbewegung entwickelte sich eine Gemeinsamkeit, die konfessionelle Differenzen zeitweise zu überwölben vermochte.[63]

Angesichts der Kontroverse zwischen denen, die für das Konzept einer jüdischen Subkultur plädieren, und jenen, die eher die Teilhabe von bürgerlichen Juden am allgemeinen Bürgertum betonen, liegt es nahe, genauer zwischen Zeiträumen, Lagern des Bürgertums und spezifischen Formen der Teilhabe zu unterscheiden. Unstrittig ist, dass das frühbürgerliche Vereinswesen der 1820er bis 1840er Jahre, von wenigen Ausnahmen abgesehen, Juden ausschloss. Einigkeit herrscht darüber, dass die meisten Frühliberalen die rechtliche Gleichstellung der Juden ablehnten, solange jene den bürgerlichen »Gemeingeist« über individuelle Rechte stellten und an dem Ideal bürgerlicher Eintracht festhielten, christliche Einheitsvorstellungen, in denen der Traum vom »Ende aller Spannungen und Gegensätze« fortlebte.[64] Als die »wahre Bürgertugend« verstand etwa Carl von Rotteck den »Gemeingeist in Gemeinde und Staat«. Im *Staats-Lexikon* definierte er diesen als »die von den Mitgliedern eines gemeinen Wesens oder einer Gesammtheit derselben liebend zugewandte Gesinnung, die Richtung des Gemüths auf die Verfolgung allgemeiner oder gemeinsamer, d.h. durch irgend ein Band unter sich verbundenen Gesammtheit eigener Interessen, verschieden also von oder entgegengesetzt derjenigen Richtung, welche blos egoistische oder [...] particuläre Interessen sich zum Ziele des Handelns und Strebens setzt«.[65] In dieser Utopie der bürgerlichen Gesellschaft, in der die Liebe der Bürger zum Gemeinwesen zur allgemeinen Harmonie und Eintracht führen sollte, galten Juden als »spröde Elemente«.[66] Rotteck jedenfalls erklärte 1833 im Badischen Landtag, dass die »einstweilige Beschränkung der israelitischen Rechte einen [...] durchaus unwiderleglichen Grund hat, darum, weil der Staatsverband als ein inniger Verein eine gewisse Gleichförmigkeit oder Verschmelzung der Gesinnungen und Neigungen fordert, und die Juden können diese echt soziale Meinung und Gesinnung zu uns nicht haben«.[67]

Für die Frage nach dem Verhältnis von Bürgertugend und Religiosität sind die Argumente der Befürworter der Judenemanzipation noch aufschlussreicher als die der Gegner. Auch wer sich für die Emanzipation einsetzte, glaubte, dass das bürgerliche Gemeinwesen auf bestimmten religiösen Traditionen beruhe. 1850 verfasste Karl Hermann Scheidler einen sechzigseitigen Eintrag »Judenemanzipation« für Ersch-Grubers *Allgemeine Enzyklopädie*. Laut dem in Jena lehrenden Philosophen könnten weder das weltliche Gesetz noch die »ungesellige Geselligkeit« die Bildung der Bürgertugend garantieren: »Weder bloße Gesetze noch politische Institutionen« könnten »Erfolg haben«, »wenn ihnen nicht eine im Volke schon vorhandene sittlich-religiöse [...] Bildung entspricht«. Obwohl Scheidler die uneingeschränkte Emanzipation der Juden befürwortete, ließ er keinen Zweifel daran, dass sich das bürgerliche Gemeinwesen allein aus der Quelle der Religion speise. »Kein Staat« könne »ohne Religion bestehen«. Niemand könne »der Staatsgewalt das Recht absprechen, den Eintritt (oder das Verbleiben) in dem Staatsverein von der Annahme gewisser religiöser Wahrheiten abhängig zu machen«. Dazu zählten »Ehrfurcht gegen die Gottheit, Gehorsam gegen die Gesetze, Treue gegen den Staat und Anerkennung sittlicher Prinzipien – ohne welche man keine Garantie dafür hat, daß [...] die Sicherheit [...] des Staates nicht« gefährdet sei.[68]

Die von »Rousseau als ›religion civile‹ anerkannten Bestimmungen« begrenzten auch das Prinzip der Glaubensfreiheit, argumentierte Scheidler. Die »unbeschränkte Glaubensfreiheit (die auch die Freiheit, gar nichts zu glauben, in sich fasst)« sei mit der Idee der Bürgertugend unvereinbar. Einen, »der die Wahrheiten« der *religion civile* »offen verwürfe, welcher der Staatsgewalt gegenüber sich durch gar keine religiösen Pflichten für gebunden erklärte, kurz einen vollkommenen Wildfang in Absicht auf Religion, brauchte die Staatsgewalt [...] nicht zu dulden«. Vielmehr könne das Gemeinwesen »ihn zur Auswanderung ebenso mit Recht nöthigen, als sie gegen den vorsätzlichen Mörder, der seine Tat unumwunden einräumte, aber dieselbe als etwas durchaus nicht Strafbares anzusehen beharrlich sich erklärte, durch dessen Hinrichtung den Staat selbst zu verteidigen das Recht und die Pflicht hätte«. All das gelte für Juden nicht, schloss

Scheidler. Sowohl »der alte Mosaismus als auch der spätere Judaismus« würden den Anforderungen an eine bürgerliche Zivilreligion vollkommen genügen.[69]

Thema war hier das Verhältnis von Religion, bürgerlicher Gleichheit und Moral. Viele Befürworter der Judenemanzipation glaubten, dass Bürgertugend sich allein auf eine spezifische Moral gründe, nicht jedoch aus spezifischen Formen der Geselligkeit und der Achtung vor dem Gesetz hervorgehe. Die Kunst der »ungeselligen Geselligkeit« und der Politesse war zweitrangig. Damit stand die Frage im Raum, aus welcher Religion sich jene moralische Substanz herleiten lasse, aus der sich Bürgertugend speise. Die Kontroverse über die Judenemanzipation war zugleich ein Streit darüber, ob es möglich war, die Frage nach der Religion als Quelle der bürgerlichen Moral im Plural zu stellen. Wer die Emanzipation befürwortete, betonte, dass sich die Tugend des Bürgers ebenso aus jüdischen wie aus christlichen Traditionen speisen könne. Solange sich Juden als eine religiöse Gemeinschaft und nicht als eine Nation verstanden, genossen sie als Bürger das gleiche Recht wie Christen, ihre Eigenart zu pflegen. Zwar waren viele Liberale im Vor- und Nachmärz überzeugt, dass die staatliche Ordnung und die Bürgertugend ein religiöses Fundament voraussetzten. Doch ähnlich wie Moses Mendelssohn 1783 in *Jerusalem* argumentiert hatte, sahen sie es nicht mehr als die Aufgabe des Staates, zu entscheiden, welche Religion die reinste Quelle der öffentlichen Ordnung sei. Im bürgerlichen Gemeinwesen genossen Juden die gleichen Rechte wie alle anderen gläubigen Menschen.

Unstrittig ist schließlich, dass es auch in der zweiten Jahrhunderthälfte, vor allem nach 1880, viele bürgerliche Antisemiten gab und manche Vereine Juden weiterhin ausschlossen. Doch der Blick auf Berlin, Breslau oder Königsberg zeigt, dass sich in den antisemitischen Vereinen vor allem die staats-, militär- und adelsnahe Fraktion des Bürgertums versammelte.[70] Shulamit Volkov hat dieses Phänomen mittels einer Unterscheidung begriffen, die verblüffend Theodor Fontanes Beobachtung ähnelt: Berlin habe sich in eine adelige Hofgesellschaft und eine dominierende Gesellschaft von bürgerlichen Juden aufgespalten. Laut Volkov diente der Antisemitismus im konservativen Lager als »kultureller Code«, als »ein Signum kultureller Identität«, um sich vom linksliberalen Lager zu unterscheiden.[71] Im Vereinswesen des linksliberalen Lagers, dem vor allem Wirtschaftsbürger und Freiberufler wie Rechtsanwälte und Ärzte angehörten, sollten Juden dagegen von etwa 1860 bis zur Auflösung dieses Milieus um 1918 eine prominente Rolle spielen und das kulturelle und politische Leben in Berlin und Breslau, Frankfurt am Main und Königsberg prägen.[72] »Die ›liberale‹ Gruppe« in der Breslauer Stadtverordnetenversammlung, erinnerte sich 1934 der langjährige Führer des Linksliberalismus Adolf Heilberg (1858–1936) an die Zeit vor 1918, umfasste »jüdische Kaufleute, Ärzte und Rechtsanwälte, dann aber auch eine ganze Reihe von Leuten, große und kleine, die frei dachten, der Meinung waren, daß die Juden schließlich doch auch anständige ordentliche Leute seien und sich von dem gesellschaftlichen Dünkel der Reserveoffiziere, der hohen Beamten, der ›Oberlehrer‹ und so weiter abgestoßen fühlten und ihren ›Bürgerstolz‹ gegenüber diesen exklusiven Kreisen wahrten«.[73]

Für den Dialog zwischen der Historiografie zur Geschichte der bürgerlichen Gesellschaft und der zur jüdischen Geschichte scheint es ratsam, die Frage nach dem Verhältnis von Inklusion und Exklusion nicht allein für das jüdische Bürgertum zu stellen. Vielmehr war für die bürgerliche Gesellschaft die Spannung zwischen Universalismus und Partikularismus konstitutiv. Dem Anspruch, »ein für alle Menschen gültiges Wertesystem zu proklamieren«, stand die Neigung entgegen, »diese Werte nur mit denjenigen zu identifizieren, die bestimmten gesellschaftlichen und moralischen Ansprüchen genügten«.[74] Wie Dagmar Herzog gezeigt hat, lässt sich die widersprüchliche Geschichte der Emanzipation der deutschsprachigen Juden nicht durch einen Mangel an Bürgerlichkeit und Liberalität erklären, sondern durch »die fundamentale Dualität des Liberalismus: seine gleichzeitige Toleranz und Intoleranz – die elastischen, immer potentiell inklusiven Aspekte und die immer wieder umstrittenen und neu verhandelten Ausschlüsse«.[75] Eine Geschichtsschreibung, die die Frage nach den Ambivalenzen der bürgerlichen Gesellschaft ernst nimmt, sollte ihr Augenmerk auf die Gleichzeitigkeit des Versprechens der Teilhabe einerseits und des Potenzials der Exklusion andererseits richten.

Als fruchtbar könnte es sich erweisen, das Universale und das Partikulare nicht als Gegensätze zu verstehen. Man wird dem Verhältnis nicht gerecht, wenn man es analog zu Begriffen wie Arbeit und Muße, Krieg und Frieden als eine binäre Opposition begreift. Das Begriffspaar von Allgemeinem und Besonderem folgt ebenso wie das von Erfahrung und Erwartung einer anderen Logik. Es ist, wie Reinhart Koselleck geschrieben hat, »in sich verschränkt, es setzt keine Alternativen, vielmehr ist das eine ohne das andere gar nicht zu haben«.[76] Der Völkerrechtler Martti Koskenniemi hat daher betont, dass das Universale weder über eine eigene Stimme noch über eine »authentische Repräsentation von sich selbst« verfüge: »Nur in etwas Partikularem kann es sich zeigen; nur das Partikulare gibt Zeugnis vom Universellen.«[77] Statt Ideen und Praktiken als allgemein oder besonders zu kategorisieren, gilt es, darüber nachzudenken, wie das Partikulare unser Verständnis des Universalen und das Universale unsere Vorstellung des Partikularen prägt.

Vor dem Hintergrund des Spannungsverhältnisses zwischen Universalismus und Partikularismus lässt sich die Geschichte eines spezifisch bürgerlichen Ressentiments gegenüber Juden schreiben. Dieses Ressentiment knüpfte zwar an den bürgerlichen Tugendkanon des Biedermeier an, lässt sich jedoch im Gegensatz zur frühliberalen Judenfeindschaft nicht als ›Kinderkrankheit‹ der bürgerlichen Gesellschaft interpretieren. In Gustav Freytags Topos des »polnischen Juden« etwa mischten sich Nationalismus, bürgerlicher Tugendkanon und Antisemitismus. Veitel Itzig, der Protagonist von *Soll und Haben*, bevölkert keine Gegenwelt zum bürgerlichen Wertekanon, sondern symbolisiert den inneren Feind. Die bürgerlichen Werte der Arbeit und der Sparsamkeit entstellt er bis zur Unkenntlichkeit: »Schwarz und geschäftig, wie eine Ameise«, geht, so Freytag, »der polnische Jude von altem Styl« seinen Geschäften nach, wobei er »an Genügsamkeit durch nichts in der Welt übertroffen« wird. Zu echten Gefühlen, der Voraussetzung aller bürgerlichen Tugend, ist er unfähig. Der bürgerliche Wertehimmel bleibt ihm verschlossen: »Sein Herz hat der fremde Jude in der Heimath gelassen bei seiner Familie, er denkt nichts, er träumt nichts, er will nichts als speculieren.«[78] Was Hermann Kurzke über Thomas Mann formuliert hat, gilt für die spezifisch bürgerlichen Vorbehalte gegenüber Juden insgesamt: Dessen Charakterisierungen von Juden »sind so bitter und ungerecht, weil er gegen sich selber kämpft, gegen sein eigenes besseres Wissen, weil er Angst um seine Haltung, Form und Würde hat«.[79]

Mit dem Aufschwung des jüdischen Vereinswesens nach 1880 entwickelten sich neue Binnenräume jüdischer Bürgerlichkeit, deren Entstehungsgeschichte man verkürzt, wenn man sie nur als Antwort auf den Antisemitismus begreift. Neugründungen wie der 1882 ins Leben gerufene Unabhängige Orden B'nai B'rith oder die Vereine für jüdische Geschichte und Literatur warben dafür, sich auf die eigene Geschichte zurückzubesinnen, jüdische Partikularität nicht nur religiös, sondern auch kulturell und ethnisch zu begründen und das eigene Selbstbewusstsein zu stärken.[80] Mit Blick auf diese neue Form jüdischer Geselligkeit notierte die *Allgemeine Zeitung des Judenthums* 1903, in den letzten Jahren seien »hunderte von Vereinen« entstanden. Die Losung »Etwas mehr Distanz, etwas mehr Judentum!« habe sich »nicht nur auf dem religiösen Gebiet bewährt«. Anzeichen einer jüdischen Subkultur sah die Zeitung aber keine. Zwar gebe es eine Rückbesinnung auf jüdische Eigenart, aber keinen Rückzug aus der bürgerlichen Geselligkeit. Die meisten Juden seien auch weiterhin im allgemeinen Vereinswesen aktiv: »Wer die über den Mittelstand hinausreichenden [...] Wohltätigkeits- und Bildungsbestrebungen mit ihren zahlreichen Vereinen und Verbänden kennt«, fuhr das Sprachrohr des Reformjudentums fort, »weiß, daß von einer beginnenden Selbstisolierung der Juden Gott sei Dank noch lange keine Rede ist.«[81] Wenige Jahre, nachdem Georg Simmel 1908 die »Zahl der verschiedenen Kreise [...], in denen der Einzelne steht«, zu einem »der Gradmesser der Kultur« und die »Kreuzung sozialer Kreise« zum Signum der Moderne ausgerufen hatte, glaubte der Religionsphilosoph Julius Guttmann, im Diasporajudentum einen »besonders verwickelten Fall« der »Durchkreuzung verschiedener Gemeinschaftsbeziehungen« erkennen zu können. Eine separate jüdische Subkultur, die jener »alle Lebensbereiche umfassenden Einheit« des katholischen oder sozialistischen Milieus vergleichbar wäre, existiere allein im Wunschdenken einer kleinen Minderheit zionistischer Schwärmer.[82]

Unstrittig ist, dass mit dem Niedergang des linksliberal-bürgerlichen Lagers zu Beginn der Weimarer Republik die Distanz zwischen Juden und anderen Bürgern zunahm. Unter den Juden wich das Gefühl bürgerlicher Sicherheit und Zugehörigkeit der Furcht vor dem Antisemitismus, der ab den frühen zwanziger Jahren zahlreiche Bereiche durchdrang, in denen er vor 1914 eine geringe Rolle gespielt hatte.[83] Immer mehr Urlaubsorte warben damit, sie seien »judenrein«; Juden, die in den Bergen oder an der See Erholung suchten, sahen sich zunehmend mit antisemitischen Vorurteilen und offener Aggression konfrontiert.[84] Jüdische Organisationen wie der Central-Verein deutscher Staatsbürger jüdischen Glaubens waren entsetzt, wie hilflos der bürgerliche Rechtsstaat auf den wachsenden Antisemitismus reagierte, und diagnostizierten 1927 eine »Rechtsnot der deutschen Juden«.[85] Die »antisemitische Gesellschaftsstimmung«, vor der Friedrich Naumann bereits 1904 gewarnt hatte, gewann ab 1918 an Boden.[86] Das linksliberale Lager in den Großstädten, das bürgerlichen Juden im Kaiserreich zur Heimat geworden war, zerfiel in kurzer Zeit. Gut fünf Jahre bevor die Nationalsozialisten begannen, ihre Vorstellung einer »arischen Volksgemeinschaft« zu verwirklichen, konstatierte der jüdische Philosoph und Publizist Julius Goldstein (1873 – 1929), es sei »eine Tatsache von seltsamer Paradoxie, daß der völkische Geistestypus sich am ausgeprägtesten beim Bürgertum findet«. Den bürgerlichen Antisemitismus der Weimarer Republik interpretierte Goldstein jedoch gerade nicht als Ergebnis einer langen Tradition des Judenhasses. Vielmehr verschärfe ausgerechnet die Erinnerung an die Jahrzehnte der Nähe von Juden und anderen Bürgern jetzt das Ressentiment. »Das arrivierte Bürgertum christlichen Glaubens«, notierte Goldstein, »erntete die Früchte seines Emanzipationskampfes, den es gemeinsam mit dem deutschen Bürgertum jüdischen Glaubens geführt hatte. Den einstigen Kampfesgenossen brauchte man jetzt nicht mehr [...] [und] empfand es peinlich, an die frühere Ideengemeinschaft mit den Juden erinnert zu werden. Der Antisemitismus ist zu einem wesentlichen Teil der Ausdruck des Hasses, mit dem das deutsche Bürgertum seine eigene Vergangenheit empfindet.«[87]

Aktive Teilhabe

Die Beschäftigung mit der Geschichte des jüdischen Bürgertums erlaubt es, die Geschichte der deutschen Jüdinnen und Juden jenseits des Paradigmas der Minderheitengeschichte zu schreiben. Fragwürdig erscheinen ältere Entwürfe des Assimilationskonzepts, die auf der Vorstellung einer »asymmetrischen Beziehung zwischen klar definierten Wesen« beruhten.[88] Bis in die 1970er Jahre hinein galt Assimilation als ein linearer Prozess der »Angleichung einer ethnischen Einheit« an die Mehrheitsgesellschaft, an dessen quasi selbstverständlichem Endpunkt der »völligen Verschmelzung« die »Minderheit« alle Verhaltensweisen und Einstellungen der »Mehrheit« übernommen hatte.[89] Zwar unterschieden die älteren Modelle Stufen des Assimilationsprozesses: die Akkulturation, bei der sich die »Minderheit« zwar in vielem der Mehrheitskultur anpasste, ohne aber das Bewusstsein ihrer Besonderheit zu verlieren, von der völligen bzw. radikalen Assimilation. Doch an der grundsätzlichen Richtung des Prozesses bestand kein Zweifel.[90]

Besonders die Ethnizitätsdebatte der 1970er Jahre wandte sich entschieden vom älteren Assimilationsmodell ab. Einige lehnten den Begriff als unbrauchbar ab, andere hielten zwar an ihm fest, betonten aber die Persistenz ethnischer Gemeinschaftsvorstellungen, die Umkehrbarkeit des Assimilationsprozesses und den Eigensinn der »Minderheiten«, die sich weniger angleichen als vielmehr Elemente der »Mehrheitskultur« aktiv aneignen.[91] Insofern könnte es sich als fruchtbar erweisen, sich von der bis heute gängigen Unterscheidung zwischen Mehrheits- und Minderheitskultur zu verabschieden, statt weiterhin danach zu fragen, inwiefern sich bürgerliche Juden an die Mehrheitskultur anpassten und welchen Beitrag sie zu dieser leisteten. In der Gesellschaft des 19. und 20. Jahrhunderts gab es keine universale, alles dominierende Mehrheitskultur, sondern nur eine Vielzahl von sich ständig verändernden partikularen Gemeinschaftsvorstellungen, die sich wechselseitig beeinflussten. Jenseits dieser Entwürfe bildete sich ein öffentlicher Raum der gemeinsamen Kultur.

Die Reichweite und der Inhalt dieses Raumes waren nicht das Monopol einer Mehrheit, sondern der Gegenstand von Verhandlungen, an denen sich Angehörige aller kulturellen und sozialen Gruppen beteiligten, auch wenn nicht alle die gleiche Chance hatten, Gehör zu finden. Jüdische und katholische Bürgerinnen und Bürger waren zwar im Vergleich zu protestantischen Bürgern meist in der Minderzahl und weniger privilegiert, aber trotzdem assimilierten sie sich nicht nur an die Vorstellungswelt des »bürgerlichen Wertehimmels«, sondern beteiligten sich an dessen Umdeutung und an dem Verhandlungsprozess darüber, was »bürgerliche Kultur« und »Bürgerlichkeit« sei.[92] Zwar war der »bürgerliche Wertehimmel« aufgespannt, bevor Juden zu einem wichtigen Teil des Bürgertums wurden. Doch sollte man die Bedeutung der Verhandlungsprozesse nicht zu gering veranschlagen. Das gilt besonders, wenn man Identitäten als zugleich partikular und situativ, offen und veränderbar begreift.[93] Zur Diskussion steht hier das Moment des Aneignens, Umdeutens und Verhandelns, nicht etwa ein womöglich sogar kollektiver »Beitrag« von Juden zur bürgerlichen Kultur, eine Terminologie, die, wie Steven Lowenstein gespottet hat, »ein kollektives Unternehmen« der Juden voraussetzt »mit dem Ziel, die deutsche Mehrheit zu beschenken«.[94]

Seit der Spätaufklärung waren Juden an dem Streit darüber beteiligt, was bürgerliche Kultur und Bürgerlichkeit sei und wie das »constitutionelle Princip« und das Ideal der »Gleichheit der Rechte« mit Inhalt und Leben zu füllen sei. Die Ideale des säkularen Rechtsstaates, der liberalen Bürgerlichkeit und des pluralistischen Zusammenlebens haben sich parallel zu und vor allem in den Emanzipationskämpfen des 19. Jahrhundert entwickelt, also auch im Kampf um die Gleichberechtigung der Juden und Katholiken, Frauen und Sklaven. Wer hier nach dem Beitrag einzelner Stimmen und Gruppen fragt, sieht den Wald vor lauter Bäumen nicht. Die Geschichte liberaler Bürgerlichkeit und des säkularen Rechtsstaats und die Geschichte der Emanzipation der Juden sind eng verknüpft. Sie sind, um mit Steven Aschheim zu sprechen, »co-constitutive«.[95] Erst in Anbetracht dieser Gemengelagen, die den offenen Horizont bürgerlichen Zusammenlebens ermöglichen, lässt sich die spezifische Rolle von Bürgerinnen und Bürgern jüdischer Herkunft verstehen.

Während im religiösen Bereich jüdische Konzepte einer bürgerlichen Konfessionalität wenig Anklang bei anderen Bürgern fanden, lassen sich vor allem in den Großstädten, in denen es große und alteingesessene jüdische Gemeinden gab, spezifische Formen der Bürgerlichkeit finden, die bürgerliche Juden mitgeprägt hatten. Die Vordenker des jüdischen Wohlfahrtswesens in Hamburg betonten, dass sich ihr Verständnis von Armenpflege von den bürgerlich-kommunalen Prinzipien unterscheide. Die städtische Armenanstalt sei nicht daran interessiert, Armut zu verhindern, und versuche, die Bedürftigen davon abzuhalten, Unterstützung zu beantragen, indem sie diese stigmatisiere. Die Israelitische Armenanstalt dagegen behandle die Bedürftigen als Freunde in Not.[96] In Frankfurt gelang es jüdischen Sozialreformerinnen um 1900, das bürgerlich-kommunale Verständnis von Armenpflege zu prägen. Vor allem jüdische Bürgerinnen plädierten dafür, Armenfürsorge nicht als »milde Gabe«, sondern als ein »soziales Recht« der Bedürftigen zu verstehen. Der Grad der Bedürftigkeit war zudem nicht mehr anhand der Unterscheidung zwischen »verschuldeter« und »unverschuldeter« Armut, sondern mittels sozialwissenschaftlicher Methoden zu bestimmen, ohne die Antragstellerinnen und Antragsteller zu beschämen. Die Fürsorge selbst orientierte sich an dem Prinzip der Hilfe zur Selbsthilfe, um die Selbstständigkeit der Bedürftigen zu fördern.[97] Wie sehr Jüdinnen das bürgerliche Leben im frühen 20. Jahrhundert prägten, kommentierten auch die Zeitgenossen. Das Aufkommen einer »neue[n] weiblichen Generation« konstatierte beispielsweise Lucia Dora Frost 1914 im *Neuen Merkur*, einer führenden linksliberalen Kulturzeitschrift. Die Wachablösung innerhalb der Frauenbewegung sei die Folge der »Politisierung der Frau, als Staatseinbürgerung [oder als] Demokratisierung«. Diese »deutsche Demokratie«, wie sie sich seit dem späten 19. Jahrhundert entwickelt habe, werde vor allem durch »aufsteigende Familien« getragen. Kaum zu übersehen war laut Frost, dass »der neue deutsche Geist einen starken jüdischen Einschlag hat, daß die Juden die eigentliche Führung in diesem Aufstieg haben«.[98]

Geschlechtergeschichtliche Studien zur Geschichte bürgerlicher Familien im späten 18. und frühen 19. Jahrhundert haben die Denkfigur der polarisierten Geschlechtscharaktere infrage gestellt und sind einer »geschlechtsspezifischen Emotionalität« von Männern nachgegangen, die besonders im Familienalltag eine große Bedeutung besaß.[99] Je mehr sich jedoch das Ideal der bürgerlich-patriarchalischen Familie in der zweiten Hälfte des 19. Jahrhunderts durchsetzte und die Bedeutung des Militärs für das bürgerliche Selbstverständnis zunahm, desto weniger sanft wurden die Männlichkeitsideale.[100] Gleichzeitig gewannen Rassentheoretiker wie der Kulturhistoriker Gustav Klemm an Gewicht, die eine Hierarchie von aktiven männlichen und passiven weiblichen »Rassen« entwarfen und Juden als Typus einer femininen »Rasse« verstanden.[101] Umso erstaunlicher sind zeitgenössische Stimmen, die wie der prominente Wiener Rabbiner Adolf Jellinek argumentierten, dass die »ethische Superiorität des jüdischen Stammes« auch auf dem »weiblich gearteten Herz« beruhe. Dank ihm seien Juden »empfänglich für die Anerkennung, Pflege, Entwicklung und Ausübung der Gebote der Ethik, besonders derjenigen, welche zu ihrer Realisierung der edleren, weicheren und milderen Regungen des Herzens bedürfen«.[102] Dass jüdische Männer sich länger als andere Bürger als »sanfte Männer« verstanden, zeigt auch das Beispiel des Königsbergers Aron Liebeck (1856–1935).[103] Viele männliche Protagonisten in dessen 1928 verfasster Autobiografie erscheinen als fast feminine, unmilitärische Männer, die ihren Emotionen in Lebenskrisen freien Lauf lassen. Liebecks Verachtung gilt dagegen der »harten Männlichkeit« und dem zackig-militärischen Habitus des soldatischen Kriegerideals, unter dem er als Rekrut gelitten hatte. Die männliche Identität und Autorität des Königsberger Kaufmanns beruhte auf seiner Rolle als fürsorglicher Vater und Ernährer seiner Familie und nicht auf seiner Fähigkeit zum soldatischen Heldentum.

Juden spielten als Schauspielerinnen und Schauspieler, Musiker Regisseure und Zuschauerinnen eine prominente Rolle bei den Versuchen, die Grenze zwischen der bürgerlichen Hochkultur und der Unterhaltungskultur aufzuheben.[104] Ähnlich wie das 1901 von Max Reinhardt gegründete Kabarett Schall und Rauch bildete auch das 1906 etablierte Gebrüder-Herrnfeld-Theater in Berlin eine Schnittstelle zwischen bürgerlicher Theaterwelt und volkstümlichem Schaustellermilieu. In diesem Jargontheater vergnügten sich nicht etwa unterbürgerliche Juden aus dem Scheunenviertel, sondern Juden und andere Berliner aus den bürgerlichen Stadtvierteln. Bis zu seinem Niedergang im Ersten Weltkrieg warb das Theater für ein pluralistisches Verständnis von Bürgerlichkeit. Als Protagonisten ihrer Possen führten die Herrnfelds jeweils zwei Charaktere ein, einen Juden und einen Christen, stellten jedoch diese Polarisierung zugleich infrage, indem sie mit Differenzen und Stereotypen spielten. Humorvoll präsentierten sie Freud und Leid bürgerlicher Lebensführung im Berlin des frühen 20. Jahrhunderts als zugleich partikular jüdisches bzw. christliches wie auch als gemeinbürgerliches Problem. Juden und andere Bürger saßen im Publikum und lachten über Witze, in denen es um Geldheiraten, das schwierige Verhältnis zum Adel, die Parvenüs, innerfamiliäre Generationskonflikte und den Kampf der Geschlechter ging.

Vom alteuropäischen Stadtbürgertum zur urbanen Vielheit

Die Zeit zwischen den 1840er und den späten 1870er Jahren stellte eine Zäsur in der Geschichte des deutschen Bürgertums dar. Der Niedergang des alteuropäischen Stadtbürgertums ergab sich teilweise als Konsequenz staatlichen Handelns, etwa der Einführung der Gewerbe- und Niederlassungsfreiheit sowie des Einwohnergemeindeprinzips, resultierte jedoch in erster Linie aus einer innerstädtischen Dynamik, infolge derer die »klassenlose Bürgergesellschaft« zerfiel, die Juden in der Regel verschlossen geblieben war.[105] Damit ging ein Austausch der Herrschaftseliten einher: Eine neue bürgerliche Oberschicht verdrängte vielerorts das traditionelle Stadtbürgertum und um etwa 1850 war eine Schicht bürgerlicher Honoratioren mit einem oft hohen Anteil an Juden an die Stelle des alteuropäischen Stadtpatriziats getreten.[106]

Um die Mitte des 19. Jahrhunderts begann die Mehrheit des liberalen Bürgertums, sich von den stadtbürgerlichen Traditionen und vom damit verbundenen Homogenitätsideal der Bürgergemeinde zu verabschieden. Antisemitische Vorbehalte gegenüber Juden verloren sich zunehmend, das Vereinswesen begann sich zu öffnen und vor allem im Rahmen städtischer Politik konnten bürgerliche Juden die

Geschicke des Gemeinwesens mitgestalten. Der spezifisch bürgerliche Vorbehalt gegen Juden bestand zwar weiter, aber es war gelungen, ihn weitgehend aus dem öffentlich-politischen Raum zu bannen. Beispielhaft hierfür ist ausgerechnet Gustav Freytag, der Autor des antisemitischen Bürgerromans *Soll und Haben*. Der Schriftsteller zählte in den frühen 1890er Jahren zu den Mitbegründern des Vereins zur Abwehr des Antisemitismus, distanzierte sich von der judenfeindlichen Tendenz seines Romans und verurteilte öffentlich alle Formen der Judenfeindschaft.[107] Der Linksliberalismus orientierte sich nicht an einem alteuropäischen stadtbürgerlichen Liberalismus, sondern stand im Zusammenhang mit einem neuen politischen Modell bürgerlicher Ordnung, das Ausschluss sozial, aber nicht mehr religiös oder ethnisch begründete. Es war ein individualistisch orientierter Liberalismus, der nicht auf eine christlich-konformistische Gemeinschaft zielte.[108] In einigen Großstädten wie Berlin oder Breslau, Frankfurt am Main oder Königsberg entwickelte sich eine pluralistische Urbanität, in deren Rahmen es möglich war, neue Formen der Anerkennung von Verschiedenheit auszuprobieren, Experimente, bei denen bürgerliche Jüdinnen und Juden eine führende Rolle spielten.[109]

Von den 1840er Jahren bis in die frühen 1920er Jahre war die Geschichte der deutschen Juden, wie Reinhard Rürup betonte, »eine Erfolgsgeschichte« und »einer der spektakulärsten Sprünge einer Minderheit in der Gesellschaftsgeschichte Europas«.[110] Diese Beobachtung darf nicht darüber hinwegtäuschen, wie widersprüchlich diese Geschichte des Erfolgs und wie gefährdet das Experiment einer pluralistischen Gesellschaft blieb. Ab dem späten 19. Jahrhundert kehrte das Homogenitätsideal in radikalerer Gestalt zurück. Die völkisch-nationalen Reinheitsimaginationen begründeten den Ausschluss von Juden nicht mehr mit dem Hinweis auf ihren Mangel an bürgerlicher Tugend, sondern mit dem Argument, dass sie keine Deutschen und deshalb aus der »Volksgemeinschaft« zu entfernen seien. Hatte der frühbürgerliche Antisemitismus Juden ein Recht auf Verschiedenheit verweigert und sie marginalisiert, sprach der nationalsozialistische Antisemitismus ihnen das Recht auf Leben ab.

3

»Deutsche jüdischen Stammes«: Gemeinschaftsvorstellungen zwischen Nationalismus und Partikularismus von 1850 bis 1933

Im Moment der Gründung einer Nation steht die Frage im Raum, wo ihre Grenze zu ziehen ist und wer ihr angehört. Sobald die anfängliche Begeisterung über die nationale Einheit verfliegt, entbrennt der Streit darüber, wie mit der alltäglichen Erfahrung der kulturellen Vielheit umzugehen sei. Obwohl daran wenig spezifisch deutsch ist, bildet das Gründungsjahrzehnt des Kaiserreichs ein anschauliches Beispiel für diese Dynamik. Zwar schienen mit der Entstehung des neuen Reiches im Jahr 1871 viele Fragen über Gestalt und Bedeutung des deutschen Nationalstaats beantwortet zu sein. Doch zeigen viele Studien, wie umkämpft die deutsche Nation als eine kulturelle Idee, rechtliche Form und staatliche Praxis blieb. Offen war daher auch, wer zur Nation gehören sollte und wer nicht.[1]

Im November 1879 griff Heinrich von Treitschke die sich im jungen Nationalstaat ausbreitende judenfeindliche Stimmung auf. Die Deutschen, so der 1834 in Dresden geborene Historiker in den von ihm herausgegebenen *Preußischen Jahrbüchern*, seien »wehrlos gegen fremdes Wesen«, weil ihnen »der Nationalstil, der instinctive Stolz, die durchgebildete Eigenart« fehle. Besonders empörte sich Treitschke über die deutschen Juden. Die innere Einheit der Nation könne nicht vollendet werden, so der Prophet des nationalen Machtstaates, da »zahlreiche und mächtige Kreise unseres Judenthums« sich weigerten, »schlechtweg Deutsche zu werden«. Vielmehr sei »in neuester Zeit ein gefährlicher Geist der Überhebung in jüdischen Kreisen erwacht«. Umso entschiedener lehnte Treitschke ein pluralistisches Verständnis der Nation ab und forderte von seinen »israelitischen Mitbürgern«, sie sollten »Deutsche werden, sich schlicht und recht als Deutsche fühlen«. Gelinge das nicht, werde »auf die Jahrtausende germanischer Gesittung ein Zeitalter deutsch-jüdischer Mischcultur« folgen. Die antisemitische »Agitation des Augenblicks« sei »eine brutale und gehässige, aber natürliche Reaktion des germanischen Volksgefühls gegen ein fremdes Element«, an deren Ende hoffentlich ein »gekräftigtes Nationalgefühl« stehen werde.[2] Treitschkes Polemik gipfelte in dem Satz »Die Juden sind unser Unglück!« und wurde zum Anlass für eine Debatte über Vielheit und Differenz im neu gegründeten Kaiserreich. Jüdische Intellektuelle wie Heinrich Graetz, Hermann Cohen und Ludwig Bamberger sahen sich gezwungen, ein Recht auf Verschiedenheit zu begründen und zu verteidigen.

Keine jüdische Stimme kritisierte Treitschkes Plädoyer für ein gestärktes Nationalgefühl entschiedener als der Anthropologe und Philosoph Moritz Lazarus (1824–1903). Obwohl er nie einen Lehrstuhl an einer deutschen Universität innehatte, war Lazarus einer der einflussreichsten Kultur- und Sprachtheoretiker seiner Zeit. Zusammen mit Heymann Steinthal begründete er die Völkerpsychologie, deren pluralistischer Kulturbegriff das Werk von Georg Simmel, Franz Boas, Émile Durkheim und Marcel Mauss beeinflusste und wegweisend für die Kulturwissenschaften des 20. und 21. Jahrhunderts wurde.[3]

Lazarus, Sohn eines Kaufmanns und rabbinischen Gelehrten aus Filehne in der Provinz Posen, besuchte ein Gymnasium in Braunschweig und wurde 1849 in Halle promoviert. 1860 nahm er einen Ruf als Honorarprofessor an die Universität Bern an, 1862 wurde er dort Ordinarius für Psychologie und Völkerpsychologie und 1864 Rektor der Universität. 1866 kehrte Lazarus nach Berlin zurück, wo er von 1868 bis 1872 an der Kriegsakademie lehrte und von 1873 bis 1896 eine

Honorarprofessur für Philosophie an der Friedrichs-Wilhelms-Universität innehatte. 1869 stand er der ersten Israelitischen Synode des liberalen Reformjudentums in Leipzig vor, 1871 dann auch der zweiten Israelitischen Synode in Augsburg.

Vor allem zählte Lazarus zu den angesehensten Rednern und zu den führenden politischen Publizisten seiner Zeit, der in Zeitschriften und Zeitungen aktuelle Themen kommentierte. Anlässlich seines siebzigsten Geburtstags feierte die angesehene Monatsschrift *Nord und Süd* ihn 1894 als einen der »wenigen deutschen Philosophen der Gegenwart [...], deren Schriften weit über die eigentlichen wissenschaftlichen Fachkreise hinaus in's gebildete Publicum gedrungen sind«. Die *Wiener Morgenzeitung* erinnerte 1924 an Lazarus als den »größte[n] Popularphilosoph[en] des 19. Jahrhunderts, den Deutschland hervorgebracht hat«. Kurz: Bei Juden und anderen Deutschen hatte Lazarus' Wort Gewicht.[4]

Gegen Treitschkes essenzialistisches und völkisches Verständnis der Nation, das Lazarus in dem Aufsatz »Was heißt national?« sezierte, plädierte der Begründer der Völkerpsychologie für ein universelles Recht auf Verschiedenheit gerade auch im Zeitalter des Nationalismus. Zunächst trug Lazarus seine Kritik an Treitschke im Dezember 1879 auf der Jahreshauptversammlung der 1872 in Berlin gegründeten Hochschule für die Wissenschaft des Judentums vor. Anschließend veröffentlichte er seine Rede als einen mehrfach aufgelegten Separatdruck, der liberalen Politikern und Publizisten als ein bedeutender Beitrag zur Debatte über die Bedeutung und künftige Gestalt der Nation galt.[5]

In seiner Kritik an Treitschke entwickelte Lazarus einen voluntaristischen, pluralistischen und prozessualen Begriff der Nation. Dabei griff er auf eigene Arbeiten und ausgewählte zeitgenössische Publikationen zurück, etwa die Rede »Über den Begriff des Volkes« von Gustav Rümelin, dem Rektor der Universität Tübingen und einem der führenden Statistiker der Zeit. Treitschkes Forderung, Juden sollten sich »schlicht und recht als Deutsche fühlen«, war mit Lazarus' Verständnis der Nation unvereinbar. Man gehöre einer Nation nicht dadurch an, dass man alle Verschiedenheit ablege, sondern vielmehr indem man seine Eigenart auch im Zeitalter der nationalen

Einheit pflege. Es sei unmöglich, den Gegensatz zwischen der nationalen Einheit und der partikularen Eigenart aller Bürgerinnen und Bürger zu überwinden oder gar aufzulösen. Stattdessen gelte es, die Spannung aus Einheit und Vielheit im Sinne einer gegenstrebigen Fügung aufzuheben und zu bewahren. Das »Deutschthum, das wir erstreben«, so Lazarus, »muß ohne jede Felonie gegen angestammte Traditionen und ohne jede Felonie gegen allgemeine menschheitliche Prinzipien bestehen können«. Auch für die junge deutsche Nation gelte, dass die »wahre Kultur [...] in der Mannigfaltigkeit« liegt. Statt sich, wie Treitschke es gefordert hatte, vollständig zu assimilieren, seien Juden, gerade weil sie »vollkommene, im höchsten Maße leistungsfähige Deutsche« sein wollten, verpflichtet, was sie »als Stamm an geistiger Eigenart, als Religion an Erbtugend oder Erbweisheit besitzen, auch zu erhalten, um es in den Dienst des deutschen Nationalgeistes als einen Theil seiner Kraft zu stellen«.[6]

Laut Lazarus waren Juden sowohl ein Stamm als auch eine Religionsgemeinschaft. Doch während der Begriff der »Religion« bis heute gängig ist, klingt die Rede von »Stämmen« mittlerweile bestenfalls als kurios, wenn nicht gar als Teil eines rassistischen oder völkischen Vokabulars. Der Begriff gilt zumindest seit dem Holocaust als belastet. Helmuth Plessner, wie Lazarus ein Philosoph und Anthropologe, wies 1955 darauf hin, die Verwendung des Begriffs »Stamm« sei »peinlich«: Von Anfang an sei das Konzept »geschichtlich schwer faßbar« gewesen, doch nun habe es »dank langjähriger Propaganda für viele den Beigeschmack der Rasse bekommen, und an der klebt Blut«.[7]

Wer mit der Geschichte des deutschen Antisemitismus vertraut ist, weiß zudem, dass der Begriff des »Stammes« im antisemitischen Denken des 19. Jahrhunderts eine wichtige Rolle spielte. Friedrich Wilhelm Schubert etwa argumentierte 1835, Juden seien ein fremder »asiatischer Völkerstamm« und könnten nie gleichberechtigte Mitglieder der deutschen Nation werden. Dem »Deutschen Volksstamm« setzte der Königsberger Historiker den »Jüdischen Volksstamm« entgegen. Ähnlich argumentierte Moritz Mohl in der Frankfurter Nationalversammlung im August 1848. Die rechtliche Gleichstellung der Juden lehnte der Abgeordnete der gemäßigten Linken ab, weil sie wegen »ihrer Abstammung [...] dem deutschen Volke [...] ganz und vollkommen niemals angehören« würden. Weil »der israelitische Volksstamm sich mit dem deutschen Volke nicht verschmilzt, sich mit demselben nicht identificirt und nicht identificiren kann«, so Mohl, könnten »die Israeliten« nicht »zu einem deutschen Stamme« werden. Auch nach der Emanzipation blieben Juden »ein fremdes Element«: Sie »hängen in der ganzen Welt unter sich zusammen, aber sie fühlen sich nicht als Theile des Volkes«. Im Berliner Antisemitismusstreit griff Treitschke auf diese Semantik zurück. Mit Blick auf die deutschen Juden warnte der Historiker, »dieser Stamm, der sich so mächtig in die Mittelpunkte unseres Staates in unserer Bildung hineindrängt«, enthalte außer »vielen achtungswerthen, gut patriotischen Leuten auch eine Schaar von unverfälschten Orientalen«, unter ihnen »manche schlechthin gemeinschädliche Elemente«. Die »Deutschen« seien »ein christliches Volk«, so Treitschkes Replik auf Lazarus, das »Judenthum dagegen ist die Nationalreligion eines ursprünglich fremden Stammes«.[8]

Doch warum verwendete Moritz Lazarus den Begriff des »Stammes«? Was veranlasste den berühmten, heute fast vergessenen Gelehrten, zu behaupten, die deutschen Juden seien ein Stamm? Hier soll die These entfaltet werden, dass Lazarus auf den Begriff zurückgriff, weil er vom frühen 19. bis zum frühen 20. Jahrhundert ein Schlüsselbegriff der Sprache des Nationalismus war. Wer vom Stammesbewusstsein und von Stammesgemeinschaft sprach, beanspruchte ein Recht auf Verschiedenheit und befeuerte so die Debatte über die Spannung zwischen nationaler Einheit und kultureller Vielheit im deutschsprachigen Europa. Das zeigt der Blick auf die Momente, in denen die jüdische und die allgemeine Geschichte eng miteinander verschränkt waren. Im Mittelpunkt stehen dabei drei Fragen: In der Zeit der Emanzipation dominierte das Ideal des »individuellen mosaischen Konfessionalismus«, das im Namen des 1893 gegründeten Central-Vereins deutscher Staatsbürger jüdischen Glaubens ein verspätetes Echo fand.[9] Welche Gemeinschaftsidee entwickelten, erstens, die deutschen Juden, nachdem sich dieses Band der Zusammengehörigkeit angesichts der zunehmenden Säkularisierung und der wachsenden religiösen und politischen Pluralisierung auflöste? Wegen der neuen Gemeinschaftsvorstellungen erwies sich das Argument aus der Epoche der Emanzipation als unhaltbar, dass die Juden nur eine Konfession seien, nicht anders als eine christliche Konfession. Wie deuteten jüdische Intellektuelle daraufhin, zweitens, die Spannung zwischen der Gleichheit vor dem Gesetz im Zeitalter der nationalen Einheit und einem Recht auf Verschiedenheit um? Und drittens: Inwiefern verändert der Rückblick auf die Debatten über den Gegensatz von der Einheit der Nation und die Vielheit der Stämme das heutige Verständnis der Beziehung zwischen dem Partikularen und dem Universellen, zwischen verschiedenen Gruppen und einem Raum, in dem sie die Bedingungen ihres Zusammenlebens aushandeln? Das sind Fragen, die sowohl für die jüdische Geschichte wie für die Geschichte des modernen Nationalstaates grundlegend sind, indem sie das Augenmerk auf die Spannung zwischen Partikularismus, Nationalismus und Universalismus richten.

Von der israelitischen Konfession zur jüdischen Stammesgemeinschaft

Im Lauf des 19. Jahrhunderts veränderten sich jüdische Gemeinschaftsvorstellungen im deutschsprachigen Europa grundlegend. Bis ins späte 18. Jahrhundert hinein hatte die jüdische Religion alle Lebensbereiche geprägt und die selbstverständliche Grundlage des jüdischen Zusammenlebens und des innerjüdischen Zusammenhalts gebildet. Doch ab den 1840er Jahren begannen Fragen des Glaubens die jüdischen Gemeinden zunehmend zu spalten. Die Debatte darüber, wie die Gesetze, Vorschriften und Verordnungen des jüdischen Rechts zu interpretieren seien, führte oft zu unversöhnlichem Streit. Immer lauter wurden Stimmen, die wie die *Allgemeine Zeitung des Judenthums* im September 1848 über die »Zersplitterung und Zerrissenheit« sowie »die religiöse Gleichgiltigkeit« klagten.[10] Manche Gemeindemitglieder reagierten verunsichert und zogen sich zurück, andere verließen ihre jüdische Gemeinde.

Bis 1900 waren drei konkurrierende Auffassungen der jüdischen Religion entstanden: die liberale Reformbewegung, die Orthodoxie und das konservative Judentum. Die Reformbewegung setzte sich für ein neues Verständnis des Judentums ein. Indem sie die Halacha, die mündliche Überlieferung und die Liturgie historisierte, relativierte sie deren Stellenwert. Entscheidend war nun der persönliche Glaube, nicht die offenbarte Autorität des religiösen Rechts. Die Rabbinerversammlungen der 1840er Jahre diskutierten die Frage, wie die nationalen Aspekte der jüdischen Religion in einen bürgerlichen »Konfessionalismus« umgewandelt werden konnten. Grundprinzipien des Judentums wie die religiöse, ja politisch-soziale Heilserwartung des Messianismus galten nun nicht mehr als eine spezifisch jüdische Utopie, sondern als ein allgemein menschliches Versprechen.[11]

Bereits in den 1840er Jahren verschärften sich die Konflikte zwischen der Orthodoxie und der Reformbewegung so stark, dass sie den Zusammenhalt der Gemeinden gefährdeten. Als Folge des Geiger-Tiktin-Streits der frühen 1840er Jahre etwa drohte in Breslau die Spaltung der zweitgrößten jüdischen Gemeinde Deutschlands. Gut hundert bürgerliche Mitglieder brachen mit dem traditionell-orthodoxen Oberrabbiner Abraham Tiktin und beriefen stattdessen den exponierten Vertreter des Reformjudentums Abraham Geiger in die schlesische Hauptstadt. Bald standen sich die Lager unversöhnlich gegenüber. Viele orthodoxe Mitglieder weigerten sich, ihre Steuern zu zahlen, sodass die Gemeinde ihre wohltätigen, sozialen und religiösen Aufgaben kaum noch wahrnehmen konnte.[12] Zwar entwickelten die unterschiedlichen Strömungen bis zum Ende des 19. Jahrhunderts eine Art der friedlichen Koexistenz. Doch eine einheitliche Lesart der jüdischen Religion war unwiderruflich verloren.

Angesichts solcher Zersplitterung warnten manche, dass jeder Versuch, eine gemeinsame jüdische Identität auf die Religion zu gründen, die Gemeinden nur tiefer spalten werde. Hierzu zählte Emil Lehmann (1829–1898), Vorsteher der jüdischen Gemeinde in Dresden. Der Jurist und linksliberale Politiker hatte sich für die Emanzipation der sächsischen Juden eingesetzt und gehörte zu den Mitbegründern des Deutsch-Israelitischen Gemeindebundes. Laut Lehmann führe die Judenfrage der Antisemiten »zu einer Frage der Juden, zu einer Frage, die sie selbst an sich richten müssen. Vor allem: was sind die Juden?« Bereits »seit hundert Jahren«, argumentierte Lehmann 1891, »sind sie Deutsche geworden, seit Moses Mendelssohn ihnen die Bibel ins Deutsche übersetzt hat«. Seit der »große

Assimilirungsprozeß begann, der die Thore der Ghetti öffnete und den Juden deutsche Bildung zuführte«, habe es in Deutschland »ein jüdisches Volk« nicht mehr gegeben. Angesichts der religiösen Kontroversen, so Lehmann, könne man die deutschen Juden kaum als »Religionsgemeinschaft« begreifen. »Die Religionsgenossenschaften sind«, so der Vorsteher der jüdischen Gemeinde, »nicht so naturgemäß und natürlich erwachsen wie die Volksgenossenschaften, sondern mehr künstlich entstanden.« Sobald man »den Begriff der Religion innerlicher und tiefer, vom sittlichen Standpunkt« auffasse, »bildeten weder die Juden noch die Christen [...] einheitlich gegliederte Religionsorganismen«. Das, »was in beiden Religionen – nach Ansicht der Einen göttliche Offenbarung, Geschichte, nach der Anderer heilige Überlieferung, Sage, Symbol, nach Anschauung anderer Mythologie ist –«, schloss Lehmann, »umschließt ein so weites Gebiet vom felsenfesten Wahnglauben durch die Idylle der Schwärmerei bis zur Nüchternheit klaren Willens, daß von einer Religionseinheit auf christlichem, katholischem oder protestantischem Gebiet ebenso wenig, als auf jüdischem die Rede sein kann. Der wundergläubige Christ und der wundergläubige Jude stehen sich in diesem Punkte weit näher, als der freisinnige dem orthodoxen Juden.«[13]

Um die Jahrhundertwende lebten zudem immer mehr Juden als »Staatsbürger jüdischen Unglaubens«, wie Sigmund Freud spottete. Zwar hielten manche, die selbst an hohen Feiertagen nicht mehr am Gottesdienst teilnahmen, im Familienalltag an religiösen Ritualen fest.[14] Doch galt vor allem für jüdische Männer, dass sich ihre Religiosität von der ihrer christlichen Nachbarn nur dadurch unterschied, dass die einen samstags nicht mehr in die Synagoge gingen und die andern sonntags nicht mehr in die Kirche. Je mehr die religiöse Observanz zurückging, desto dringlicher wurde die Frage, welche anderen Gemeinschaftsvorstellungen das jüdische Zusammengehörigkeitsgefühl stärken könnten.

An die Stelle der Religion trat zunehmend die Vorstellung einer jüdischen Stammesgemeinschaft. Angesichts des völkischen Antisemitismus betonten zwar weiterhin viele, dass die deutschen Juden schon lange keine Nation oder gar ein Volk seien, sondern eine Religionsgemeinschaft, genau wie Katholiken oder Protestanten. Doch jüdische Stimmen aus unterschiedlichen religiösen und politischen Lagern griffen auf den Begriff des Stammes oder des Stammesbewusstseins zurück. Damit verbanden sie eine Gemeinschaftsvorstellung, die nicht auf der Religion, sondern auf der Idee einer gemeinsamen Abstammung beruhte und es ihnen ermöglichte, die religiösen und politischen Zerwürfnisse zu überwölben. Bereits 1869 argumentierte der Wiener Rabbiner Adolf Jellinek (1821–1893), der als einer der wortgewaltigsten jüdischen Prediger seiner Zeit galt, dass Juden einer der vielen Stämme des Habsburgerreichs seien.[15] Seine »Eigenart«, seine »Licht- und Schattenseiten«, die sich »durch den Contact mit andern Stämmen« formen und »zur Mannigfaltigkeit des Völkerlebens einen reichen Beitrag liefern, sind ihm inhärent«. Daher sei der jüdische Stamm »berechtigt«, ihre »Anerkennung zu fordern«. Dank ihrer »Eigenthümlichkeiten« seien Juden in der Lage, »Träger des religiösen Principes zu sein«, das ihnen »in der Geschichte der Menschheit übergeben wurde«. Der jüdische Stamm, schloss Jellinek, ist »particularistisch genug, stabil genug, subjectiv genug, um nicht von Andern absorbiert zu werden; er ist aber auch genügend universalistisch, enthusiastisch, fortschrittsfähig und objectiv, um nicht in stummer und starrer Abgeschlossenheit zu verharren«.[16]

Dass so viele Jüdinnen und Juden den Begriff des Stammes verwendeten, hing auch damit zusammen, dass man ihn nahezu beliebig füllen konnte. Der Begriff bildete den kleinsten gemeinsamen Nenner zwischen Juden, die sich als Religionsgemeinschaft, und denen, die sich als ethnische Gruppe, Volk, Nation oder gar als Rasse verstanden. Heymann Steinthal, Freund und Schwager von Moritz Lazarus, etwa forderte 1901 die deutschen Juden auf, sich nicht über religiöse Fragen zu zerstreiten, da sonst »tötliche Spaltungen« drohten. Obwohl der Sprachwissenschaftler und Religionsphilosoph tiefreligiös war, fühlte er sich auch dem »als Stammesgenossen« verbunden, »der da meint, ohne alle traditionelle Elemente nicht nur der Zermonie [sic!], sondern auch des Glaubens leben zu können. Uebt er nur das, was der Prophet fordert: Rechtlichkeit [sic!], wohltätige Liebe und demutsvolle Bescheidenheit: so ist seine Religion auch die meinige.« Statt über religiöse Fragen zu streiten, sollten sich Juden an ihr »semitisches Blut und Temperament« erinnern; »eigen« solle ihnen sein, allgemein menschliche Prinzipien mit »semitischem Enthusiasmus« zu verfolgen. Ivan Kalmar hat darauf hingewiesen, dass Steinthals Argumentation zweideutig, möglicherweise sogar widersprüchlich ist: »Wenn Steinthal über Juden spricht«, betont der Anthropologe, »höre ich eine kräftige Stimme, die jüdische – und deutsche – Erfahrungen auf das rein intellektuelle Konzept der Völkerpsychologie zurückführt; aber ich höre auch hier und da eine leisere Stimme, die stolz auf die Juden als semitische Stammesgemeinschaft ist.«[17]

Andere lehnten zwar den Begriff der »Rasse« ab, verwendeten jedoch »Stamm« in einem Atemzug mit »Religion« oder »Konfession«. In der *Israelitischen Wochenschrift*, einer weitverbreiteten Wochenzeitung, die der konservativen Bewegung nahestand, forderte ein »wahrhaft treuer Deutscher jüdischen Glaubens« seine Glaubensgenossen 1887 auf, den Antisemitismus »aus Achtung vor ihrer Religion und ihrem Stamm« entgegenzutreten. Auch Walther Rathenau, der sich dem Judentum kaum noch religiös verbunden fühlte, verwendete den Begriff. »Ich bin ein Deutscher jüdischen Stammes«, schrieb der Industrielle und streitbare Intellektuelle 1918 in seinem Aufruf *An Deutschlands Jugend*: »Mein Volk ist das deutsche Volk, meine Heimat ist das deutsche Land, mein Glaube der deutsche Glaube, der über den Bekenntnissen steht.«[18] Manche liberale Juden wie Emil Lehmann lehnten den Begriff des Stammes ab, weil sie befürchteten, dass er sich kaum von völkischen oder, schlimmer noch, rassischen Vorstellungen von Gemeinschaft unterscheide. Dennoch setzte er sich für ein jüdisches Zusammengehörigkeitsgefühl ein, das sich weniger auf den Glauben als auf geteilte historische Erfahrungen und die Vorstellung einer gemeinsamen Herkunft stützte. »Sie sollen keinen eigenen Stamm bilden«, argumentierte Lehmann 1891, »denn sie sind Deutsche; keine abgeschlossene und abschließende Religionsgenossenschaft, denn ihr Gott, ihre Sittenlehre sind der Gott aller Menschen, die Sittenlehre aller Gesitteten.« Stattdessen sollten die deutschen Juden »eingedenk bleiben ihrer Leidensgeschichte – wofür die Gegenwart und eine leider unabsehbare Folgezeit schon selbst sorgt. Und diese Leidensgenossenschaft – der Grundsatz [...] Ich bin ein Jude, nichts, was Juden betrifft, ist mir gleichgültig, beseele ihr Pflicht-, Ehr- und Mitgefühl.«[19]

Im Januar 1914 blickte Julius Guttmann (1880–1950) auf die gut hundert Jahre andauernde Debatte darüber zurück, welche Form jüdischer Eigenart im Zeitalter des Nationalismus möglich und wünschenswert sei. Das »Gemeinschaftsbewußtsein« der deutschen Juden, so der Philosoph, habe sich grundlegend verändert. Vor dem Zeitalter der Emanzipation hätten alle Juden, so der Sohn des Breslauer Reformrabbiners Jakob Guttmann in den *K. C.-Blättern*, der Monatsschrift der liberalen und antizionistischen jüdischen Studentenorganisationen, »ein Bewußtsein selbstverständlicher Zusammengehörigkeit« geteilt und an »das naturhafte Gefühl gemeinsamen Blutes und gemeinsamen Schicksals« geglaubt. In »der modernen Kultursphäre« beschränke »sich das jüdische Gemeinschaftsleben auf das religiöse Gebiet«. So sehr sich »das Gemeinschaftsbewußtsein« verändert habe, »das Gefühl der Stammesgemeinschaft« bleibe auch dann bestehen, wenn es sich »von seiner religiösen Grundlage völlig ablöse«. Der »familienhafte Charakter« des »Zusammengehörigkeitsgefühls« dürfe nicht mit »der mystischen Stimme des Blutes« verwechselt werden. Vielmehr gehe es hier um »die Gemeinschaft von Schicksalen und Erinnerungen, die bis in das Innerste des Lebens hineinreichen, als die Selbstverständlichkeit einer Lebensgemeinschaft, in die der Einzelne nur hineinzuwachsen braucht, statt sie sich erst durch persönliche Fähigkeiten und Leistungen erringen zu müssen«. Dieses Gefühl der Verbundenheit zeigten auch viele Juden, »die kein religiöses Verhältnis zum Judentum mehr haben«.[20]

In der Weimarer Republik war die Vorstellung, dass Juden weder eine religiöse noch eine nationale Gemeinschaft bildeten, weiter verbreitet als im späten Kaiserreich. In der unmittelbaren Nachkriegszeit stellte Benno Jacob (1862–1945) fest, dass die deutschen Juden es mehrheitlich ablehnten, einen jüdischen Nationalstaat zu gründen. »Deutschland ist weder ein christlicher Kirchenstaat noch ein germanischer Rassenstaat«, so der liberale Rabbiner 1919, »sondern eine Gemeinschaft im Geiste.« Deutsche Jude seien zwar »Semiten« und »keine Germanen«, doch »um nichts weniger Deutsche«. Allein als Teil der jüdischen Diaspora, nicht jedoch im Sinne einer Nation fühlten sie sich »mit allen Juden der ganzen Erde eines Stammes«.[21] Als Ludwig Holländer (1877–1936) im Dezember 1932 fragte, »Warum sind und bleiben wir Juden?«, betonte er, dass das wiedererwachte Interesse an allem »Jüdisch-Religiösen« nicht über das »Wesen der jüdischen Gemeinschaft« hinwegtäuschen dürfe. Die deutschen Juden seien eine »Schicksalsgemeinschaft« und eine »Abstammungsgemeinschaft«. Ihre »geistige Kraft«, so der Direktor des Central-Vereins deutscher Staatsbürger jüdischen Glaubens, »wird bestimmt, durch all das, was man heute im biologischen Sinne *mneme*« nennt, »die Gesamtheit der Erinnerungen und des Gewachsenseins seiner Vorfahren«. Gerade wegen dieser »lebenswichtigen Verwurzelung im Jüdischen, in der jüdischen Vergangenheit« seien Juden Teil des deutschen Volkes. »Mannigfaltigkeit ist das Wesen eines modernen Volkes«, schloss Holländer. Je selbstbewusster »die einzelnen Stämme, die einzelnen Gemeinschaften innerhalb des deutschen Volkes sich zu ihrer Eigenheit bekennen«, desto »wertvolleres Material stellen sie für das Gefüge des Ganzen da«.[22]

Mit Blick auf solche Debatten resümierte 1930 das *Jüdische Lexikon*, Begriffe wie »Stammesgemeinschaft« oder »Stammesgenossenschaft« seien »in den letzten Jahrzehnten« zur »vielfach gebräuchlichen Bezeichnung« für die »jüdische Gemeinschaft schlechthin oder [das] jüdische Volk« geworden. Anders als der Begriff der Religionsgemeinschaft, so der zionistische Rabbiner Max Joseph (1868–1950), betone der Begriff des Stammes das Moment »der gemeinsamen Abstammung und Geschichte« – eine Formulierung, die fast identisch ist mit konstruktivistischen Definitionen von Ethnizität, wenn wir statt vom Moment von Vorstellung sprechen.[23]

Wahrscheinlich bot sich der Begriff des Stammes besonders für jene jüdischen Vereine an, welche die kulturelle Renaissance der deutschen Juden in den 1880er und 1890er Jahren trugen. Diese Vereine waren gleichsam posttraditionell, weil sie sich bewusst Rechenschaft darüber ablegten, wie sehr sich ihr Zusammengehörigkeitsgefühl von den Formen der jüdischen Gemeinschaftsbildung aus der Zeit vor der Emanzipation unterschied. Indem die Vereine beanspruchten, bei innerjüdischen Kontroversen neutral zu sein, hofften sie, die Gräben zwischen den verschiedenen Lagern überbrücken zu können.

Oft betonten diese Vereine das Moment der gemeinsamen Herkunft und Geschichte und lehnten die Vorstellung ab, Juden seien allein eine Religionsgemeinschaft. Hierfür steht die 1882 gegründete deutsche Sektion des Unabhängigen Ordens B'nai B'rith. Gezielt warb die Loge für ein Verständnis des Judentums, das die Möglichkeit bot, Mitglieder aus Kreisen zu gewinnen, die einander misstrauisch oder gar feindlich gegenüberstanden. Gemäß dem Ordensziel ging es darum, »den geistigen und sittlichen Charakter unseres Stammes weiterzuentwickeln«. Laut Louis Maretzki (1843–1918) beruhten alle Bildungsaktivitäten der Loge auf »dem Charakter unseres Stammes«. Der Orden sei, so der Großpräsident des B'nai B'rith in einer Festrede 1885, »der Stamm, an dem wir uns emporranken in dem Gefühl der Gemeinschaft«. Die Loge biete den »neutrale[n] Boden, auf dem sich alle Söhne Abrahams« begegnen können, »welcher Art sie auch ihre Religion bekennen und ausüben, welche Stellung sie auch im Leben einnehmen, wie verschieden sie auch die Gestaltung der öffentlichen Dinge auffassen«. Gerade unter »Israeliten, die [...] ohne jede Berührung mit dem Leben unseres Stammes leben«, erklärte Maretzki dann 1895, könne die Loge dank der »Weckung jüdischen Bewußtseins« und der »Heilighaltung der Ehre des jüdischen Namens« die »soziale und ethische Fortentwicklung unseres Stammes« sichern.[24]

Angesichts der weiten Verbreitung und der Popularität der Idee einer jüdischen Stammesgemeinschaft griffen einige der führenden Zionisten auf den Begriff zurück, um für eine spezifisch westeuropäische Form des Zionismus zu werben, die nicht nur für treue Parteigänger, sondern auch für die breite Mehrheit der liberalen Juden attraktiv sein sollte. Franz Oppenheimer (1864–1943) argumentierte in der Wochenzeitung *Die Welt*, dem *Zentralorgan der zionistischen Vereinigung*, im Februar 1910, »wir Westeuropäer«, zu denen er auch die amerikanischen Juden zählte, hätten eine andere Beziehung zum Zionismus als »die Osteuropäer«. Westeuropäische Juden verbinde ein »Stammesbewußtsein«, so der Soziologe und liberale Sozialist. Dieses sei »auf Vergangenes« bezogen: Es »ist überall da vorhanden, wo das Individuum das Bewußtsein hat, von einem Volkstum abzustammen, das dem Volkstum, dessen Bürger es zurzeit ist, an Ruhm und Adel mindestens gleich ist«. Das Gefühl der Zugehörigkeit zu einem Stamm umfasse »das Bewußtsein gemeinsamer Abstammung, gemeinsamen Blutes oder wenigstens eines ehemaligen gemeinsamen Volkstums, gemeinsamer Geschichte mit ihren Erinnerungen an Leid und Freud«.[25]

Dagegen ziele das »Volksbewußtsein« der osteuropäischen Juden »auf Gegenwärtiges: auf Gemeinsamkeit der Sprache, der Sitte, der Wirtschafts- und Rechtsbeziehungen« sowie »der geistigen Kultur«. Während die westeuropäischen Juden sich mit der Nation verbunden fühlen, in der sie leben, empfänden sich die osteuropäischen Juden »als Angehörige eines Fremdvolkes, das heimatlos unter Fremden lebt«, und versuchten daher alles, um nach Palästina zu gehen. Unter den Juden in Westeuropa gäbe es dagegen nur wenige »Feuerköpfe, die [...] das Kind mit dem Bade ausschütten« und »schon zur Reise nach Palästina gepackt haben«. Der Zionismus sei für die Ostjuden eine »praktische Bewegung«, für die Westjuden jedoch eine »idealistische Bewegung, ein Ziel des uninteressierten Altruismus«. In diesem Sinne könnten alle westeuropäischen Juden »Zionisten« sein, die sich dank ihres Stammesbewusstseins verpflichtet fühlen, die russischen und rumänischen Juden beim Aufbau einer neuen Heimat in Palästina zu unterstützen. Mit viel Beifall hatte der 6. Zionistenkongress in Basel wenige Jahre zuvor Oppenheimers Vorschlag begrüßt, genossenschaftliche Siedlungen in Palästina zu errichten. Daher reagierten die deutschen Zionisten nun empfindlich auf seine Unterscheidung zwischen Volks- und Stammesbewusstsein. Manch ein Mitglied der Zionistischen Vereinigung mag insgeheim Oppenheimer zugestimmt haben. Jedenfalls versuchten führende Zionisten alles, um Oppenheimer zu widerlegen. Das zeigt, dass der Soziologe vermutlich mit seiner These nicht allein stand.[26]

Mit Bezug auf die Kontroverse, die Oppenheimer unter den deutschen Zionisten ausgelöst hatte, versuchte der Central-Verein deutscher Staatsbürger jüdischen Glaubens, sich für Juden aus allen Lagern zu öffnen. Zwar betonte der Name der Dachorganisation das Moment der Konfession, doch berief sich die Führung des Vereins nun ausdrücklich auf die Vorstellung der Stammesgemeinschaft aller Juden. Auch Zionisten seien willkommen, so Eugen Fuchs (1856–1923), eines der Gründungsmitglieder des Central-Vereins, im März 1913, sofern deren »jüdisch-nationale Anschauungen« nur »ein Schlagwort für den Ausdruck der historischen Gemeinschaft« sind,

»die uns durch Jahrhunderte, durch Jahrtausende geführt hat«, wenn das Jüdisch-Nationale »nur das ist, wie Oppenheimer es nennt, die Treue am Vergangenen, die Stammesgemeinschaft«. Nachdem der Antisemitismus im Ersten Weltkrieg sprunghaft zugenommen hatte, begriff sich Fuchs, inzwischen Vorsitzender des Central-Vereins, nun selbst als Teil dieser Gemeinschaft. Dank seiner »jüdische[n] Abstammung« und seines »jüdische[n] Vaterhaus[es]«, schrieb er 1917 in den *Neuen Jüdischen Monatsheften*, sei er »Jude von Religion und Stammes wegen«. Im Anschluss an den voluntaristischen Nationsbegriff von Moritz Lazarus betonte Fuchs, dass die »Nationsfrage« anders als die Frage der Stammeszugehörigkeit »nicht eine Frage des Seins, sondern des Willens« sei. Seine »Stammesprägung« unterscheide ihn »nicht in nationaler Beziehung von den deutschen Christen [...], so wenig die besondere Stammesprägung den friesischen Bauern vom rheinischen Industriearbeiter oder vom Berliner Proletarier trennt«.[27]

Ein Volk, einig in seinen Stämmen

Diese Zeilen legen nahe, dass der Begriff des Stammes nicht nur für jüdische Debatten über die Frage der Zugehörigkeit wichtig war, sondern von der Mitte des 19. Jahrhunderts bis in die späten zwanziger Jahre ein Schlüsselbegriff für die allgemeine Diskussion über das Verhältnis zwischen nationaler Einheit und kultureller Vielheit war. Je mehr sich die deutschen Juden als eine Stammesgemeinschaft und nicht nur als eine Religion verstanden, desto fragwürdiger erschien vielen das Leitbild eines bürgerlichen Konfessionalismus.

Wer sich zwischen den 1780er und den 1860er Jahren für Emanzipation der Juden aussprach, beantwortete die Frage nach der Spannung zwischen dem Universellen und dem Partikularen mit dem Hinweis, Juden seien wie die Protestanten oder die Katholiken eine Konfession und nichts anderes. Dagegen behaupteten die Gegner der Emanzipation, Juden seien eine Nation, ein eigenes Volk, das wegen seiner fremden Herkunft nie zur deutschen Nation gehören werde. Die Befürworter der rechtlichen Gleichstellung wie Johann Bluntschli (1808–1881) betonten, der »Gegensatz der Nationalität«

hätte sich aufgelöst. Juden hätten »aufgehört, ein besonderes Volk mit einer eigenen Verfassung und eigenem Recht zu sein«. Sie seien »längst keine Landesfremden mehr, sondern Landeskinder«, so der Herausgeber des *Deutschen Staats-Wörterbuchs,* »keine Volksfremden mehr, sondern Volksgenossen«.[28]

Wer die Emanzipation befürwortete, war überzeugt, dass Juden als gleichberechtige Angehörige der Nation auch ein Recht auf Verschiedenheit einfordern konnten. Sofern sich Juden nicht mehr als Nation, sondern als Konfession verstanden, sei ihre Eigenart genauso wie die der Protestanten und Katholiken anzuerkennen. Zwar waren viele Liberale in der Mitte des 19. Jahrhunderts überzeugt, dass der Staat und die bürgerliche Tugend auf einer religiösen Grundlage beruhten. Aber kein Staat habe das Recht, zu entscheiden, für welche Religion das gelte und für welche nicht. War das Gemeinwesen religiös neutral, genössen Juden daher das gleiche Recht auf Verschiedenheit wie die Mitglieder der christlichen Kirchen und Sekten.

Der Eintrag über die »Emanzipation der Juden« in der 1846 erschienenen zweiten Auflage des *Staats-Lexikon* steht exemplarisch dafür, dass Liberale in den 1840er Jahren begannen, sich uneingeschränkt für die rechtliche Gleichstellung einzusetzen. »Man ist in neuern Zeiten wohl ziemlich darüber einig«, so Karl Steinacker (1801–1847), dass die Kirchen und der Staat als »selbständige Gemeinschaften nebeneinander bestehen müssen, wenn man nicht entweder die Gewissensfreiheit unterdrücken oder [...] zur Theokratie übergehen will«. Laut dem Holzmindener Notar habe der Staat zwar das Recht, von seinen Bürgern zu verlangen, dass sie religiös seien, da die »oberste Bürgertugend und [...] ein vernünftiges Wollen [...] nur bei einem geläuterten und veredelten Gemüthe vorausgesetzt« werden könnten. Doch dürfe der Staat nicht eine spezifische Religion bevorzugen, weil er andernfalls die Gewissensfreiheit verletze. »Welche Religion für den Staatszweck [...] die beste sei«, argumentierte Steinacker, müsse offenbleiben, »denn der Staat als solcher hat kein Organ, welches darüber entscheiden könnte«. Das Recht auf religiöse Differenz finde seine einzige Grenze darin, wenn der oberste Zweck des Staates, nämlich die bürgerlichen Freiheitsrechte zu schützen, infrage gezogen sei. Der Staat dürfe die Freiheit einzelner Glaubensgemeinschaften nur einschränken, wenn deren »religiöse Moral Lehren enthalte, deren Befolgung« die »Gleichheit der Rechte« und die »Freiheit des Gedankens, also das »Wesen des constitutionellen Princips«, bedrohe.[29]

Ähnlich argumentierte wenige Jahre später das von Robert Blum herausgegebene *Volksthümliche Handbuch der Staatswissenschaften und Politik*, das für die völlige Gleichberechtigung der Juden plädierte. Sobald »der Staat gemischte Ehen zwischen Juden und Christen« ermögliche, könne man sie nicht mehr als »Stammgenossenschaft« betrachten. Allein als »Religionsgemeinschaft« gehörten Juden einer »besondern Nationalität« an, genau wie sich Katholiken und Protestanten verschiedener Länder« verbunden fühlten. Die Sorge, dass »Juden eine besondere Kaste bilden, einen Staat im Staate ausmachen«, erweise sich als grundlos, sobald man »sie völlig ins Staatsleben aufgehen« lasse.[30] »Der Jude ist eingetreten in die allgemeine Welt«, hob im Oktober 1848 Ludwig Philippson in der *Allgemeinen Zeitung des Judenthums* hervor. Daher sei es, so der Magdeburger Reformrabbiner, »seine Pflicht[,] daß das Besondere wegfalle; die Völker nehmen ihn als gleichberechtigten Bruder an, wie soll er sich noch etwas Besonderes wahren können?«[31] Auch wer sich für die uneingeschränkte Emanzipation der Juden einsetzte, ging davon aus, dass die rechtliche Gleichstellung auf einem *quid pro quo* beruhte: Genau wie Christen besäßen Juden ein Recht auf Verschiedenheit, sofern sie die national-religiösen Aspekte des Judentums in einen bürgerlichen »Konfessionalismus« umdeuteten und sich ausschließlich als Religionsgemeinschaft verstanden.

Je mehr Juden sich im Laufe der zweiten Hälfte des 19. Jahrhunderts nicht mehr als eine Konfession, sondern als eine Stammesgemeinschaft begriffen, desto offenkundiger war, dass die Spannung zwischen der Gleichheit vor dem Gesetz im Zeitalter der nationalen Einheit und dem Recht, verschieden zu sein, neu bestimmt werden musste. Ab den 1870er Jahren galt es, das Argument der Emanzipationszeit, dass die religiöse Vielheit und die konfessionelle Neutralität des Staates sich wechselseitig bedingen, um ein allgemeines Recht auf kulturelle und ethnische Vielheit zu erweitern. Dabei lag es für Juden nahe, auf den Begriff des Stammes zurückzugreifen, da er auch in der politischen Sprache des Nationalismus gängig war und eine legitime Form kultureller und ethnischer Verschiedenheit zum Ausdruck brachte.[32] Bis weit ins 20. Jahrhundert war die Vorstellung selbstverständlich, dass sich das deutsche Volk aus einer Vielzahl von Stämmen zusammensetze. Den Begriff des »deutschen Volkstamms« in der Einzahl zu verwenden, wie es der Politikwissenschaftler Wilhelm Hennis etwa 1997 tat, klingt in heutigen Ohren nicht nur etwas altväterlich; vor allem jedoch wäre der Singular in der Sprache des 19. Jahrhunderts ungewöhnlich gewesen.[33]

Bereits in der Entstehungsphase des deutschen Nationalismus fand der Begriff des Stammes Eingang in die nationale Semantik. Euphorisch resümierte etwa 1815 der Historiker Friedrich Christoph Dahlmann nach der Niederlage Napoleons in Waterloo, nun seien »die deutschen Stämme [...] sich einig geworden in den Hauptsachen, in der gemeinsamen Behauptung der Freiheit«. Die nationalistische Begeisterung der Napoleonischen Kriege fand auch in Jacob Grimms Vorrede zur *Deutschen Grammatik* von 1819 sein Echo, in welcher der Sprachwissenschaftler argumentierte, »das deutsche Volk« strebe »nach seiner nationalen Wiedervereinigung ohne Auflösung der geschichtlich gewordenen Staaten und Stämme«.[34]

Doch während viele Nationalisten sich im 19. Jahrhundert einig waren, dass der spezifische Charakter der deutschen Nation auf der Stammesvielfalt beruhte, war strittig, ob sich im Laufe der nationalen Einigung die einzelnen Stämme zunehmend vermischten und am Ende auflösten oder ob nicht vielmehr die spezifische Einheit der deutschen Nation auch in Zukunft auf der lebendigen Vielheit der Stämme beruhe. Das im Leipziger Brockhaus-Verlag erscheinende *Conversations-Lexicon* betonte 1819, die »Grundlage eines Volks« bildeten »kleine Theilganze. Diese heißen Volksstämme«. Ähnlich wie das »hebräische Volk« aus »zwölf Stämmen« hervorgegangen sei, indem diese sich so vermischt hätten, dass »kein einzelner Hebräer mehr weiß, von welchem Stamme er abstamme«, sei auch »unser deutsches Volk« aus »mehreren Stämmen, den Alemannen, Sueven, Franken, [oder] Sassen« hervorgegangen. Im Laufe der Zeiten hätten diese sich »sowohl unter einander als mit andern Völkern, besonders den Slawen, so vermischt [...], daß jetzt wohl kein Deutscher seine

Abkunft von irgend einem jener Stämme nachweisen kann«. Erst die Auflösung der Stämme infolge ihrer Vermischung, so die implizite Botschaft des Lemmas »Volk – Volksstamm«, ermögliche die Entstehung eines einheitlichen deutschen Volkes.[35]

Auch die zehnte Auflage des Brockhaus fragte 1853 vor allem danach, wie es möglich sei, von der Vielfalt der Stämme zur Einheit der deutschen Nation zu gelangen. Der »Nationalcharakter« bilde sich oft als Folge »des Zusammenwirkens von Culturelementen (gemeinsamen Staatseinrichtungen und Gesetzen, gemeinsamer Geschichte oder Handels- und Verkehrseinheit, auch wol der religiösen Glaubensgemeinschaft), als von bloßen Naturelementen, wie Sprache und Abstammung«. »Ganz auffällig«, betonte der Verfasser des Lexikonartikels, »war das Vorwalten jenes politischen oder Culturmoments vor dem blos sprachlichen oder Stammeselemente in den Nationalitätenbestrebungen des deutschen Volkes im J. 1848. Nicht die Herstellung der deutschen Nation in den alten Stammes- oder Sprachengrenzen war, was man wollte, sondern die Aufhebung der inneren Schranken, welche die freie und kräftige Entwickelung der sich als Eines fühlenden und doch durch künstliche Scheidewände in sich selbst zertheilten Nation hinderten.«[36]

Der Gedanke der Entwicklung der Nation, die Idee der Nationswerdung dank der »Nationalbildung« stand im Mittelpunkt des *Neuen Konversations-Lexikons für alle Stände* von 1860. Als »rohe Söhne der Natur«, ist dort zu lesen, »mögen die Menschen sich voneinander getrennt und nach Familien oder Stämmen gesondert [...] haben. [...] Hatten sich aber anfänglich schon die Menschen familienweise zusammengethan, so wuchsen diese Familien nach und nach durch Erweiterung zu Stämmen und diese zu N.[ationen] heran.«[37] Dass trotz des »wachsenden Nationalgefühls« in Deutschland »die alten Stammestraditionen« fortwirkten, betonte 1869 auch *Bluntschlis Staatswörterbuch in drei Bänden*. Laut dem Lemma »Deutsche und deutsche Stämme« sei ein »Grundzug des germanischen Wesens« weiterhin klar zu erkennen, nämlich die Neigung, »nicht zunächst nach großen Vereinen« zu drängen, »sondern vor Allem im kleinsten Verband dem individuellen Wesen Rechnung« zu tragen. Daher könne man überall »in Charakter und Sprache die Stämme erkennen, die [...] erst nach und nach durch materielle, wie geistige Beziehungen zum Verlangen eines wirklichen, alle umfassenden Staatsorganismus einander näher gerückt sind«.[38]

Auch die Debatten in der Frankfurter Nationalversammlung von 1848 kreisten um die Frage, wie die Spannung zwischen Einheit und Vielheit in einem zukünftigen deutschen Nationalstaat ausgeglichen werden könne. Die meisten Abgeordneten sprachen sich für einen Mittelweg zwischen einem zentralisierten Nationalstaat und einem lockeren Bund unabhängiger Staaten aus. Die Diskussionen in der konstituierenden Reichsversammlung belegen, wie zentral der Stammesbegriffs für den liberalen Nationalismus um die Jahrhundertmitte war. Insofern ist es irreführend, die Sprache der Stammeseigentümlichkeiten mit dynastischen Loyalitäten gleichzusetzen. Demokratische und liberale Abgeordnete in der Paulskirche waren sich mit Christian Schüler einig, dass es gelte, »den dynastischen, also den eigentlichen Particularismus« zu überwinden, weil er der »gefährlichste von allen« sei. Gleichzeitig trennten auch konservative Abgeordnete wie Franz Joseph Buß die dynastischen Sonderrechte vom »gesunden Partikularismus«, der sich in der Vielfalt der Stämme widerspiegele. Für Georg Phillips aus München eröffnete die in der Verfassung vorgesehene Länderkammer die Chance, das Prinzip der dynastischen Pluralität mit der Idee der Stammesvielfalt zu versöhnen. Das Staatenhaus verbinde »diese beiden Elemente«, da in ihm »das deutsche Volk und die deutschen Stämme und ihre Fürsten [...] vertreten« sind. »Gerade die deutsche Geschichte«, so der Mitbegründer der *Historisch-politischen Blätter für das katholische Deutschland*, »fordert die deutsche Eigenthümlichkeit, daß wir die Stämme nicht unberücksichtigt lassen.« Während sich in Frankreich der nationale Einheitsstaat durchgesetzt habe, bestehen in Deutschland »die Einheit und die Vielheit« gleichzeitig, eine Spannung, in der sich »Mannigfaltigkeit des Volkslebens bei vielen deutschen Stämmen« ausdrücke.[39]

Als sich nach der Jahrhundertwende die Sprachen- und Nationalitätenkonflikte an den Grenzen des Deutschen Reiches verschärften, lag es selbst für den Monarchen nahe, sich auf die Vielfalt der Stämme zu berufen, um die Gegensätze auszugleichen. Dabei betonte Wilhelm II. allerdings, dass für ihn Verschiedenheit vor allem mit der Vergangenheit verbunden sei, die Zukunft dagegen der nationalen Einheit gehöre. Im September 1902 versuchte der Kaiser in Posen jene zu beruhigen, die fürchteten, die »Stammeseigenthümlichkeiten« sollten »ausgelöscht werden«. »Das Königreich Preußen setzt sich aus vielen Stämmen zusammen, welche stolz sind auf ihre frühere Geschichte und ihre Eigenart.« Diese »Überlieferungen und Erinnerungen«, so der Monarch, könnten als Folklore und Brauchtum »ruhig bestehen, allein sie sind Geschichte, der Vergangenheit angehörig«. Auch in der Provinz Posen hindere nichts seine Untertanen daran, »vor allen Dingen brave Preußen zu sein«. In der Gegenwart und in der Zukunft sei er verpflichtet, »dafür zu sorgen, dass diese Provinz unauflöslich mit der preußischen Monarchie verknüpft, dass sie stets gut preußisch und gut deutsch bleibe«.[40]

Ab der Mitte des 19. Jahrhunderts begannen auch andere Deutsche, Juden als Teil der allgemeinen Stammesvielfalt zu sehen. Als der preußische Innenminister 1842 die Regierungen der Monarchie fragte, ob sie eine einheitliche preußische Gesetzgebung für Juden befürworteten, sprach sich der Breslauer Regierungspräsident für die weitgehende rechtliche Gleichstellung der Jüdinnen und Juden aus. Dank des vorzüglichen Rechtssystems sei es in Preußen möglich, »dem Bekenner jeglichen religiösen Glaubens, den Sprösslingen jeglichen Volksstammes, die erforderlichen Räumlichkeiten zur bürgerlichen, so wie sittlichen Entwicklung, und geistigen Erhebung, zu gewähren, ohne daß dazu specielle klassenhafte Verbindungen erforderlich wären«.[41] Im Berliner Antisemitismusstreit argumentierte Theodor Mommsen 1880 in seiner Kritik an Treitschke, die »deutsche Nation« ruhe »auf dem Zusammenhalten und in gewissen Sinn dem Verschmelzen der verschiedenen deutschen Stämme«, zu denen die Juden ebenso wie die Sachsen, Schwaben, Rheinländer und die Pommern gehörten. Diese »Verschiedenheit« solle man nicht verleugnen, sondern sich an »derselben erfreuen«.[42] Vermutlich spielte Walther Rathenau auf Mommsens Formulierung an, als er 1916 an den Führer der kulturreformistischen Volkserzieher-Bewegung Wilhelm Schwaner schrieb, die deutsche Nation gründe nicht auf dem Prinzip der »Rasse«. »Mein Volk«, argumentierte Rathenau, sind »die Deutschen, niemand sonst. Die Juden sind für mich ein deutscher Stamm, wie die Sachsen, Baiern oder Wenden.«[43]

Der Begriff des Stammes ermöglichte es, die Nation zugleich als Einheit des Volkes und als Vielheit von Stämmen zu begreifen. Diese Vorstellung von Pluralität stand im Gegensatz zu einer älteren Tradition, die Vielheit vor allem als das Nebeneinander von landesherrlichen Dynastien gedacht hatte. Als der Hamburger Bankier Max Warburg im September 1918 vor der Deutschen Gesellschaft für Völkerrecht darüber sprach, welche politischen Reformen in Deutschland »als Grundlage einer Verständigung der Völker« notwendig seien, griff er diese Denkfigur auf. Das Deutsche Reich müsse in einen Bundesstaat umgewandelt werden, da dieser die »ideale Staatsform für Staaten verschiedener Stämme« bilde.[44] Die liberale, antidynastische Tradition kulminierte in der Präambel der Weimarer Reichsverfassung von 1919. Hatten in der alten Reichsverfassung von 1871 die Fürsten »einen ewigen Bund« geschlossen, hieß es in der demokratischen Konstitution, »das deutsche Volk, einig in seinen Stämmen«, gebe sich »diese Verfassung«.[45] »Es liegt dem neuen Reiche und seinem Recht fern«, betonte Gerhard Anschütz in seinem Kommentar der Verfassung, »die ›Stämme‹, diese naturwüchsigen Gliederungen des deutschen Volkes« zu »unterdrücken und ihre Besonderheiten auslöschen zu wollen«. Freilich hätten die Stämme, so der liberale Staatsrechtslehrer, »mit den Zufallsbildungen dynastischer Staatskunst, den heute ›Ländern‹ genannten Einzelstaaten, nichts zu tun«.[46]

Weltbürgertum und Mannigfaltigkeit in der Willensnation

Damit steht wiederum die Frage im Raum, wie wir die Spannung zwischen dem Partikularen und dem Universalen vermessen können. Vor dem Hintergrund der Debatten über die Begriffe des Stammes und der Stammesvielfalt gewinnen wir ein genaueres Bild davon, wie Moritz Lazarus versuchte, den Gegensatz zwischen Nationalismus und Partikularismus auszugleichen und damit das Verhältnis zwischen Juden und anderen Deutschen aus liberaler Perspektive zu beschreiben.

Gegen Treitschkes essenzialistischen, objektiven und völkischen Nationsbegriff setzte Lazarus in seiner Berliner Rede vom Dezember 1879 ein voluntaristisches, pluralistisches und prozessuales Verständnis der Nation. Zwar gehört seine Argumentation auch in den Zusammenhang der zeitgenössischen europäischen Debatte, wie die Idee der Nation vertragstheoretisch zu begründen sei. Doch sticht Lazarus' Beitrag als besonders subtil, sorgfältig und konsequent hervor.[47] Laut Lazarus erwachse keine Nation aus objektiven Eigenschaften wie der Moral und den Sitten, dem Staatsgebiet oder der Staatsangehörigkeit, der Religion oder der Abstammung und noch nicht einmal auf dem relativ weichen Moment der Sprache. »Der Begriff des Volks« sei nicht »durch objective Merkmale fest umgrenzt«, sondern gründe in der »subjectiven Empfindung«. Gegen alle »genealogische« Klassifikation der Menschen betonte er, »das eigentliche Wesen der Nationalität« sei »nur aus dem Geiste« zu verstehen.[48] Ähnlich wie Ernest Renan, der die Nation zwei Jahre später als ein »tägliches Plebiszit« definierte, argumentierte Lazarus, dass sich ein Volk nicht in »objektiven Verhältnissen« gründe, sondern »auf der subjectiven Ansicht der Glieder des Volkes«. Jeder Mensch bestimmt sich sein Volk »selbst subjectiv, er rechnet sich zu ihm«.[49]

Ein objektiv-essenzialistischer Begriff der Nation verkenne ihre Geschichtlichkeit (das entspricht dem heutigen Verständnis der Nation als einem Konstrukt). Die Nation ist keine Gegebenheit, so Lazarus, sondern im Fluss: »Volk ist ein geistiges Erzeugnis der Einzelnen, welche zu ihm gehören; sie sind nicht ein Volk, sie schaffen es nur unaufhörlich.«[50] Da die Nation nicht gegeben ist, sondern immer nur wird, laufe jeder Versuch ins Leere, den Gründungsakt oder die Geburtsstunde der Nation zu bestimmen. Jede Nation knüpfe das »subjektive Band der Zugehörigkeit« stetig neu.[51] In einer unendlichen Reihe von Bildungsakten erschaffe sich ein Volk immer wieder. Dass Juden im Deutsch-Französischen Krieg gekämpft haben, dass sie »an diesem letzten, höchsten Bildungsact des deutschen Volkes [...] in jedem Sinne und im vollen Maße bereits teilnehmen durften«, sei für sie »ein stolzes Bewußtsein, eine unvergleichliche Befriedigung«, schloss Lazarus: »Im Felde haben wir mitgekämpft, in den Parlamenten mitberaten, derweil auch auf den communalen Ratsstühlen gesessen, in den Laboratorien mitgearbeitet, in den Krankenhäusern mitgeheilt und mitgepflegt, auf den Kathedern mitgelehrt. Aber auch an allen nationalen Werken des Friedens, an allen idealen Interessen des Volkes nehmen wir längst und je länger je mehr einen breiten und vollen Antheil«.[52]

Dank seines voluntaristischen, pluralistischen und prozessualen Begriffs der Nation konnte Lazarus Treitschkes Forderung als unbegründet zurückweisen, Juden sollten »schlicht und recht« Deutsche werden. Die Zugehörigkeit zu einer Nation sei nicht daran gebunden, dass die Bürgerinnen und Bürger ihre Verschiedenheit verleugneten. Vielmehr setzte das freie und mündige Bekenntnis zu einer Nation voraus, dass alle ihre Eigenart bewahrten und pflegten. Daher könne die Spannung zwischen dem Traum der nationalen Einheit und der alltäglichen Erfahrung der partikularen Vielheit nicht versöhnt oder gar überwunden, sondern nur bewahrt werden. Genau das meinte Lazarus, als er argumentierte, dass das »wahre Deutschthum« weder »angestammte Traditionen« noch »allgemeine menschheitliche Prinzipien« verletze. Da die Größe einer Kultur in ihrer »Mannigfaltigkeit« liege, seien alle Angehörigen einer Nation verpflichtet, ihre Eigenart zu pflegen. Wie für andere Deutsche auch sei es daher Aufgabe der deutschen Juden, was sie »als Stamm an geistiger Eigenart, als Religion an Erbtugend oder Erbweisheit besitzen, auch zu erhalten, um es in den Dienst des deutschen Nationalgeistes als einen Theil seiner Kraft zu stellen«.[53]

–//–\\–

Der Begriff des Stammes war für die Suche nach neuen Formen der jüdischen Zusammengehörigkeit zentral. Obwohl das Konzept oft unscharf blieb, bot es die Möglichkeit, auf zwei Probleme der postemanzipatorischen Zeit zu antworten. Angesichts des Verlustes traditioneller Vorstellungen von einer religiösen Nation, der wachsenden Säkularisierung und der zunehmenden religiösen und politischen Pluralisierung drängte sich erstens die Frage auf, welche übergreifende Idee von jüdischer Gemeinschaft noch möglich und wünschenswert war. Je mehr sich Juden in diesem Sinne als Stammesgemeinschaft begriffen, desto dringlicher stellte sich die zweite Herausforderung: Wie konnten Juden ein Recht auf Verschiedenheit begründen, nachdem das emanzipatorische *quid pro quo* anfechtbar geworden war, dass Juden das gleiche Recht auf Differenz wie Christen hätten, sofern sie die national-religiösen Traditionen in einen bürgerlichen Konfessionalismus umdeuteten und sich ausschließlich als jüdische Religionsgemeinschaft verstanden. Jüdische Intellektuelle antworten auf diese Herausforderung, indem sie die Argumente aus der Zeit der Emanzipation über die religiöse Vielheit und die Neutralität des Staates ins Allgemeine wendeten und so ein umfassendes Recht auf kulturelle und ethnische Verschiedenheit einforderten. Dabei erwies sich der Begriff des Stammes aus jüdischer Sicht als besonders attraktiv, da er in der allgemeinen politischen Sprache der Zeit gängig war und die Stammesvielfalt als Ausdruck einer legitimen Form der kulturellen und ethnischen Verschiedenenheit galt.

Unabhängig davon, ob Vielheit als ein Wert an sich oder als die unvermeidliche Folge von individuellen Freiheitsrechten gilt, bleiben Lazarus' Thesen aktuell, sobald es um die Spannung zwischen nationalen Homogenitätsfantasien und der alltäglichen Erfahrung von Pluralität und Verschiedenheit geht. Entscheidend ist dabei das Argument, dass die Zugehörigkeit zu einer liberalen Nation nicht die Aufgabe, sondern die Bewahrung kultureller Eigenart und die Wahrung universeller menschlicher Prinzipien voraussetzt. Lazarus eröffnete damit einen Denkhorizont des kulturellen Pluralismus, der nicht mehr an einer vormundschaftlichen Konzeption der Toleranz ausgerichtet ist, sondern an einer Politik der Anerkennung, die auf einem Recht auf Verschiedenheit beruht.[54]

Doch sollte der Hinweis auf die Aktualität der Argumente von Moritz Lazarus nicht den Blick auf einen grundlegenden Widerspruch verstellen, den seine Thesen mit neueren Versuchen verbindet, die Quadratur des multikulturellen Kreises zu bestimmen. Lazarus' Verständnis der Nation beruht auf der Gegenüberstellung von zwei Formen der Verbundenheit: einerseits einem genuin politischen Zugehörigkeitsgefühl zu einer pluralistischen Willensnation, die auf dem Konzept der liberalen Staatsangehörigkeit fußt; andererseits die kulturellen Bindungen der Stammes-, Religions- oder Volksgemeinschaft, die ebenso essenzialistisch und objektiv sind wie Treitschkes völkische Idee der Nation. Diese Entgegensetzung führt zur Frage, warum Kriterien, die für eine liberale Idee der Nation grundlegend sind, als vergänglich, pluralistisch und voluntaristisch gelten, dagegen Merkmale, die einen Stamm, ein Volk oder eine andere Form von kultureller Gemeinschaft konstituieren, vermeintlich statisch und objektiv sind. Dagegen ist an den Hinweis des Anthropologen Edmund Leach zu erinnern, dass auch Begriffe wie die der Gemeinschaft und der Kultur, der Tradition und der Herkunft »zwar manchmal praktische, aber immer provisorische Fiktionen« sind, egal, wie wissenschaftlich objektiv und analytisch präzise sie zu sein scheinen.[55] Deutlich wird damit auch, dass es weder sinnvoll ist, kulturelle Unterschiede als Kennzeichen primordialer oder gar primitiver Verbundenheit zu skandalisieren, noch, diese als Wert an sich zu fetischisieren. Differenzen sind nie willkürlich oder zufällig, doch stets markieren sie situative und vorübergehende Unterschiede.

Die Nation sollte kein Wert an sich sein. Ähnlich wie die Begriffe der Solidarität, des Zusammenhalts oder der Toleranz ist die Idee der Nation »normativ abhängig«.[56] Ob es gerechtfertigt ist, an der Idee der Nation festzuhalten, hängt davon ab, wie wir die Frage beantworten, die auch Moritz Lazarus umgetrieben hat: »Was heißt national?« Es geht darum, welche konkreten Formen des Zusammenlebens sich mit der Idee der Nation verbinden. Daher lohnt es sich, die von dem Anthropologen und Sprachwissenschaftler begründete Denktradition des kulturellen Pluralismus wiederzuentdecken. Die Lektüre von Lazarus lädt dazu ein, kulturelle Eigenart, nationale Zugehörigkeit und weltbürgerlichen Universalismus nicht entlang einer normativen Skala zu hierarchisieren oder gegeneinander auszuspielen. Auch für jene, die unsere Gegenwart als eine »postnationale Konstellation« begreifen, liegt der Rückgriff auf Lazarus nahe. Dessen pluralistisches Verständnis der Nation öffnet den Blick dafür, dass partikulare, nationale und universale Formen der Zugehörigkeit wechselseitig miteinander verschränkt sind.

4

Situative Ethnizität oder sozialmoralisches Milieu: Juden und Katholiken im deutschen Kaiserreich

Wie man die Gemeinschaft der emanzipierten deutschen Juden beschreiben kann, ist umstritten. Können sie als eine Religion oder Konfession betrachtet werden, als ein sozialmoralisches Milieu oder eine ethnische Gemeinschaft? Lassen sie sich überhaupt als Einheit fassen? Die Antworten auf diese Fragen sollen im Vergleich mit den deutschen Katholiken, dem sozialmoralischen Milieu *par excellence*, entwickelt werden.

Dass die deutschen Juden im Kaiserreich ein Milieu bildeten, gilt in der Historiografie über die deutschen Juden als Gemeinplatz. Dabei wird oft ein alltagssprachlicher Milieubegriff verwendet.[1] Dagegen nutzen einflussreiche Arbeiten wie die von Shulamit Volkov, David Sorkin oder Peter Pulzer den Begriff des sozialmoralischen Milieus.[2] Der von M. Rainer Lepsius geprägte Begriff spielt in der Historiografie über die deutschen Juden zwar keine dominierende, aber doch eine wichtige Rolle. Allerdings kamen Jüdinnen und Juden in der von Lepsius angestoßenen Diskussion über das Konzept gar nicht vor. Für ihn gab es im deutschen Kaiserreich ein katholisches, ein konservatives, ein liberales, ein sozialistisches, aber kein jüdisches Milieu. Das ist in der sozialwissenschaftlichen Diskussion über das Konzept bis heute so geblieben.[3]

Selbst Autorinnen und Autoren, die bewusst auf das Konzept des sozialmoralischen Milieus zurückgreifen, verwenden es synonym zu ähnlichen Begriffen, ohne es von diesen abzugrenzen. Für Sorkin sind sie nicht nur ein Milieu, sondern vor allem eine »Subkultur«, für Pulzer und Volkov manchmal auch eine »ethnische Gruppe« oder ein »kulturelles System«.[4]

Um diese begriffliche Unschärfe zu vermeiden, lohnt es, sich das Milieukonzept von Lepsius noch einmal zu vergegenwärtigen. Ein sozialmoralisches Milieu bezeichnet in seinen Augen »soziale Einheiten, die durch die Koinzidenz mehrerer Strukturdimensionen wie Religion, regionale Tradition, wirtschaftliche Lage, kulturelle Orientierung, schichtspezifische Zusammensetzung der intermediären Gruppen gebildet werden«.[5] Das Konzept dient Lepsius dazu, die kulturelle Dimension des Wahlverhaltens im Kaiserreich zu untersuchen und die einzelnen Gruppen innerhalb der Gesamtgesellschaft zu beschreiben. Vor allem aber macht er die tiefen Gräben zwischen den sozialmoralischen Milieus dafür verantwortlich, dass der deutsche Staat zwischen 1870 und 1930 der Herausforderung der politischen Modernisierung nicht gerecht wurde. Konflikte seien nicht politisch ausgetragen, sondern kulturell überformt worden. Die verschiedenen Milieus hätten Loyalität im Alltag und besonders auch im Bereich der Politik gefordert. Scharfe Demarkationen von milieugebundenen »symbolisch dramatisierten Moralgrenzen« prägten das öffentliche Leben. Die Verquickung von kulturellem Habitus und politischem Handeln sei im »höchst geschlossenen [...] intransigenten« katholischen Milieu besonders eng gewesen. Lepsius betont, wie scharf die Grenze gezogen wurde und wie weit es den einzelnen Milieus gelang, das Denken und Handeln der Mitglieder zu beeinflussen.[6]

Das sozialmoralische Milieu lässt sich, sofern man Lepsius folgt, eher als eine geschlossene Gruppe verstehen. Die Identität von Wirgruppen – unter diesen Oberbegriff lassen sich das sozialmoralische Milieu und andere soziale Formationen wie Klasse, ethnische Gemeinschaft oder Nation fassen – verlangt ihren Mitgliedern ein unterschiedliches Maß an Loyalität ab. In *geschlossenen Gruppen* ist die Loyalitätsforderung umfassend. Das Zusammenhörigkeitsgefühl in *offenen Gruppen* dagegen ist nur partiell, koexistiert mit anderen

Identitäten und deren Loyalitätsforderungen; es lässt die Mitgliedschaft in mehreren Gruppen und den Kontakt zu Mitgliedern anderer Gruppen zu.[7]

Kontakte über Grenzen

Die deutschen Juden, so die hier zu entfaltende These, waren zu keinem Zeitpunkt ein sozialmoralisches Milieu, weil sie sich nicht als eine geschlossene Gruppe mit weitreichenden Loyalitätsforderungen verstanden. Deshalb ist es hilfreich, das Konzept der »ethnischen Gruppe« aus der amerikanischen *Ethnicity*-Forschung aufzugreifen. Anders als das Milieukonzept umfasst es sowohl geschlossene als auch offene Formen der Gruppenbildung.

Das Konzept der »Ethnizität«, das sich bei der Analyse der Geschichte der amerikanischen, englischen und französischen Juden bewährt hat, fand ab Mitte der 1980er Jahre Eingang in die Historiografie über die deutschen Juden.[8] Entwickelt wurde es von amerikanischen Sozialwissenschaftlern in den 1960er Jahren, als die Realität der multikulturellen Gesellschaft der USA das überkommene Selbstverständnis der Gesellschaft als eines »Schmelztiegels« fragwürdig erscheinen ließ. Daraus hat sich eine kaum zu überschauende Literatur entwickelt, die in deutschsprachigen Debatten seit etwa dreißig Jahren rezipiert wird.[9]

Eine ethnische Gemeinschaft zeichnet sich durch die Vorstellung einer gemeinsamen Abstammung und einer gemeinsamen Kultur aus. Ähnlich wie die moderne Nation lässt sie sich als eine »gedachte Ordnung« begreifen, die auf der »Erfindung einer Tradition« beruht.[10] Anders als die Nation beansprucht die ethnische Gemeinschaft jedoch keinen eigenen Nationalstaat. Sie zeichnet sich dadurch aus, dass sie sich in der Gesamtgesellschaft, also in der Regel der Nation, die Kultur ihrer Umwelt auf eine spezifische Weise aneignet. Eine ethnische Gemeinschaft konstituiert sich, indem sie ihre kulturelle Tradition oder das, was sie dafür hält, mit Elementen der Kultur der Umwelt verbindet und so etwas Neues schafft. In Bezug auf die Geschichte der deutschen Juden bedeutet dies, dass im 19. Jahrhundert keine allumfassende jüdische Identität zu neuem Leben erweckt wurde, sondern eine jüdische Ethnizität entstand.

Zentral für die gedachte Ordnung der ethnischen Gemeinschaft sind kulturelle und soziale Grenzmarkierungen, die Zugehörigkeit oder Ausschluss anzeigen. Ethnizität verweist nicht auf einen unveränderbaren Kern von Kultur, Tradition und Religion. Die Grenze muss, anders als die Milieuschranke, nicht rigide sein, die Zugehörigkeit zu einer ethnischen Gruppe schließt die Loyalität gegenüber anderen Sozialformationen nicht aus. Besonders das Konzept der situativen Ethnizität betont, wie sehr Ethnizität an die konkrete soziale Situation gebunden ist.[11] Spielt die Zugehörigkeit zu einer ethnischen Gruppe zu spezifischen Gelegenheiten, etwa im Familienleben, eine wichtige Rolle, tritt sie in manchen Situationen zurück und andere Gefühle der Zugehörigkeit werden handlungsleitend.

Forschungen zur Ethnizität untersuchen oft Bereiche, die auch beim Konzept des sozialmoralischen Milieus in den Blick genommen werden. Im Bereich der Mentalität und Identität, der organisierten Geselligkeit insbesondere des Vereinswesens, des kommunikativen Netzwerks von Zeitschriften und anderer populärer Literatur, des Schulwesens und der Politik ergeben sich daher Anknüpfungspunkte, die es ermöglichen, die deutschen Juden mit dem katholischen Sozialmilieu zu vergleichen. Wie bei vielen Vergleichen fällt der Kontrast dabei schärfer aus, als er tatsächlich war. Seit Anfang der 1990er Jahre betont die Forschung mit guten Argumenten, wie heterogen das katholische Milieu war. Das richtet sich gegen die Vorstellung eines monolithischen, hermetisch geschlossenen Milieus. Im Vergleich von deutschen Juden und Katholiken erscheint das katholische Sozialmilieu jedoch wieder homogener, da die katholische Identitäts- und Gruppenbildung in jedem Fall exklusiver als die jüdische war.[12]

Entwürfe von Gemeinschaft

Bis weit in das 18. Jahrhundert hinein hatte die jüdische Religion alle Lebensbereiche geprägt. »Absolut, *vermutlich* unveränderbar« bestimmte die Halacha, das jüdische Religionsgesetz, den Alltag und das Fest, die Arbeit, die Ruhe und den Lebenszyklus. Über Verletzungen des jüdischen Gesetzes wachte der örtliche Rabbiner, dessen umfassende Autorität auf der Kenntnis der Schriften beruhte.[13] Die jüdische *Identität und Mentalität* revolutionierten sich im Zuge der Säkularisierung. Im 19. Jahrhundert verlor die Religion schnell an Bedeutung für das jüdische Leben. Das Judentum hatte sich in zwei große religiöse Strömungen gespalten, die Reformbewegung und die Orthodoxie.

Der Reformbewegung gehörte ab Mitte des 19. Jahrhunderts die Mehrheit der deutschen Juden an, im Kaiserreich waren es fast achtzig Prozent und nahezu alle Vorstände der großen Gemeinden befanden sich in liberaler Hand.[14] Die Reformbewegung entfaltete ein Verständnis der jüdischen Religion, welches das Religionsgesetz, aber auch die Bibel historisierte. Gegen die Autorität des Gesetzes betonte sie die Bedeutung des einzelnen Gläubigen; anstelle der nur die Juden einschließenden Interpretation des Messianismus trat ein universalisiertes Verständnis des messianischen Denkens. Innerhalb und außerhalb der Synagoge veränderte die Reformbewegung religiöse Rituale oder schaffte sie ganz ab, ohne zugleich die jüdische Religion als solche infrage zu stellen.

Die Minderheit der Orthodoxie erlebte im Kaiserreich ihre Blütezeit, selbst wenn sich ihr kaum mehr als zehn bis zwanzig Prozent der deutschen Juden zurechneten. Auch sie wollte die jüdische Religion mit der Moderne versöhnen. Im Gegensatz zum Reformjudentum beharrte die Orthodoxie darauf, dass nicht der subjektive Glaube, sondern die Achtung des Gesetzes den spezifischen Charakter des Judentums kennzeichne. Deshalb wurde das Religionsgesetz auch nicht historisch, sondern als eine überzeitliche göttliche Offenbarung verstanden, die umfassend zu befolgen sei. Die Spaltung in ein reformiertes und ein orthodoxes Judentum spiegelte sich auch institutionell wider. Jede Ausrichtung gründete ihr eigenes Rabbinerseminar, ihren eigenen Rabbinerverband, um religiöse Fragen zu erörtern, schuf ihre eigenen Presseorgane und in Städten wie Frankfurt am Main bildete das orthodoxe Judentum eine eigene Gemeindeorganisation, die »Austrittsgemeinde«.[15] Das Judentum als Religionsgemeinschaft hatte sich pluralisiert. Daher gab es keine verbindliche Lesart der jüdischen Religion, die als eine ideelle Einheit für ein geschlossenes Milieu hätte wirken können.

Die jüdische Religion war aber nicht nur pluralistisch geworden, sie hatte zudem an Bedeutung verloren. Die Säkularisierung unter den deutschen Juden war am Ende des 19. Jahrhunderts stärker fortgeschritten als unter ihren protestantischen und katholischen Mitbürgern. In einem beliebten Witz ließ ein »aufgeklärter« Jude von sich wissen, »alles Rituelle in unserer Religion« sei ihm unsympathisch. »Von den jüdischen Feiertagen halte« er »nur noch das Grünfeld-Konzert«.[16] Zudem verstanden sich viele Juden ähnlich wie Sigmund Freud als »gottlose Juden«.[17] Er sei »in religiöser Beziehung ein sogenannter Dissident« gewesen, erinnerte sich etwa der Münchener jüdische Rechtsanwalt und sozialdemokratische Politiker Philip Löwenfeld (1887–1963) in seinen von 1940 bis 1945 verfassten Memoiren; auf Nachfrage habe er sich nicht als »ein deutscher Staatsbürger jüdischen Glaubens«, sondern als »ein deutscher Jude nichtisraelitischer Konfession« bezeichnet.[18] Gewiss haben neben einer kleinen tiefreligiösen Minderheit auch viele säkularisierte deutsche Juden an einem Rest jüdischer Religiosität festgehalten. Marion Kaplan hat am Beispiel bürgerlicher jüdischer Frauen gezeigt, dass im privaten Bereich viele religiöse Traditionen weitergepflegt wurden.[19]

Doch die Tendenz der Säkularisierung dominierte: Die Besucherzahlen der Synagogen waren und blieben gering, die meisten Jüdinnen und Juden kamen nur an den hohen Feiertagen, waren »synagogale Eintagsfliegen« (Aryeh Maimon); immer weniger Juden befolgten die Speisegesetze; in der privaten Religiosität mischten sich jüdische und christliche Traditionen, sodass beispielsweise die »schönsten Weihnachtsbäume in jüdischen Häusern« standen;[20] die Erziehung der kleinen Kinder lag oft in den Händen der meist nichtjüdischen Dienst- und Kindermädchen;[21] jüdische Kinder besuchten seltener als ihre protestantischen und katholischen Mitschüler den Religionsunterricht ihrer Konfession oder gingen sogar zum christlichen Religionsunterricht;[22] der Anteil der jüdischen Abiturienten, die sich für das Studium der Theologie entschieden, war viel geringer als bei den protestantischen und besonders den katholischen Abiturienten.[23]

Moderne Konzepte der Bildung und der Geschichte lösten im Lauf des 19. Jahrhunderts die jüdische Religion als gemeinschaftsstiftende Kraft ab. Schon in der Frühphase der Emanzipation eigneten sich Juden den sozial offenen Bildungsbegriff des Neuhumanismus an, der auf die freie Entwicklung der Persönlichkeit, die Selbstvervollkommnung jenseits von ständischen und religiösen Unterschieden zielte. Prinzipiell postulierte der Bildungsbegriff die soziale und politische Emanzipation aller, die sich ihm verpflichtet fühlten, und das machte ihn für die deutschen Juden attraktiv. Besonders Johann Wolfgang von Goethe, dem »Juden jeden Ranges [...] leidenschaftliche Verehrung entgegenbrachten« (Arnold Zweig), und Gotthold Ephraim Lessing, dessen *Nathan der Weise* zur »Magna Charta« (George L. Mosse) des deutschen Judentums wurde, symbolisierten die jüdische Verehrung des Bildungsprogramms.[24] All das schlug sich auch in der prominenten Rolle des jüdischen Bürgertums im Kulturleben der Großstädte nieder. Aber nicht nur im Mäzenatentum der Wirtschaftselite fand die jüdische Bildungsverehrung ihren Ausdruck, sondern auch im hohen Stellenwert der Bildung in den Heiratsannoncen breiter Schichten der jüdischen Bevölkerung.[25]

Ein Leitmotiv wurde im Lauf des 19. Jahrhunderts das für ethnische Gruppen typische Interesse an der Geschichte, die zum »Glauben ungläubiger Juden« wurde.[26] Die Erinnerung hatte zwar auch im vormodernen Judentum eine zentrale Rolle gespielt, aber sie war eingebunden in die Vorstellung eines metahistorischen Mythos. Erst unter dem Einfluss des historistischen Zeitgeists entwickelte sich ab dem frühen 19. Jahrhundert ein Interesse an der Zeitlichkeit des Erinnerten, an der historischen Entwicklung und Veränderung, an dem Kollektivsingular »der Geschichte«. Hieraus resultierte zunächst ein wissenschaftliches Interesse an der jüdischen Geschichte, wie es etwa in der Wissenschaft des Judentums zum Ausdruck kam. Heinrich Graetz' elfbändige, 1876 vollendete *Geschichte der Juden von den ältesten Zeiten bis auf die Gegenwart* ist das umfassendste Zeugnis dieses Versuchs, eine jüdische Geschichte zu konstruieren. Seinen Niederschlag fand dieses Interesse auch in großen Zeitschriftenprojekten wie der *Monatsschrift für Geschichte und Wissenschaft des Juden-*

tums (1851–1939), der *Zeitschrift für die Geschichte der Juden in Deutschland* (1887–1892) und in vielen Veröffentlichungen zur jüdischen Lokalgeschichte. Neben das wissenschaftliche Interesse trat ein populäres Interesse an der jüdischen Vergangenheit. Jüdische Zeitungen aller Art veröffentlichten regelmäßig volkstümliche Artikel über die jüdische Geschichte und überall gründeten sich Vereine zur jüdischen Geschichte und Literatur. Besonders Graetz' *Geschichte der Juden* avancierte zu einem Hausbuch des gebildeten jüdischen Bürgertums, das auch von »gottlosen Juden« gelesen wurde.[27]

Obwohl sich die Juden im Kaiserreich nicht ausdrücklich als ethnische Gruppe, sondern als deutsche Staatsbürger jüdischen Glaubens verstanden, gebrauchten viele jüdische Intellektuelle, die ganz unterschiedlichen Strömungen angehörten, den Begriff des »Stammes« oder des »Stammesbewusstseins«. Darin fand ein jüdisches Zusammengehörigkeitsgefühl seinen Ausdruck, das auf der Fiktion der gemeinsamen Abstammung beruhte. So artikulierten sie Vorstellungen, die dem heutigen Konzept der Ethnizität ähneln. Der auch in Deutschland viel gelesene Wiener Rabbiner Adolf Jellinek (1820–1893), der in den 1840er und 1850er Jahren in Leipzig tätig gewesen war, hatte bereits 1869 Juden als einen der vielen Stämme der Habsburgermonarchie begriffen und sie aufgefordert, ihre »Stammeseigenthümlichkeit« zu erhalten.[28] »Der jüdische Stamm«, urteilte 1870 die *Allgemeine Zeitung des Judenthums*, sei nach einer »achtzehnhundertjährigen unerhörten Verfolgung« dazu »ausersehen, in der neueren Zeit den Prüfstein für die Macht der Gewissensfreiheit und der Gleichberechtigung im modernen Staate abzugeben«.[29]

Sogar ein selbst erklärter »reichstreuer Deutscher jüdischer Confession« forderte 1887 in der *Israelitischen Wochenschrift* Juden auf, sie sollten aus »Pietät für seine Religion und seinem Stamm« den Antisemitismus bekämpfen.[30] Gegen die Propheten des baldigen Untergangs des deutschen Judentums wiederum argumentierte Nathan Samter 1900, der »heilige Stamm« der Juden werde »stets seine Triebkraft bewahren«.[31] Im Vorwort der zionistischen Zeitschrift *Ost und West* hieß es ein Jahr später, die Publikation verstehe sich auch als ein Beitrag zur Bewahrung »unseres Stammes«.[32]

Vor allem die Vereine, die sich ab den 1880er Jahren als Teil der »organisatorischen Renaissance« gründeten, griffen auf die Stammessemantik zurück. Um die zunehmenden innerjüdischen Konflikte überwölben zu können, verstanden sie sich bewusst als »neutral« in religiöser und politischer Hinsicht. Das gemeinschaftsstiftende Moment war nun nicht mehr die Religion, sondern die Abstammung. Besonders deutlich war dies im Falle des im Februar 1919 gegründeten Reichsbundes Jüdischer Frontsoldaten, dem Mitte der zwanziger Jahre etwa 30 000 bis 40 000 Mitglieder angehörten und der damit hinter dem Central-Verein die zweitgrößte Vereinigung deutscher Juden in den zwanziger Jahren war. Da das Statut den Reichsbund zur Neutralität in politischen und religiösen Fragen verpflichtete, stand er Zionisten und Antizionisten sowie Angehörigen aller religiösen Strömungen offen. Um diese Gegensätze zu überbrücken, verstanden Vorstandsmitglieder wie etwa Berthold Hirschfeld Juden als einen »Stamm« und der Vorsitzende Leo Löwenstein sprach die Mitglieder zwar gewöhnlich als »Kameraden«, manchmal aber auch als seine »Glaubens- und Stammesgenossen« an.[33]

Der Begriff des Stammes war für die deutschen Juden attraktiv, weil er auch in der allgemeinen politischen Sprache für eine Eigenart stand, die sich zwar nicht religiös begründete, aber dennoch als legitimer Ausdruck von Verschiedenheit galt.[34] Seit dem letzten Drittel des 19. Jahrhunderts begannen auch prominente nichtjüdische Intellektuelle, Juden als einen Teil der deutschen Stammesvielfalt zu verstehen. Diese Vorstellung von Pluralität stand im Gegensatz zu einer älteren Tradition, die Vielheit vor allem als das Nebeneinander von landesherrlichen Dynastien und fragiler Reichseinheit gedacht hatte. Die liberale, antidynastische Traditionslinie kulminierte in der Präambel der Weimarer Reichsverfassung von 1919. Hatten in der alten Reichsverfassung von 1871 die deutschen Fürsten »einen ewigen Bund« geschlossen, hieß es in der demokratischen Konstitution, »das deutsche Volk, einig in seinen Stämmen«, gebe sich »diese Verfassung«.[35]

Während sich die jüdische Identität im 19. Jahrhundert zunächst pluralisierte und säkularisierte, um sich gegen die Jahrhundertwende zu ethnisieren, entwickelten sich katholische Gemeinschaftsvorstellungen in eine andere Richtung. An die Stelle der Aufklärungstheologie des späten 18. Jahrhunderts trat nach 1815 zunehmend ein dogmatisches Verständnis der Religion, dessen Bindekraft umso stärker wurde, je mehr sich der Ultramontanismus durchsetzte und die deutschen Katholiken Orientierung und Schutz in Rom suchten. Hierfür stehen der antiliberale und antimoderne *Syllabus errorum* von 1864, das päpstliche Unfehlbarkeitsdogma von 1870, die unbestrittene Autorität und die erfolgreiche Hierarchisierung des Klerus – Max Weber sprach von »Kaplanokratie«[36] – sowie das Ausgrenzen der innerkatholischen Opposition. Die katholische Kirche tendierte zunehmend dazu, sich gegenüber der modernen Welt zu isolieren. Gegen wissenschaftliche Erkenntnis und die Historisierung der Religion, gegen die Freiheit und Pluralität der Meinungen setzte sie auf volksfrommes Brauchtum und ultramontane Gewissheiten. Gelebte Frömmigkeit, wie sie sich in der Messe, Andacht und Beichte, beim Rosenkranzbeten, auf der Wallfahrt sowie im Papst-, Marien- und Herz-Jesu-Kult äußerte, förderte ein geschlossenes katholisches Selbst- und Weltverständnis, das weitreichende Integrationskraft entfaltete: Zwischen sechzig und neunzig Prozent aller nominellen Katholiken waren im Kaiserreich in das kirchliche Leben eingebunden.[37]

Anders als die Katholiken verband die deutschen Juden keine einheitliche Mentalität. Stattdessen mischten sich verschiedene heterogene Elemente: die hohe Wertschätzung des neuhumanistischen Bildungsideals, ein neues Geschichts- und Traditionsbewusstsein und Reste der Religiosität. Anders als ihre katholischen Mitbürger, die sich auf ein großes gemeinsames Thema beriefen, den ultramontanen Katholizismus, konnte diese heterogene Mengung zwar situative Ethnizität, aber nicht die Bindekraft stiften, die zur Milieubildung unverzichtbar gewesen wäre.

Eine vereinselige Zeit

Der Zusammenhalt der deutschen Juden beruhte ganz wesentlich auf dem jüdischen Vereinswesen. Das lange 19. Jahrhundert war eine vereinselige Zeit. Eine Variante des Vereinsfiebers bildete das jüdische Vereinswesen, dessen Blütezeit in das Kaiserreich fiel.[38] Um

1900 gab es in Deutschland ungefähr 5000 jüdische Vereine, von denen über drei Viertel erst nach 1850 gegründet worden waren.[39] Darunter waren Wohltätigkeits-, Bildungs-, Turn- und Jugendvereine sowie politische Vereine und ein jüdisches Logenwesen. Die größte jüdische Vereinigung in Deutschland war der 1893 gegründete, selbstbewusst für jüdische Gleichberechtigung streitende Central-Verein deutscher Staatsbürger jüdischen Glaubens, der bereits 1903 über 100 000 Mitglieder hatte und 1916 200 000 Mitglieder zählte, sodass jeder dritte deutsche Jude Mitglied war. Ähnlich erfolgreich war auch der Jüdische Frauenbund, dem 1914, als er gerade zehn Jahre alt war, schon jede siebte deutsche Jüdin beigetreten war.[40] Oft hingen ethnische Identität und geselliges Vereinsleben eng zusammen. Im Jahresbericht des Israelitischen Gemeinschaftsheims in Hamburg, einem Sammelpunkt im jüdischen Vereinsleben der Stadt, hieß es 1907, das Haus sei eine »Stütze unseres Stammesbewußtseins«.[41] Besonders vital war das jüdische Vereinswesen auf der städtischen Ebene. In Breslau existierten um die Jahrhundertwende bei einer jüdischen Bevölkerung von knapp 20 000 über 50 jüdische Vereine.[42] Der größte jüdische Verein der Stadt war die Israelitische Krankenverpflegungs-Anstalt und Beerdigungsgesellschaft, die um 1910 circa 2500 Mitglieder zählte. Hier fanden sich Mitglieder aller jüdischen Strömungen zusammen und unterstützten verschiedene jüdische Wohlfahrtseinrichtungen mit ihren Beiträgen und Spenden. Sie finanzierten nicht nur die laufenden Kosten des jüdischen Krankenhauses der Stadt, sondern sammelten nach der Jahrhundertwende über zwei Millionen Reichsmark, um den Neubau eines der größten und modernsten jüdischen Krankenhäuser in Deutschland ausschließlich aus Spenden zu finanzieren.[43]

Die Geschlossenheit des jüdischen Vereinswesens darf man jedoch nicht überschätzen. Viele Mitglieder waren zugleich auch in nichtjüdischen Vereinen aktiv, solange sie ihre nichtjüdischen Mitbürger nicht daran hinderten. Sie gehörten Frauen-, Schützen- und Turnvereinen, den Kunst-, Krieger- oder Kolonialvereinen sowie den Konsumvereinen an, manche waren als Freimaurer und andere in Berufs- und Standesverbänden aktiv.[44] Typisch sind Siegismund Asch, Wilhelm Salomon Freund und Adolf Heilberg. Der Arzt und

Politiker Siegismund Asch (1825 – 1901) gehörte lange Zeit dem Vorstand des Wahlvereins der Freisinnigen Volkspartei, dem Verein gegen die Verarmung und Bettelei sowie dem Humboldt-Verein für Volksbildung an und saß dem Verein der Breslauer Ärzte und der medizinischen Sektion der Schlesischen Gesellschaft für vaterländische Kultur vor.[45] Der Rechtsanwalt Wilhelm Salomon Freund (1831 – 1915) war Mitglied in der Israelitischen Beerdigungsgesellschaft (*Chewra Kadischa*) und Vorsitzender des Repräsentantenkollegiums der Synagogengemeinde, zugleich ab 1884 Vorsitzender der Anwaltskammer, Mitglied des Humboldt-Vereins für Volksbildung und des Vereins für Geschichte und Alterthums Schlesiens, von 1871 bis 1914 liberaler Stadtverordneter, ab 1887 Stadtverordneten-Vorsteher und von 1879 bis 1881 als Abgeordneter für den Freisinn im Reichstag sowie von 1876 bis 1879 im Preußischen Landtag.[46] Adolf Heilberg (1858 – 1936) schließlich, wie Freund Rechtsanwalt in Breslau, unterstützte nicht nur den liberalen Wahlverein in der jüdischen Gemeinde und die *Chewra Kadischa*, sondern war zugleich eine der Führungsfiguren des Liberalismus in Breslau, im Vorstand der Anwaltskammer sowie der Deutschen Friedensgesellschaft, Mitglied im Riesengebirgs- und im Alpenverein und in der Volksbildungsbewegung tätig.[47] Die Ausnahmen bildeten Stimmen, die wie manche orthodoxe Rabbiner im Falle der Freimaurer vor der Mitgliedschaft in nichtjüdischen Vereinen warnten.[48] Aus jüdischer Sicht war es meist unproblematisch, sich sowohl in jüdischen als auch in nichtjüdischen Vereinen zu bewegen, da die ethnische Identität vieler Juden pluralistisch angelegt war.

Anders als bei den deutschen Katholiken kam es während des Kaiserreichs zu keinem Zusammenschluss des heterogenen jüdischen Vereins- und Organisationswesens auf Reichsebene, der die verschiedenen Strömungen verbindlich hätte koordinieren können. Alle Anläufe, einen zentralen Dachverband aller jüdischen Organisationen zu gründen, schlugen fehl. Der Deutsche Israelitische Gemeindebund blieb ein loser Zusammenschluss der lokalen jüdischen Gemeinden, der ausdrücklich darauf verzichtete, Fragen des Kultus, des Ritus und der Politik zu erörtern. Auch der Vorschlag, einen dem Katholikentag vergleichbaren »Judentag« oder ein jüdisches »Zentrum« zu gründen, scheiterte bereits in seinen Anfängen. Die Konflikte zwischen Orthodoxen und Reformierten, nach der Jahrhundertwende zunehmend auch zwischen Zionisten und Antizionisten, waren ebenso wenig zu überwinden wie der Unwille der lokalen Organisationen, Kompetenzen abzutreten, und das Desinteresse weiter Teile der deutschen Juden an einer zentralen Organisation.[49]

Auch für das katholische Milieu bildete das Vereinswesen eine wichtige Säule. Der Katholizismus im Kaiserreich war ein »Vereins- und Verbandskatholizismus« (Thomas Nipperdey). Es gab unzählige katholische Vereine für kirchliche Zwecke, wohltätige Vereine, katholische Berufs- und Ständeorganisationen, Gewerkschaften und Arbeitervereine. 1890 entstand mit dem Volksverein für das katholische Deutschland, dem um 1910 gut 800 000 Gläubige angehörten, eine schlagkräftige Massenorganisation – nur die Gewerkschaften und Konsumgenossenschaften im Umfeld der Sozialistischen Arbeiterpartei Deutschlands, seit 1890 umbenannt zur Sozialdemokratischen Partei Deutschlands, zählten mehr Mitglieder. Daneben existierte mit dem jährlichen Katholikentag eine Dachorganisation für das engmaschige Netz von konfessionell und religiös ausgerichteten Vereinen, denen oftmals katholische Priester vorstanden.[50]

Das Netz der katholischen Vereine verlangte seinen Mitgliedern eine weitreichende Loyalität ab. Anders als im Falle der deutschen Juden war es für Katholiken unüblich, in nichtkatholischen Vereinen aktiv zu sein. Gefordert waren Einheit und Geschlossenheit. Die Mitgliedschaft eines Katholiken in einer Freimaurerloge führte zur Exkommunikation. Eine scharfe Grenze trennte die katholische und die sozialdemokratische Arbeiterbewegung; eine Doppelmitgliedschaft sei, so der Mainzer Bischof von Ketteler, ausgeschlossen. Während des Kulturkampfs konnte Mitglied im katholischen Kriegerverein in Bonn nur werden, wer andere Kriegervereine mied. Die *Katholische Lehrerzeitung* bestand darauf, dass die katholischen Lehrer den paritätischen Lehrerverein verlassen sollten. »Gehe den Religionsspöttern und Glaubenszweiflern, wo du nur kannst, immer aus dem Weg«, mahnte der paternalistische Gesellenverein Kolpings in den 1870er Jahren seine Mitglieder.[51] Gewiss, die ständige Wiederholung lässt daran zweifeln, ob sich alle Katholiken an die Vorgaben hielten. Dennoch wird deutlich, dass sich das katholische Milieu durch gezielte »Konzentration und Segregation der Sozialkontakte« schärfer und verbindlicher als das deutsche Judentum abgrenzte.[52]

Die Macht der Presse und der Propaganda

Die für die situative Ethnizität typische Gleichzeitigkeit von Geschlossenheit und Offenheit, die die Gruppe der deutschen Juden kennzeichnete, zeigte sich auch in ihren Lesegewohnheiten. Sie trugen ein breites Netz jüdischer Zeitungen und populärer Literatur, aber zugleich lasen sie auch die nichtjüdische Presse und nahmen am allgemeinen Literaturbetrieb teil. Eine bunte jüdische Publizistik diente der Selbstverständigung, der Selbstdarstellung, der Identitätsfindung, der Abwehr des Antisemitismus und der Information.[53] Ab Mitte des 19. Jahrhunderts expandierte der jüdische Zeitschriftenmarkt; die Presse avancierte zur »Erweckerin des Bewußtseins des Judenthums«.[54] Zu nennen sind hier die großen jüdischen Wochenzeitschriften, die bei einer Auflagenhöhe von ungefähr 3000 Exemplaren ihre Leserschaft im gesamten Reichsgebiet fanden: die *Allgemeine Zeitung des Judenthums* (1837–1922), die der Reformbewegung nahestand, der neoorthodoxe *Israelit* (1860–1938) und die orthodoxe *Jüdische Presse* (1870–1938). Keiner Richtung zuordnen lässt sich das *Israelitische Familienblatt* (1898–1938), eine kommerzielle Unterhaltungszeitschrift, die mit gut 12 000 Exemplaren die höchste Auflage erzielte. Zudem veröffentlichten die großen jüdischen Vereine ihre eigenen Organe: der Central-Verein deutscher Staatsbürger jüdischen Glaubens die Zeitschrift *Im deutschen Reich* (1895–1922) und die Zionisten die *Israelitische Rundschau* (1895–1938, ab 1902: *Jüdische Rundschau*). Daneben existierten Gemeindezeitungen und viele kleinerer Zeitungen, die auf den regionalen Markt zielten, wie das *Jüdische Volksblatt* (1896–1937). »In den letzten Jahren ist die jüdische Presse innerhalb der jüdischen Bevölkerung«, resümierte die Wochenschrift aus Breslau 1911, »ein ebenso großer Machtfaktor geworden, wie die nichtjüdische Presse in der allgemeinen Öffentlichkeit.«[55]

Das jüdische »Pressefieber« (Shulamit Volkov) darf jedoch nicht darüber hinwegtäuschen, dass deutsche Juden sich vor allem in der allgemeinen Presse informierten. Anders als in den Vereinigten Staaten von Amerika und anders als im katholischen Milieu gab es im Kaiserreich keine einzige jüdische Tageszeitung. Waren etwa die *Germania*, die *Kölnische Volkszeitung*, der *Trierische Volksfreund* oder die *Schlesische Volkszeitung* Leib- und Seelenblatt der deutschen Katholiken, waren das aus jüdischer Sicht die großen liberalen Zeitungen wie die *Frankfurter Zeitung*, das *Berliner Tageblatt*, die *Vossische Zeitung* oder die *Gartenlaube*.[56] In der Odermetropole lasen jüdische Familien, wie das *Jüdische Volksblatt* 1898 kommentierte, »aus Gewohnheit« die liberale *Breslauer Zeitung*; im Hause des Berliner Rabbiners Wilhelm Klemperer bezog man die »Tante Voß« und das *Berliner Tageblatt*.[57] Die lokalen Korrespondenten der jüdischen Wochenzeitungen gewannen ihre Informationen aus der liberalen Tagespresse vor Ort. Selbst die Neoorthodoxie kannte keine Berührungsängste gegenüber den großen Zeitungen. Der *Israelit* wetterte zwar gegen die unjüdische Presse, meinte damit aber nicht die liberalen Tageszeitungen, sondern die reformorientierte innerjüdische Konkurrenz.[58] Als schlechte Presse galt aus jüdischer Sicht nur die antisemitische Publizistik.

Das katholische Milieu dagegen hielt ein engmaschiges Netz aus Tagespresse, Wochen- und Monatszeitschriften sowie von vielfältiger Traktat- und Erbauungsliteratur zusammen. Die Kirche versuchte, die Milieupresse klerikal zu steuern, und verdammte die Lektüre einer nichtkatholischen Zeitung als Sünde.[59] Die »gute«, also die katholische Presse sollte ein verbindliches Weltbild vermitteln und stabilisieren, während die Distanz zur nichtkatholischen Presse darauf zielte, alternative Deutungen der Wirklichkeit von den Gläubigen fernzuhalten. Das *Verzeichnis geeigneter Bücher und Bühnenstücke für katholische Vereinsbibliotheken* von 1893 empfahl ausschließlich katholische und apologetische Literatur. Ketteler sah nach den »Büchern und Zeitschriften« seiner Geistlichen und war bemüht, »jeden Nachklang einer freieren Geistesart« aufzuspüren.[60] Die Priester wiederum versuchten, offen und verdeckt zu ermitteln, welche Zeitung Laien lasen, um sie vor dem Einfluss der »kirchenfeindlichen Presse« zu bewahren.

Schulgeschichten und Bildungserwerb

Dass die deutschen Juden kein abgeschlossenes Sozialmilieu, sondern eine offene ethnische Gruppe bildeten, zeigt sich auch in ihrem Bildungsverhalten. Die jüdischen Schüler und Schülerinnen besuchten ab 1850 mehrheitlich und im Kaiserreich fast ausschließlich nichtjüdische, meist christliche Schulen. Zwar gab es auch ein jüdisches Schulwesen, aber es war für die Schul- und Bildungserfahrungen der deutschen Juden unbedeutender als das allgemeine. Von allen jüdischen Schülern in Preußen besuchten 1886 nur etwa zwanzig Prozent, 1896 nur vierzehn Prozent und 1911 nur sechzehn Prozent eine jüdische Schule.[61] Selbst in Hamburg, der Großstadt, die neben Frankfurt das größte jüdische Schulwesen aufwies, waren noch nicht einmal vierzig Prozent aller jüdischen Schulkinder in einer jüdischen Schule.[62] In Berlin, wo um die Jahrhundertwende bereits knapp fünfzehn Prozent aller deutschen Juden lebten, besuchten 1897 knapp neun Prozent der jüdischen Schüler und 1906 knapp acht Prozent der jüdischen Schülerinnen eine jüdische Volksschule.[63] Breslaus jüdische Schüler waren ab 1874 ausnahmslos in allgemeinen Schulen.[64]

Obwohl jüdische Eltern im Kaiserreich ihre Kinder in der Regel auf staatliche oder kommunale Schulen schickten, gab es jüdische Stimmen, die parallel zu den evangelischen und katholischen Volksschulen auch jüdische Schulen forderten. Die Simultanschule, die Juden meist unterstützten, hatte sich im Kaiserreich nicht durchsetzen können.[65] Stattdessen blieben konfessionelle Schulen die Regel, an denen jüdische Lehrer und Lehrerinnen kaum hoffen konnten, eingestellt zu werden. Zudem verstärkte der protestantische oder katholische Charakter der Volksschule die Rolle der jüdischen Schüler und Schülerinnen als Außenseiter.[66] Die Forderung nach einer jüdischen Volksschule war die Antwort auf die Enttäuschung über die für alle sichtbare Diskriminierung von jüdischen Schulkindern und Lehrern. Selbst das oft für partikulare jüdische Interessen eintretende *Jüdische Volksblatt* bejahte prinzipiell ein allgemeines Schulwesen; nur »da nun den Breslauer Schulen der konfessionelle Charakter aufgeprägt ist, so haben wir auf Grund dieses Systems zu verlangen, daß auch der jüdischen Bevölkerung ihr Recht« in Form einer jüdischen Volksschule gewährt würde.[67] Aber selbst dieses Argument überzeugte nur wenige: Die Repräsentantenversammlung der jüdischen Gemeinde in Breslau lehnte die jüdische Volksschule mit großer Mehrheit als »Ghetto-Schule« ab, welche die »Eltern vermieden wissen wollen«, und hielt in Theorie und Praxis am simultanen Schulwesen fest.[68]

Die Katholiken dagegen bekämpften das interkonfessionelle pluralistische Schulsystem, lehnten das verweltlichte Gymnasium ab und stritten für die konfessionelle Segmentierung im Schulwesen.[69] Die Schule, so eine einflussreiche katholische Stimme 1881, müsse sich von der katholischen Kirche »befruchten und leiten« lassen.[70] Die Simultanschule galt deshalb der katholischen Kritik als »Zwangs-Anstalt für einen völlig unzeitgemäßen, alle wahre Humanität und Toleranz in Fesseln schlagenden Anticonfessionalismus«.[71] Besonders das Gymnasium war wegen seines »schlechten, liberalen, religionsfeindlichen Geistes« Ziel der katholischen Kritik.[72] Als die »völlige Entchristlichung der Volksschulen Breslaus« verurteilte das angesehene Zentrumsblatt *Schlesische Volkszeitung* 1910 die Einstellung von vier jüdischen Lehrern, schließlich sei »der Jude der geborene Todfeind der christlichen Erziehung«.[73] Wenn jüdische Kinder eine katholische Schule besuchten, galt das als ein »Eindringen des jüdischen Elements in die Erziehung der christlichen Jugend«, um »den Christenkindern ihren modern-jüdischen, d.h. ungläubigen Geist einzuhauchen«.[74] Das katholische Milieu tendierte deshalb dazu, möglichst viele Schüler an ein Bildungswesen zu binden, dessen katholische Prägung zu wahren war.

Im Kaiserreich durchlief fast die gesamte katholische Schülerschaft katholische Bildungsinstitutionen. Etwa neunzig Prozent aller katholischen Volksschüler und Volksschülerinnen in Preußen gingen 1886 wie auch 1911 auf eine katholische und nur fünf bzw. sieben Prozent eine paritätische oder simultane Volksschule. Unter 18197 katholischen Volksschülern in Köln gab es 1886 nur 241, die keine katholische Volksschule besuchten, 1906 waren es nur noch acht von 47975 katholischen Volksschülern. Selbst in Berlin, wo die Katholiken eine kleine Minderheit bildeten, gingen 1886 lediglich neun Prozent und 1911 nur fünf Prozent der katholischen Volksschüler auf eine nichtkatholische Volksschule.[75] Im gymnasialen Bereich war es kaum anders. In Breslau besuchten in den 1870er Jahren vier von fünf katholischen Gymnasiasten das katholische Matthias-Gymnasium und mieden so die vier anderen Gymnasien der Stadt, um 1900 waren es immerhin noch drei von vieren.[76]

Parteipolitik und Wahlverhalten

Schließlich entwickelten die deutschen Juden nicht das für ein sozialmoralisches Milieu typische Merkmal der politischen Partei. Es ist ebenso banal wie wichtig, dass es kein jüdisches Zentrum gab. Juden haben sich zwar wie kaum eine andere Gruppe der Bevölkerung am politischen Leben in Deutschland beteiligt, aber sie betrieben meist keine jüdische, sondern allgemeine Politik.

Zweifellos gab es eine jüdische Affinität gegenüber dem Liberalismus und vor allem den festen Glauben an eine »natürliche Weggemeinschaft der Juden mit den deutschen Liberalen«.[77] In der Frühphase des Kaiserreichs unterstützten um die neunzig Prozent der jüdischen Wähler eine liberale Partei.[78] Später entfielen immerhin fünfundsiebzig bis fünfundachtzig Prozent der jüdischen Stimmen im wilhelminischen Deutschland auf die liberalen, meist auf die linksliberalen Parteien. Die jüdische Unterstützung für den Liberalismus war jedoch keine »symbolisch dramatisierte Moralgrenze«, sondern erklärt sich dadurch, dass Juden, die oft dem Bürgertum angehörten, sich meist für eine bürgerliche Partei entschieden, sofern diese nicht offen oder unterschwellig antisemitisch war wie etwa die Konservativen oder regionale Strömungen des Zentrums.[79]

Obwohl fast alle jüdischen Wähler liberale Parteien unterstützten, darf das antisemitische Stereotyp des »verjudeten Freisinns« nicht darüber hinwegtäuschen, dass Juden im Liberalismus zwar überrepräsentiert waren, aber zu keiner Zeit und an keinem Ort die Mehrheit stellten. Der Liberalismus war vor allem protestantisch geprägt.[80] Zwischen fünfundsiebzig und fünfundneunzig Prozent aller linksliberalen und knapp neunzig bzw. sogar knapp einhundert Prozent der nationalliberalen preußischen Landtagsabgeordneten waren protestantisch, zeitweilig gab es in den liberalen Landtagsfraktionen keinen einzigen jüdischen Abgeordneten.[81] Um die Jahrhundertwende entschieden sich zwar sechzig Prozent der jüdischen Wähler für linksliberale Parteien, stellten jedoch nur knapp zehn Prozent aller linksliberalen Wähler.[82] Selbst in Breslau, wo im Kaiserreich der Anteil der jüdischen Bevölkerung mit fünf bis sechs Prozent vergleichsweise hoch war, bildeten Juden je nach Jahr nur eine zwanzig bis vierzig Prozent umfassende Minderheit im liberalen Lager.[83]

Auch war die jüdisch-liberale Weggemeinschaft nie frei von Spannungen. Bitter aus jüdischer Sicht war die verdeckte oder offene Unterstützung für antisemitische Kandidaten durch Nationalliberale. Ein bekannter jüdischer Witz verspottete den Nationalliberalen als einen »Mann, was wechselt seine Überzeugung wie seine Wäsch' alle Quartal«. Bei Stichwahlen, in denen Sozialdemokraten gegen antisemitische Kandidaten antraten, entschieden sich die liberalen Parteien zum Entsetzen der jüdischen Öffentlichkeit wiederholt für den Antisemiten. Der Kampf gegen die Sozialdemokratie war manchen Liberalen wichtiger als der gegen den Antisemitismus. Nach den Wahlen von 1907 ließ ein Sprecher des Central-Vereins deutscher Staatsbürger jüdischen Glaubens seiner Enttäuschung hierüber freien Lauf: »Die Antisemiten sind zum größten Teil auf den Krücken der linksstehenden Parteien in den Reichstag eingezogen.«[84] Dass die Nationalliberalen mit antisemitischen Lobbygruppen wie dem Bund der Landwirte und den Alldeutschen zusammenarbeiteten, konnte jüdische Sorgen kaum beruhigen.[85]

Gab es also eine »jüdische Partei« nur als ein antisemitisches Schreckbild, existierte mit dem Zentrum eine dezidiert politische Organisationsform der katholischen Bewegung. Dem Zentrum gelang es, im Kaiserreich die große Mehrzahl der katholischen Wähler an sich zu binden, auch wenn der Anteil der das Zentrum wählenden Katholiken von achtzig bis neunzig Prozent in den 1870er Jahren auf etwa fündundfünfzig Prozent am Ende des Kaiserreichs sank.[86] Angesichts der sozialen Heterogenität der katholischen Bevölkerung waren das erstaunliche Wahlerfolge. Sie beruhten auf der engen Anbindung des Zentrums an das katholische Milieu, die Vereine, die Presse und den Klerus. Besonders bis 1900 entwickelte das Zentrum in den Kerngebieten des katholischen Milieus eine »unglaubliche politische Mobilisierungskraft«. Die Bindekraft des katholischen Milieus hinderte die katholischen Wähler erfolgreich, sich gegen das Zentrum zu entscheiden.[87]

Jüdische Kritiker, die im Kaiserreich ob der vermeintlichen innerjüdischen Zersplitterung verzweifelten, blickten neidvoll auf das katholische Milieu. Am katholischen Vereinswesen, am Zentrum und besonders am Katholikentag bewunderten sie die Geschlossenheit und den Zusammenhalt. Die *Jüdische Volkzeitung* aus Breslau empfahl im August 1913, sich »an den Erscheinungen des Katholikentages ein Muster [zu] nehmen«. Das Treffen in Metz hätte »der breiten Öffentlichkeit ein Bild unentwegten Zusammenhaltens« geboten und Juden könnten froh sein, »wenn wir in unseren Reihen auch nur annähernd das gleiche Zusammenklingen« erreichen.[88] Die Kritiker erkannten die Unterschiede zwischen dem katholischen Milieu und den deutschen Juden deutlich. Mit ihrer Forderung an die deutschen Juden, den Katholiken nachzustreben, aber waren sie in der Minderheit. Die Mehrzahl der deutschen Juden wollte kein geschlossenes jüdisches Sozialmilieu.

Juden schufen und bewahrten stattdessen in der zweiten Hälfte des 19. Jahrhunderts ihre Eigenart als ethnische Gruppe und nahmen zugleich politisch, kulturell und sozial am allgemeinen Leben teil. Das Nebeneinander von Geschlossenheit und Offenheit der jüdischen Gruppen- und Identitätsbildung lässt sich am besten als *situative Ethnizität* charakterisieren. Die geforderte Loyalität bezog sich auf den engeren Zusammenhang einer jüdischen Lebenswelt und schloss andere Identitäten keineswegs aus. Im Vergleich dazu war die Loyalität, die das sozialmoralische Milieu des Katholizismus forderte, eine umfassendere, die mehr Bereiche des Denkens und Handelns einschloss. Zugespitzt lässt sich sagen: Die deutschen Katholiken tendierten im Kaiserreich dazu, dem Ultramontanismus anzuhängen, einen nichtkatholischen Verein zu meiden, nur die katholische Presse zu lesen, ihre Kinder auf die katholische Schule zu schicken und schließlich das Zentrum zu wählen. Juden dagegen neigten mehrheitlich dazu, das aufklärerische Bildungskonzept sowie ein positives Verständnis von jüdischer Tradition und Geschichte zu teilen, sich in jüdischen und nichtjüdischen Vereinen zu betätigen, zugleich die liberale Tagespresse und die jüdische Wochenpresse zu lesen, die Kinder in die nichtjüdische Schule zu schicken und liberal zu wählen. Von symbolisch dramatisierten Moralgrenzen gab es hier keine Spur.

5

Verrat, Schicksal oder Chance: Kontroversen über den Begriff der Assimilation

Dass Totgesagte länger leben, gilt auch für den Begriff der »Assimilation«. Obwohl sich in der Historiografie zur Geschichte der deutschen Juden schon vor Jahrzehnten die Überzeugung durchgesetzt hatte, dass der Begriff kaum noch ergiebig sei, hat er sich als erstaunlich langlebig erwiesen. Auf einer Tagung zur deutsch-jüdischen Geschichte notierte David Sorkin 1987 ein »spürbares und zunehmendes Unbehagen mit dem Konzept«. Es sei kaum ratsam, den Begriff der Assimilation neu zu bestimmen, um ihn für die wissenschaftliche Analyse zu retten. Stattdessen plädierte Sorkin dafür, auf Konzepte zurückzugreifen, die »zugleich weniger belastet und präziser« sind, wie etwa das der Integration oder der Akkulturation, der Verbürgerlichung oder der Subkultur.[1] Ähnlich argumentierte Christhard Hoffmann in einem frühen Versuch, die Geschichte des Leo Baeck Instituts zu deuten. Die Kontroversen über »das Problem der Assimilation« in den ersten anderthalb Dekaden des Instituts sah er als Ausdruck der »Dominanz einer moralisierenden Geschichtsbetrachtung«, die seit den frühen siebziger Jahren an Überzeugungskraft zu verlieren schien.[2] An der pejorativen Konnotation des Begriffs hat weder der wachsende Einfluss sozialhistorischer Ansätze noch der Aufstieg der Frauen- und Geschlechtergeschichte etwas geändert. Auch die wegweisenden Arbeiten von Marion Kaplan blieben einem negativen Verständnis von Assimilation verpflichtet. So betonte die Historikerin, dass Frauen standhafter als ihre Männer gegenüber den Verlockungen der Assimilation blieben und jüdische Traditionen eher wahrten.[3]

Assimilation wird in der Regel nicht als ein analytisches Konzept, sondern als ein Kampfbegriff verwendet. Er gewann seine polemische Qualität in den Debatten der Emanzipationszeit, die um die Frage kreisten, ob (und wenn ja wie weit) Jüdinnen und Juden als Gegenleistung für ihre staatsbürgerliche Gleichberechtigung auf ein Recht auf Verschiedenheit verzichten sollten. Aufgehoben sind in dem Begriff zudem Spuren der Kontroversen zwischen Zionisten und Antizionisten sowie zwischen religiösen Reformern und Orthodoxen über die Frage, welche Form des jüdischen Selbstverständnisses zeitgemäß sei.[4]

Eine Beschäftigung mit der Frage der Assimilation sollte darauf verzichten, ein von historischem und ideologischem Ballast gereinigtes Verständnis entwickeln zu wollen. Macht man die Geschichtlichkeit des Begriffs zum Ausgangspunkt der Reflexion, wird sichtbar, welches Selbstverständnis und welche Zukunftserwartungen in den unterschiedlichen Begriffen von Assimilation zum Ausdruck kamen. Bereits 1931 argumentierte Selma Stern (1890–1981), dass er »nur subjektiv betrachtet und bewertet werden« könne, da sich in der Frage der Assimilation unterschiedliche Stellungen »zu Volk und Nation, zu Geist und Welt, zu Religion und Gott« niederschlügen.[5]

Verschüttete Traditionen: Die Debatte über den Begriff der Assimilation vor 1933

In den jüdischen Kontroversen des späten 19. und frühen 20. Jahrhunderts wurde der Begriff der Assimilation meist polemisch verwendet. Das zeigt sich etwa an der Kritik der Zionisten am »religiösliberalen Assimilationsjudentum« oder am »Assimilantentum« und den Antworten der Gegner.[6] Obwohl polemische Schärfe und nachdenkliche Reflexivität oft unvermittelt nebeneinanderstanden, lässt sich die

Geschichte des Assimilationsbegriffs nicht in einer schematischen Gegenüberstellung von Zionisten und Antizionisten oder Reformern und Orthodoxen erzählen.

Ein interessantes Beispiel sind die Überlegungen des Historikers und Altphilologen Eugen Täubler (1879–1953), der die Frage nach den Strukturprinzipien jüdischer Diasporageschichte aufwarf, nachdem er 1906 die Leitung des neu gegründeten Gesamtarchivs der deutschen Juden übernommen hatte.[7] Obwohl der aus Lissa in Posen stammende Täubler seit seiner Gymnasialzeit mit dem Zionismus sympathisierte, lehnte er 1911 in einer programmatischen Schrift die Vorstellung ab, man könne die Geschichte des Diasporajudentums anhand der Leitbegriffe »Staat« und »Volk« strukturieren, die sich in den europäischen Nationalhistoriografien im Laufe des 19. Jahrhunderts durchgesetzt hatten.[8] Statt jedoch die jüdische Diasporageschichte als ein Nebeneinander von Kirchen- und Geistesgeschichte bzw. als »Summe der Gemeindegeschichten« zu begreifen, plädierte Täubler dafür, diese anhand der Begriffe »Siedlung«, »Assimilation« und »Eigenart« zu schreiben.[9] Unter Assimilation verstand er dabei »alle Erscheinungsformen [...], welche der Prozess des Hineinwachsens des jüdischen Volkselements in den deutschen Volkskörper auf der jüdischen und der allgemeindeutschen Seite hervorgebracht hat«. Täubler unterschied zwei Dimensionen dieses »Verschmelzungsprozesses«: zum einen die politischen, rechtlichen und sozialen Beziehungen der Juden zu ihrer Umwelt (die heute meist als Probleme der Emanzipation und Integration erörtert werden), zum anderen den Wandel des jüdischen Selbstverständnisses.[10] Letztlich aber verstand Täubler Assimilation als Gegenbegriff zur jüdischen Identität. »Der Begriff der Eigenart steht zu dem Begriff der Assimilation im Verhältnis der Ergänzung«, er beginne, »wo diese endet[,] und umfaßt ausschließlich [...] die Geschichte der Religion und des religiösen Lebens, die Geschichte einzelner Wissenschaftszweige ganz oder zu Teilen, die Geschichte der jüdisch-politischen und gesellschaftlichen Ideen und Bewegungen und die Geschichte der jüdischen Organisationen«.[11]

Den Gegensatz von Assimilation und Eigenart versuchte ausgerechnet die kulturzionistische Monatsschrift *Ost und West* infrage zu stellen. Der anonyme Leitartikel vom Oktober 1904, der vermutlich aus der Feder des Herausgebers Leo Winz (1876–1952) stammt, kritisierte zunächst die Forderung an die Juden, sie sollten sich an ihre Umwelt assimilieren. Eine solche Forderung könne sich nicht an die Juden, sondern lediglich an deren Umwelt richten. Im deutschsprachigen Europa könne nur das »höhere Bürgertum« diese Aufgabe übernehmen. Selbst in Deutschland sei diese Klasse jedoch aufgrund ihrer antisemitischen Vorurteile nicht gewillt und aufgrund ihrer politischen Machtlosigkeit »zu schwach, um die Juden [...] ohne Rest zu assimilieren«. So bleibe die Assimilation »in ihrer bewußten und konsequenten Ausprägung, als soziales Programm in einem umfassenden Sinne betrachtet, ein leerer Schall«.[12]

Von diesem Verständnis der Assimilation, das sich an die Umwelt der Juden richtete, unterschied der Leitartikel eine Interpretation der Assimilation als einer jüdischen Aufgabe und als einer Quelle jüdischer Vitalität. Während die erste Deutung für das deutschsprachige Europa als ein utopisches Wolkenkuckucksheim abzulehnen sei, bilde die zweite Lesart »eine der wichtigsten Aufgaben des Judentums, eine Aufgabe, die es nie aufgehört zu erfüllen, und in deren Erfüllung sich sein Lebenstrieb am kräftigsten äußerte«. Statt sich entweder gegenüber der Umwelt abzuschließen oder sich dieser bedingungslos ein- und unterzuordnen, gelte es, »die der eigenen organischen Entwicklung adäquaten und förderlichen Ideen und Lebensformen, die draussen entstanden, in sich aufzunehmen, gemäß der eigenen Tradition und im Geiste der eigenen Lehre zu verarbeiten, umzugestalten, zu einem Teil des eigenen Ich umzuprägen: sie sich zu assimilieren«. Ein »gesunde[s], lebensfähige[s] und lebensfreudige[s]« Judentum werde »nicht an der Zerstörung und Vernichtung der eigenen Individualität arbeiten, sondern es wird diese mit dem Besten aus dem geistigen Gehalt der Epoche erfüllen«. Der »Fortschritt der Welt« beruhe keinesfalls darauf, »dass alle Völker und Stämme des Kulturkreises einander blindlings nachahmen, um einander ähnlich zu werden, damit schliesslich alle Volksindividualitäten in einen öden, gleichmäßigen, undifferenzierten Völkerbrei auflösen«. Unter »Fortschritt« verstand der Verfasser des Leitartikels, »dass jedes Volkstum unter

Wahrung seiner Eigenart an dem Ausbau der großen, weltbewegenden Ideen auf seine Weise mitarbeitet, und so dem Weltbild eine neue Nuance, dem Völkerchor einen neuen Ton hinzufügt«. Statt die Ideen des Zionismus und der Assimilation gegeneinander auszuspielen, müsse man erkennen, dass »das Verlangen nach nationaler Selbständigkeit, nach gesicherten Heimstätten auf eigenem Boden, von dem Millionen unseres Volkes beseelt sind«, belege, wie kreativ sich das Judentum des späten 19. und frühen 20. Jahrhunderts eine »moderne Idee« angeeignet habe, »wie sie die meisten Kulturvölker der Gegenwart beherrscht«.[13]

Das Motiv der schöpferischen Vermischung betonten auch führende Vertreter des Reformjudentums wie Leo Baeck. »Assimilation« definierte der liberale Rabbiner 1911 als den »Eintritt in die Kultur-, Rechts- und Arbeitsgemeinschaft, die geistige wie die materielle«. Sie sei ohne umfassende Gleichberechtigung undenkbar. »Diese dreifache Gemeinschaft, die die organische Verbindung der einzelnen im Staatsganzen bewirkt«, war für Baeck »heute durchaus interkonfessionell und unkonfessionell«. Daher setze die Assimilation auch ein allgemeines Recht, anders zu sein, voraus. »Vorzug und Wesen der modernen Kultur« sei es, dass »sie die Minderheiten zu schätzen weiß. Ihr Wert gründet sich auf den Wert des Willens zur Individualität, zur eigenen Persönlichkeit, dieses Willens, auch ein Andersdenkender zu sein.« Die Aufgabe gerade des Judentums sei es, »den Gedanken der Minorität und der Besonderheit, des Rechtes, ein Dissenter zu sein«, zu vertreten.[14]

Eine Analogie zur Unterscheidung zwischen der Assimilation als einer an die Juden gerichteten Forderung einerseits und als einer jüdischen Aufgabe andererseits formulierte ein weiterer prominenter Reformrabbiner Ende der zwanziger Jahre. »Es ist zu unterscheiden«, betonte Benno Jacob, »zwischen einer Assimilation im Akkusativ und im Dativ, ob ich mich oder mir assimiliere. Jene ist Selbstmord, diese nichts anderes als das Leben« selbst. »Alles Wachstum ist beständiges Assimilieren, Aufnehmen. So hat auch das Judentum jeder Zeit die seinem ursprünglichen Wesen gemäßen Elemente der Umwelt sich (sibi) ›assimiliert‹. Es ist die Aufgabe seiner Lehrer und Führer zu verhüten, daß es sich (se) assimiliere und auflöse, eine Gefahr, die allerdings inmitten einer Welt, die äußerlich so viel mächtiger und so verführerisch ist, beständig droht.«[15]

Pluralität im stillschweigenden Dissens: Die Verwendung des Assimilationsbegriffs von 1956 bis 1980

In der Historiografie zur Geschichte der deutschen Juden war der Begriff der Assimilation zugleich allgegenwärtig und marginal. In fast jedem Jahrbuch des Leo Baeck Instituts etwa taucht das Wort auf, in manchem Band zählt das Register über dreißig Einträge. Doch eine systematische Auseinandersetzung mit dem Konzept der Assimilation findet sich erst bei David Sorkin im *Year Book* von 1990.[16] Anders als bei der Untersuchung der selbstreflexiven Debatten aus der Zeit vor 1933 lässt sich die Verwendung des Begriffs im Umfeld des Leo Baeck Instituts also nicht anhand von programmatischen Texten analysieren. Es bietet sich vielmehr an, danach zu fragen, in welcher Form der Begriff Eingang in die Aufsätze des *Year Book* fand. In dieser Begrenzung liegt auch eine Chance. Programmatische Forderungen und historiografische Praxis fallen oft auseinander – eine Differenz, die in der Historiografiegeschichte gelegentlich vernachlässigt wird.

Der Verzicht auf programmatische Überlegungen zum Begriff der Assimilation sollte nicht als Hinweis darauf gedeutet werden, dass die Gründergeneration des Leo Baeck Instituts den theoretischen und geschichtspolitischen Gehalt des Begriffs übersehen oder gar unterschlagen habe. Im Gegenteil, gerade weil diese Gruppe jüdischer Emigranten die polemischen Kontroversen über den Begriff der Assimilation im ersten Drittel des 20. Jahrhunderts miterlebt, teilweise mitgestaltet hatte, befürchteten die Beteiligten, dass ein Streit über den historischen Stellenwert den mühsam gewonnenen Konsens gefährde. Zwar gab es Stimmen wie die von Hans Tramer (1905–1979), der die »geschichtliche Aufgabe« des Instituts darin sah, die »Geschichtsphilosophie der deutschen Emanzipationsepoche« zu revidieren, um neue kultur-, sozial- und ideengeschichtliche

Perspektiven auf den »Verschmelzungsprozeß« von europäischer und jüdischer Kultur zu ermöglichen.[17] Doch als Kurt Blumenfeld (1884–1963) im Mai 1955 vorschlug, die Frage nach dem Ausmaß und den Gefahren der Assimilation in den Mittelpunkt der Arbeit des Leo Baeck Instituts zu stellen, konnte er nicht einmal die anderen israelischen Mitglieder des Beirats für das Vorhaben gewinnen.[18]

Je taktvoller sie mit der Frage der Assimilation umgingen, desto eher konnten sich jüdische Emigranten aus unterschiedlichen religiösen und politischen Lagern zusammenschließen, die nun in drei verschiedenen Nationalstaaten und Wissenschaftskulturen lebten und forschten. Ungeachtet aller Unterschiede glaubte die Gründergeneration an die besondere Bedeutung der Geschichte des deutschen Judentums: So erklärte Tramer Deutschland zum »Geburtsland des modernen Judentums« und Blumenfeld glaubte, »nur in Deutschland« sei der »zionistische Versuch« unternommen worden, »die Assimilation durch Erkenntnis der Judenfrage zu überwinden«.[19] Das gemeinsame Ziel, die jüdische Geschichte als einen legitimen Gegenstand historischer Forschung zu etablieren, hatte aus Sicht der Gründergeneration Vorrang gegenüber einer potenziell konfliktträchtigen Debatte über den Assimilationsbegriff. Ungeachtet aller Meinungsverschiedenheit war man sich einig, dass »der Prozeß der Emanzipation und Assimilation der deutschen Juden« keinesfalls »von Anbeginn an ein Irrweg gewesen« sei, »der nur in Katastrophe und Untergang enden konnte« – wie der langjährige Direktor des New Yorker Leo Baeck Instituts Max Kreutzberger (1900–1978) rückblickend formulierte.[20]

Zwar entbrannte hinter den Kulissen gelegentlich Streit über diese Fragen, doch alle Parteien bemühten sich, solche Konflikte intern auszutragen. Kurt Blumenfelds Autobiografie *Erlebte Judenfrage*, in der er versuchte, das »Wesen des charakterlosen Assimilanten« zu sezieren, löste 1962 erhebliche Unruhe vor allem unter Mitgliedern des New Yorker Leo Baeck Instituts aus. In einer Reihe von Briefen kritisierte man sich wechselseitig scharf. Als jedoch die Frage im Raum stand, diese Korrespondenz zu veröffentlichen, waren sich alle Parteien einig, so Siegfried Moses (1887–1974), dass ein solcher Schritt das »stillschweigend geschlossene Übereinkommen« verletze, auf die »Austragung weltanschaulicher Gegensätze« zu verzichten.[21] Auch die mit der Debatte über die Assimilation eng zusammenhängende Frage, ob es eine Symbiose zwischen Deutschen und Juden gegeben habe, trug das Institut nicht offen aus, wie sich der langjährige Direktor des New Yorker Leo Baeck Instituts, Max Gruenewald, erinnerte.[22]

Dem Publikum fiel die taktvolle Zurückhaltung gegenüber den Kontroversen aus der Zeit vor 1933 auf. Michael Heymann, der spätere Direktor der Central Zionist Archives, vermisste im Jahre 1959 Überlegungen über die »deutsch-jüdische ›Unvereinbarkeit‹« und »einige offene Worte über den kurzlebigen Charakter vieler jüdischer Beiträge zum deutschen Leben«. Vor allem monierte er, dass die Beiträge im *Year Book* die Meinungsverschiedenheiten herunterspielten, »die früher unter Juden in Deutschland bestanden«. Um »der Wahrheit willen und als Lehre für die Nachwelt«, schloss Heymann, »sollten die gegensätzlichen Haltungen von orthodoxen und liberalen Juden, von Zionisten und ihren Gegnern klar abgegrenzt werden«.[23]

Angesichts dieses Konfliktpotenzials ist die liberale Haltung des Herausgebers des *Leo Baeck Institute Year Book* bemerkenswert. Das Neutralitätsgebot des Instituts, das Robert Weltsch (1891–1982) mit Blick auf religiöse Fragen formulierte, galt für ihn auch für politische Kontroversen. Als historische Forschungseinrichtung beziehe das Institut in den »religiöse Kontroversen« keine Stellung, »die das deutsche Judentum [...] im neunzehnten und frühen zwanzigsten Jahrhundert bewegten«. Stattdessen bemühe es sich, die Auseinandersetzungen als Teil der jüdischen Geschichte zu begreifen, ohne den Autoren das Recht abzusprechen, ihre »Ansichten und Wertemaßstäbe« auszudrücken.[24] Sofern die Autoren darauf verzichteten, die theoretischen und geschichtspolitischen Annahmen ihres Assimilationsbegriffs offenzulegen, sah Weltsch keinen Anlass, die Veröffentlichung der Texte zu verweigern oder diese redaktionell zu entschärfen. Stillschweigend einigte man sich, dass man sich nicht einig war. Da sich diese Liberalität zudem auf andere Themen erstreckte, konnte man von Anfang an auch Aufsätze über das heikle Thema der Konversion oder biografische Skizzen über prominente Apostaten wie Friedrich Julius Stahl oder Fritz Haber im *Year Book* finden.[25]

Assimilation als Verrat

Insgesamt lassen sich darin drei unterschiedliche Positionen ausmachen. Zunächst gab es eine entschieden zionistische Lesart, in der die *Assimilation als Verrat* am Judentum, als das Ergebnis einer fehlgeleiteten Interpretation jüdischer Diasporaexistenz im deutschsprachigen Europa erschien. Wer immer sich dem Zionismus verweigert hatte, galt den Anhängern dieser Position als das Opfer eines Verblendungszusammenhangs, kurz als »Assimilationist«; die Assimilation selbst verstanden sie als »schnellen Weg zur Selbstverleugnung«, um mit David Myers zu sprechen.[26] Die Beiträge, die sich der entschieden zionistischen Position zuordnen lassen, teilten die Grundannahme der sogenannten Jerusalem-School. Diese Historiker, mehrheitlich unterrichteten sie an der Hebräischen Universität, deuteten das Zeitalter der Emanzipation als eine »Krise der nationalen Kreativität« (Raphael Mahler) und als das Ende eines »Zersetzungsprozesses« (Jizchak Fritz Baer). Die Erfahrung des Holocaust habe, so Mahler, den Juden vor Augen geführt, dass das Projekt der Assimilation »einer vollkommenen Illusion gleichkam«. Der einzig »gangbare Weg« jüdischer Existenz in der Moderne sei »die Erneuerung einer umfassenden nationalen Kultur [...] innerhalb eines souveränen Territoriums«.[27]

Zwar wurden im Umfeld des Leo Baeck Instituts kaum Stimmen laut, die bewusst einer jüdischen Geschichtsschreibung das Wort redeten, welche die Existenz eines zionistischen Nationalstaates zu legitimieren suchte. Zionistisch argumentierende Beiträge verwandten jedoch demonstrativ den zeitgenössischen Kampfbegriff »Assimilationisten«. In seinem Aufsatz über die zionistische Studentenbewegung etwa charakterisierte Walter Gross 1959 die Mitglieder sowohl der paritätischen Freien wissenschaftlichen Vereinigung als auch des Kartell-Convents als typische Vertreter einer »assimilationistischen Tendenz«. Deshalb seien sie überzeugt gewesen, »dass es im Grunde genommen keine allgegenwärtige ›Judenfrage‹ gegeben habe, die über die Grenzen Deutschlands hinaus nach Abhilfe verlangt hätte«.[28] Besonders häufig verwandte Zosa Szajkowski (1911–1978) den Begriff des »Assimilationismus« in einer Reihe von

Aufsätzen, die der im polnischen Zaroby gebürtige und mit dem New Yorker YIVO-Institut verbundene Historiker Mitte der sechziger Jahre über die Geschichte der osteuropäischen Juden in den deutschen Besatzungsgebieten während des Ersten Weltkrieges für das *Year Book* verfasste. Die innerjüdischen Kontroversen über die Zukunft der osteuropäischen Juden interpretierte Szajkowski als Teil eines Konfliktes zwischen den »Assimilationsbefürwortern« und jenen, »die eine nationalistische Sichtweise vertraten«, also den Zionisten.[29] Selbst orthodoxe Rabbiner galten ihm als »Assimilationisten«, sofern diese wie Joseph Carlebach oder Leopold Rosenak dem Zionismus fernstanden.[30] Immer wieder betonte Szajkowski den Gegensatz zwischen dem »assimilationistischen« Hilfsverein der deutschen Juden und dem »Jüdisch-nationalistischen« Komitee für den Osten.[31] In Fußnoten zitierte er ausführlich die Kritiker der »Assimilationisten« wie etwa den Führer der »Poale Zion«, Leon Chasanowitsch, der im Dezember 1916 gegenüber Max Bodenheimer den Einfluss der »›Assimilantenkliquen‹« beklagte: »›Die Assimilanten aller Länder sind unter sich nicht nur politisch verschwägert, und sie arbeiten sich gegenseitig in die Hände. Man kann nicht einen [Jacob] Schiff kaltstellen, ohne das Prestige eines P. [Paul] Nathan untergraben zu haben.‹«[32]

Möglicherweise war sich Szajkowski bewusst, wie nahe er mit seiner Begrifflichkeit den zeitgenössischen Kontroversen stand. In einer beiläufigen und buchstäblich eingeklammerten Bemerkung nahm er mögliche Kritik vorweg: »(Der Begriff *Assimilation* wird hier so verwendet, wie er von den osteuropäischen Juden verwendet wurde, nämlich als eine Tendenz, die jüdische Sprache, Kultur, Tradition usw. durch die Sprache, Kultur und Tradition der nichtjüdischen Umgebung zu ersetzen; mit der Absicht, dass dies letztlich zum Aussterben der Juden als eigenständige ethnische Identität führen sollte).«[33] Dass diese Definition mit dem Fluchtpunkt der Auslöschung jüdischer Partikularität auch im osteuropäischen Kontext ungewöhnlich ist, kann man hier vernachlässigen. Aus Sicht des Herausgebers war entscheidend, dass Szajkowski sich nicht auf die deutschen, sondern auf die osteuropäischen Juden bezog, deren Identitätspolitik der Gründergeneration des Leo Baeck Instituts weniger am Herzen lag.

Assimilation als Schicksal

Zu nennen ist zweitens eine moderatere zionistische Lesart, die *Assimilation als Schicksal*, als unvermeidliche Entwicklung in der Geschichte des modernen Judentums interpretierte, gleichzeitig aber vor den Gefahren warnte, die in diesem Prozess für das Judentum liege. Vertreter dieser Position bemühten sich, die polemischen Debatten der Zeit vor 1933 zu historisieren, statt sie fortzuführen. Sicherlich galt auch hier die Assimilation als eine Verlustgeschichte, im Laufe derer es – wie Weltsch 1957 betonte – zu einem »schnellen Verfall des jüdischen Wissens« gekommen sei, »als der Reichtum der neu erworbenen Bildung dem jüdischen Individuum jegliches Interesse an jüdischer Religion und Kultur raubte«.[34] Für realitätsfremd hielt Weltsch jedoch jene, welche die Emanzipation und Assimilation der Juden, »ihren Eintritt in die moderne Welt«, als eine »Katastrophe« interpretierten, die um jeden Preis hätte vermieden werden müssen: »Es wäre quixotisch, den Lauf der Zeit aufhalten oder die Tür zur modernen Welt verschließen zu wollen. Die meisten Juden unserer Zeit sind davon überzeugt, dass sie durch die moderne Kultur unermesslich bereichert wurden und möchten sie nicht missen.«[35]

In einem Aufsatz, der im ersten Jahrgang des *Bulletin* erschien, begriff Sigmar Ginsburg, der bis zu seinem Tode dem Beirat des Jerusalemer Instituts angehörte, den »Assimilationsprozess« immer auch als »ein[en] *innerjüdische[n]* Prozeß der *Befreiung* von den gedanklichen, seelischen und gefühlsengen Fesseln der noch mittelalterlichen Form des gebundenen Lebens«. Obwohl diese Entwicklung »Unschönes, Unausgeglichenes, Absurdes zutage förderte«, sei sie »für die Befreiung der jüdischen Welt, für die Ermöglichung einer Weiterentwicklung notwendig« gewesen.[36] Aufschlussreich ist auch ein Beitrag von Georg Herlitz (1885–1968) aus dem Jahre 1964, in dem der pensionierte Gründungsdirektor der Central Zionist Archives an Isaak Markus Jost, Heinrich Graetz und Eugen Täubler als »jüdische Historiker« erinnerte. Er knüpfte sowohl an Täublers These, »dass die prägenden Elemente der jüdischen Geschichte wesentlich von nicht-jüdischen Faktoren beeinflusst wurden«, als auch an dessen Vorschlag an, das Konzept der Assimilation als einen der drei Leitbegriffe jüdischer Geschichtsschreibung zu verwenden. Assimilation, zitierte Herlitz Täubler ausführlich, sei nicht das Ergebnis gezielten oder gar ideologisch motivierten Handelns von Juden, sondern resultiere aus einem »unvermeidlichen und unwiderstehlichen Prozess«, nämlich dem »Umgang von Juden mit Nichtjuden auf wirtschaftlichem und anderen Gebieten«.[37]

Gerade bei Robert Weltsch scheint im Laufe der Jahre das Verständnis für marginale Formen jüdischer Identität zugenommen zu haben. Noch 1961 unterschied der Herausgeber des *Year Book* zwischen zwei gegensätzlichen Antworten auf die Herausforderung der Emanzipation: »Einerseits die, die den jüdischen Angelegenheiten den Rücken kehrten und versuchten, sich vollständig mit ihrer Umwelt zu vermischen, und andererseits jene, die bestrebt waren, das Judentum als ein prägendes Element im Leben zu erhalten und sogar wiederzubeleben«.[38] Ein Jahrzehnt später betonte Weltsch, dass im *Year Book* auch für Arbeiten über jene Juden Platz sein müsse, die, ohne ihre jüdische Herkunft zu verleugnen, ihrem Selbstverständnis nach »nichts als Deutsche« waren. Statt diese Gruppe zu verhöhnen, sei deren Geschichte als eine »herzzerreißende psychologische Tragödie« zu verstehen: »Hingezogen zur deutschen Kultur und an das Vaterland gebunden, dem sie uneingeschränkte Loyalität entgegenbrachten, [...] wurden sie nun abgelehnt und beleidigt.«[39]

Bereits zuvor hatte Weltsch die These entfaltet, dass gerade die Analyse von schwach ausgeprägten Formen jüdischer Identität während der Blütezeit der Assimilation auf die Orientierungsbedürfnisse des westlichen Diasporajudentums in der zweiten Hälfte des 20. Jahrhunderts antworte. »Die Ratlosigkeit des entfremdeten, aber dennoch emotional betroffenen Juden«, betonte Weltsch, führe zur »charakteristischen Suche nach ›jüdischer Identität‹, die in unseren Tagen häufig geäußert wird«. Statt das deutsche Judentum als einen Sonderfall zu begreifen, um vor den Gefahren der Assimilation zu warnen, müsse man deren Erfahrung als Teil eines der »auffälligsten Phänomene« in der Geschichte des 19. und. 20 Jahrhunderts begreifen, »die Entstehung des europäisierten, mehr oder weniger assimilierten Juden, der von der Außenwelt als Jude angesehen wird und sich seiner jüdischen Herkunft und seines Schicksals in seinem eigenen Leben und Denken mehr oder weniger bewusst ist«. Die Fragen, welche Generationen deutscher Juden umgetrieben hätten, seien die gleichen Fragen, »die heute in assimilierten westlichen Kreisen, die eine gewisse Loyalität zum Judentum aufrechterhalten wollen«, gestellt werden.[40]

Da die Assimilation ein unvermeidbares Schicksal darstellte, war – anders als es die zionistische Kritik am »Assimilationismus« suggerierte – nicht mehr offen, ob, sondern nur wie weit und auf welche Weise sich Juden assimilieren sollten. Heikel blieb die Frage, wo die Grenze zwischen einer notwendigen und einer zu weitreichenden Assimilation zu ziehen sei. Da auch hier ein taktvoller Umgang mit dem Thema geboten war, lassen sich eindeutige Antworten eher in unveröffentlichten Texten finden. Für alle, welche die rechtliche Gleichstellung der Juden bejahten, urteilte Max Kreutzberger im November 1961 in einem Schreiben an Hans Liebeschütz, bilde die Assimilation einen »objektiv notwendigen Prozeß«. Fragwürdig seien allein »Grenzüberschreitungen unzulässiger oder gar unwürdiger Art«, etwa dass »die deutschen Juden« angefangen hätten, »den Deutschen vorzuschreiben, wie sie ihre nationale Politik betreiben sollten«, oder als »sie ihr ›Jude-Sein‹ vergaßen und sich versteckten«.[41] Bei allen Unterschieden war aber den beiden erstgenannten Deutungen gemeinsam, dass sie die Assimilation als »Einbahnstraße«, als einen Prozess der kulturellen Angleichung begriffen, dessen Richtung außer Zweifel stand.[42] Beide Interpretationen gingen zudem davon aus, dass es sinnvoll und angemessen sei, von einer binären Gegenüberstellung zwischen Allgemeinem und Partikularem, Mehrheit und Minderheit, deutscher und jüdischer Kultur, »Assimilation« und »Eigenart« auszugehen.

Assimilation als Chance

Nur selten findet sich schließlich die dritte Position, die *Assimilation als Chance*. Hier wird Assimilation als Form des kreativen Handelns und Quelle für eine erneuerte Vitalität jüdischen Lebens begriffen, welche den Fortbestand jüdischer Kultur überhaupt erst ermöglicht.

Ein Beispiel für diese Lesart ist die provokante Perspektive, die der Kanzler des Jewish Theological Seminary, Gerson Cohen (1924–1991), 1966 eröffnet hatte. Statt sich in »Rückzug oder Versteinerung« zu flüchten, sollten Juden, »den Stier gleichsam bei den Hörnern packen und sich das unvermeidbare Vordringen der Assimilation als neue Quelle der Vitalität zunutze machen«. Laut Cohen waren die »großen Veränderungen und Entwicklungen, die die moderne jüdische Geschichte ausmachen und die das Los zahlloser Juden unendlich bereichert und angenehmer gemacht haben, [...] allesamt« das Ergebnis der Assimilation.[43] In dieser Deutlichkeit sucht man diese Lesart der Assimilation im *Leo Baeck Institute Year Book* vergeblich. Doch lassen sich immer wieder ähnliche Argumente finden. Georg Landauer (1895–1954), der in der Weimarer Republik dem sozialistischen Flügel des Zionismus angehört hatte und eine wichtige Rolle im Vorfeld der Gründung des Jerusalemer Leo Baeck Instituts spielte, warnte vor dem ebenso gängigen wie billigen Spott über den »Geist des deutschen Judentums«. Wer die »fruchtbare Synthese« von »Judentum und Weltkultur« als »nur ›Assimilation‹« verfälsche, betonte Landauer 1953, übersehe, »dass das deutsche Judentum« universale Werte »gierig in sich aufnahm«, um diese »schöpferisch« zu verarbeiten.[44] Auch Robert Weltsch deutete die Assimilation 1960 als Chance und Quelle jüdischer Vitalität. Ausführlich referierte er in seiner Einleitung des *Year Book* einen Aufsatz von Steven Schwarzschild, den Weltsch als einen Beleg für seine These einer »produktiven Verbindung von deutscher und jüdischer Kultur in der deutschen Orthodoxie« anführte. Schwarzschild zeige, dass ein orthodoxer Rabbiner wie Samson Raphael Hirsch »ein ›überzeugtes und aktives Mitglied der Gruppe des liberalen, demokratischen deutschen Bürgertums des neunzehnten Jahrhunderts‹« war. Statt Assimilation und Orthodoxie als Gegensätze zu begreifen, habe Hirsch dafür plädiert, dass der »›moderne, emanzipierte Jude sich alle besten Werte und Waffen der säkularen Kultur aneigne‹«.[45]

Das kreative Potenzial der Assimilation betonte einige Jahre darauf auch die 1910 in Berlin geborene Historikerin und Journalistin Wera Lewin. In ihrem Beitrag über die Bedeutung des George-Kreises für die jüdische Geschichte kritisierte Lewin die »jüdisch-nationale« Deutung der Assimilation als Verrat am Judentum. Einer solchen Argumentation entgehe die Bedeutung der Assimilation für die »gesamtjüdische Geschichte [...] für die ideologische Begründung des Zionismus sowohl wie für die geistige Erfassung der besonderen Existenzform der Galuth, für jüdische Geschichtsforschung wie für das Aufspüren der irrationalen Strömungen innerhalb des Judentums«.[46]

Ausgerechnet am Beispiel der jüdischen Reformrabbiner versuchte der israelische Philosoph Moshe Schwarz 1971 eine Neudeutung der Strömungen, die dem jüdisch-nationalen Denken oft als extreme Form des Assimilationismus galten. Mit Blick auf Abraham Geiger, Salomon Formstecher und Ludwig Steinheim argumentierte Schwarz, es sei »gerade die liberale Theologie (als deren zentrales Thema gemeinhin die Integration des Judentums in die allgemeine Kultur gelte), die der allgemeinen Kultur nicht durch Selbstverleugnung, sondern durch eine kritische Auseinandersetzung mit dem Wesen der allgemeinen Kultur und ihrer – aus jüdischer Sicht – problematischen Zusammensetzung begegnete«. Auch in der Blütezeit der Assimilation hätten Reformjuden weder ihre eigenen religiösen Traditionen verleugnet noch das Christentum als Religion nachgeahmt. Laut Schwarz seien sie stattdessen den universalistischen Ansprüchen des Christentums entgegengetreten: »Im Gegensatz zur scharfen Kritik der liberalen Theologie am Christentum gab es nichts Vergleichbares in der Neo-Orthodoxie von S. R. Hirsch oder, aus ganz anderen Gründen, bei Denkern mit religiös-nationaler Sensibilität, wie Franz Rosenzweig oder Martin Buber.«[47]

Selbst auf die Geschichte des Zionismus glaubte der Herausgeber des *Year Book* solche Überlegungen übertragen zu können. Im Nachruf auf Siegfried Moses betonte Weltsch 1974, »intelligente Zionisten und die wichtigsten zionistischen Denker (auch in Deutschland)« hätten früh anerkannt, »dass die Assimilation eine unvermeidliche und sogar wünschenswerte Reaktion von Minderheiten ist, die in einer Gesellschaft leben, an deren Leben und Kultur sie teilhaben«. Der deutsche Zionismus – wie der westeuropäische Zionismus überhaupt – sei keine antiassimilatorische, sondern eine »post-assimilatorische« Bewegung. Wie Kurt Blumenfeld war Weltsch vom »hohen

Wert des ›post-assimilierten Zionisten‹« überzeugt: »Ein Mensch, dessen Geist durch europäische (nichtjüdische) Einflüsse geprägt worden war«, sei »eher in der Lage« gewesen, »den modernen Zionismus zu verstehen – und sich ihm anzuschließen – als jemand, der die geschlossene Gesellschaft, in der die Juden während ihres Ghetto-Daseins gefangen waren, nie verlassen hatte«.[48]

Die vergebliche Suche nach analytischer Objektivität

Um 1980 endete das Nebeneinander der drei Lesarten der Assimilation als Verrat, Schicksal oder Chance. Vielen jüngeren Historikerinnen und Historikern, die dem Leo Baeck Institut verbunden waren, galt der Begriff der Assimilation als analytisch unscharf, als historisch und ideologisch vorbelastet. Sie plädierten dafür, stattdessen von »Akkulturation« zu sprechen, einem Konzept, das sich in der sozialwissenschaftlichen Forschung über Migration und Ethnizität ab den 1960er Jahren durchgesetzt hatte. Der Perspektivenwechsel hing auch mit der Professionalisierung der Autoren und Autorinnen in den Publikationen des Leo Baeck Instituts und dem Abschied von der Zeitgenossenschaft zusammen – mit Robert Weltsch starb 1982 der letzte Angehörige jener Gründergeneration, die sich an den innerjüdischen Debatten der Zwischenkriegszeit beteiligt hatte.[49] Für die Nachfolger der Gründungsmitglieder bestand keine Notwendigkeit mehr, an der Übereinkunft festzuhalten, die unterschiedlichen Lesarten des Begriffs stillschweigend zuzulassen. Infolgedessen stand man nun vor der Herausforderung, die mit der Frage der Assimilation verbundenen Probleme offen anzusprechen und die Debatte selbst zu historisieren. Gleichzeitig begann die Öffnung der Geschichtswissenschaften wie der Geisteswissenschaften überhaupt für sozialwissenschaftliche Konzepte und Theorien nun auch die Historiografie zur Geschichte der deutschen Juden zu prägen. Es entsprach dem sozialwissenschaftlichen Geist, als Konzepte der historischen Analyse nur noch Begriffe zu verwenden, von denen man glaubte, dass sie mit dem Postulat der Objektivität zu vereinbaren seien.

Stichwortgeber war der amerikanische Soziologe Milton M. Gordon. In *Assimilation in American Life* plädierte er 1964 dafür, zwischen verschiedenen Dimensionen des Assimilationsprozesses zu unterscheiden. Kulturelle und habituelle Formen der Assimilation, die zur partiellen Übernahme der Mehrheitskultur führten, verstand er als Akkulturation. Wichtig war für Gordon der institutionalisierte Kontakt zwischen Mehrheit und Minderheit im Vereinswesen, in Freundschaftszirkeln und vor allem in sogenannten Mischehen; er begriff das als »strukturelle Assimilation«. Während die Akkulturation mit der Bewahrung von ethnischer und religiöser Partikularität einhergehe, führe die strukturelle Assimilation dazu, dass sich die Minderheit »amalgamiere« und in der Mehrheitsgesellschaft aufgehe.[50] Vor allem Herbert A. Strauss, Gründungsdirektor des Zentrums für Antisemitismusforschung in Berlin, knüpfte an diese sozialwissenschaftliche Theorie an. Unter »Akkulturation« verstand er »die Begegnung von Elementen verschiedener Kulturen und ihre Synthese zu einer neuen Einheit in einem unstabilen Gleichgewicht von verschiedener Dauer«. Damit glaubte Strauss, eine Definition gefunden zu haben, die jedes Urteil über Nutzen oder Nachteil der unterschiedlichsten Formen des Kontakts und Kulturtransfers vermeide, keine Hierarchie der Kulturen postuliere und frei von biologischen Analogien sei.[51] Obwohl Shulamit Volkov anders als Strauss betonte, es sei unnötig, vielleicht unmöglich, auf den Begriff der Assimilation ganz zu verzichten, war auch sie überzeugt, dass sich das Konzept in der jüdischen Historiografie als normativ zu belastet, historisch verwirrend und analytisch unsauber erwiesen habe. Der Begriff der Assimilation, betonte Volkov 1983, verwische den Unterschied zwischen »soziale[n], kulturelle[n] und psychische[n] Prozesse[n]« und verschleiere »die diesen Prozessen innewohnenden Wechselwirkungen«.[52]

Als besonders fruchtbar erwies sich dieses Interesse an der sozialwissenschaftlichen Begriffsbildung in frauen- und geschlechtergeschichtlichen Studien. Marion Kaplan verwarf den Begriff der Assimilation nicht nur, weil dieser zu vage sei und »wichtige emotionale und habituelle Faktoren« ausblende. Die Historikerin versuchte vor allem, den seit dem späten 19. Jahrhundert verbreiteten Vorwurf zu widerlegen, Frauen hätten den »Assimilationismus« im jüdischen Bürgertum besonders befördert. Im Anschluss an die Konzepte der Akkulturationstheorie argumentierte Kaplan stattdessen, Frauen seien »Hüterinnen der Tradition« geworden, weil sie anders als ihre Männer »eine tiefe Verbundenheit mit ihrer ethnischen und religiösen Identität« bewahrt hätten. Zugleich unterschied sie scharf zwischen Assimilation und Akkulturation. Unter Akkulturation verstand Kaplan »die Akzeptanz vieler Bräuche und kultureller Muster der Mehrheitsgesellschaft und das gleichzeitige Engagement [...] für die Bewahrung ethnischer und/oder religiöser Eigenheiten«. Als Kennzeichen der Assimilation sah sie dagegen im Anschluss an die Debatten des späten Kaiserreichs »den Verlust einer jüdischen ethnisch-religiösen Identität«.[53]

Im Rückblick wird deutlich, dass die seit den späten 1970er Jahren geführte Kontroverse, ob es sinnvoller sei, von Assimilation oder von Akkulturation zu sprechen, zu einer nuancierteren Verwendung der Begriffe beigetragen hat. Doch fiel keinem der Beteiligten auf, wie sehr das neue und vermeintlich analytisch präzisere Verständnis von Assimilation der älteren Lesart der Assimilation als Verrat verpflichtet blieb, während das Konzept der Akkulturation im Kern an die Deutung der Assimilation als Chance und als Form des kreativen Handelns anknüpfte. Das ist bedauerlich, zumal der Begriff der Akkulturation ebenso schillernd und ideologisch aufgeladen war und ist wie das Konzept der Assimilation.[54] Doch der Import von sozialwissenschaftlicher Begrifflichkeit, mit dem man auch den Hang zu systematischen Typologien übernahm, ermöglichte es, zwischen einzelnen Dimensionen der Assimilation bzw. Akkulturation zu unterscheiden und deren möglicherweise widersprüchliche Beziehung zu untersuchen. So eröffneten sich neue Untersuchungsfelder: Formen jüdischer Geselligkeit, religiöser Bräuche und Mentalitäten, Familie und die Beziehungen der Geschlechter sowie das jüdische Alltagsleben überhaupt. Diese Entwicklung spiegelt sich etwa in der 2003 erschienenen *Geschichte des Jüdischen Alltags in Deutschland*.[55]

Doch standen dem Gewinn an heuristischem Horizont auch Kosten gegenüber, die zu Buche schlugen, als in den frühen 1990er Jahren das Argument, der Begriff der Akkulturation sei dem Konzept der Assimilation überlegen, zur neuen Orthodoxie wurde. Die zunächst fruchtbaren Debatten der späten 1970er und 1980er Jahre wichen der Überzeugung, dass Akkulturation jüdische Identität bewahre, Assimilation aber zu deren Verlust führe. Am Ende eines Literaturberichts resümierte Trude Maurer 1992, der Begriff der Assimilation sei untauglich. Da er »eine einseitige und einsinnige Entwicklung« bezeichne, lasse er keinen Raum »für die Transformation des Überlieferten und Entstehung des Neuen«. Stattdessen solle man von Akkulturation sprechen, um den Blick dafür zu öffnen, dass die deutschen Juden »als Gruppe akkulturiert«, aber »nicht assimiliert« gewesen seien.[56] Im Gegensatz zu dem gleichzeitig entstandenen fünfbändigen Sammelwerk *The Jewish People in America*, dessen Herausgeber Henry L. Feingold die »dauerhafte Spannung zwischen Assimilation und Überleben der Gruppe« zum roten Faden erklärte, folgte auch die vierbändige *Deutsch-jüdische Geschichte in der Neuzeit* dieser Direktive Maurers. »Stellt man die Neudefinition des Judentums und nicht seine Selbstaufgabe in den Mittelpunkt«, schreibt Michael Brenner in der Einleitung des zweiten Bandes des monumentalen Werkes, »erscheint für die Mehrzahl der deutschen Juden [...] der weniger ideologisch belastete Begriff der ›Akkulturation‹ eher angebracht.« Im Rückblick betonte Michael A. Meyer, der die Gesamtdarstellung herausgab, dass der Begriff der Akkulturation im Deutschen zwar sperrig wirke, aber dem der »›Assimilation‹« überlegen sei, da dieser »den Wunsch einer Minderheit« bezeichne, »ganz in der Mehrheit aufzugehen«.[57] Der Vorschlag, von Akkulturation statt von Assimilation zu sprechen, der zunächst den Anlass für eine anregende Debatte gegeben hatte, war nun buchstäblich zu »gesichertem« Handbuchwissen geworden.[58]

Daran sollte auch der allgemeine Paradigmenwechsel im Zeichen der Cultural Studies, wie er sich seit den frühen 1990er Jahren abzeichnete, nichts ändern. Elisabeth Bronfen und Benjamin Marius etwa galt das Konzept der Assimilation als *bête noire*, da es »eine asymmetrische Beziehung zwischen klar definierten Wesen« voraussetze und dazu tendiere, »die komplexen Wechselwirkungs- und Rückkoppelungsprozesse in der kulturellen Evolution zu übersehen und sie zu einem asymmetrischen, teleologischen Vorgang zwischen zwei überzeitlichen Wesenheiten zu reduzieren«.[59] Unter denen, die sich für kulturwissenschaftliche Fragen öffneten, war vor allem Zygmunt Bauman einflussreich. Die »Politik der Assimilation« habe eine »soziale Konstellation« verfestigt, die einer Falle gleiche, »aus der es [...] nur wenige Auswege gab«, argumentierte der Soziologe: »Allmählich verwandelte sich das Drama der Assimilation in eine Groteske, bevor es in einer Tragödie endete.« Assimilation verstand Bauman als »eine Kriegserklärung an die semantische Mehrdeutigkeit«, als ein »Entweder-Oder Dilemma«, nämlich den »Zwang zu wählen und unzweideutig zu wählen«.[60] Dass der »Begriff der ›Assimilation‹«, wie er in der politischen Sprache des frühen Emanzipationszeitalters aufgekommen sei, sogar »viele Implikationen« vorausgenommen habe, »die ab der Mitte des 19. Jahrhunderts im Diskurs des antisemitischen Rassismus eine Rolle spielen sollten«, betont Christina von Braun. Wer weiterhin am Begriff der Assimilation festhalte, darf man schließen, muss sich also dem Verdacht aussetzen, im Geiste des rassistischen Antisemitismus zu argumentieren.[61]

Die Renaissance der Assimilation: Zur Verschränkung von Universalismus und Partikularismus

In den letzten Jahren hat das Konzept der Assimilation eine Renaissance erfahren, obwohl die Kritik bis heute ebenso wenig verstummt ist wie die Forderung, stattdessen von Akkulturation zu sprechen. Vor allem amerikanische Sozialwissenschaftlerinnen und Sozialwissenschaftler betonen, dass es nicht nur unverzichtbar sei, sondern neue Perspektiven eröffne, sofern man auf die teleologischen und kulturimperialistischen Annahmen des linearen Assimilationsmodells verzichte.[62] Richard Alba und Victor Nee etwa plädieren dafür, auf das Assimilationsverständnis der frühen Chicago School zurückzugreifen. Im Kontext ihrer Kritik an der Amerikanisierungsideologie des frühen 20. Jahrhunderts hatten Robert Park und Ernest Burgess Assimilation 1924 als einen »Prozess der gegenseitigen Durchdringung und Verschmelzung« definiert, infolgedessen »Personen und Gruppen die Erinnerungen, Gefühle und Einstellungen anderer Personen und Gruppen übernehmen und durch die Teilhabe an deren Erfahrungen und Geschichte in ein gemeinsames kulturelles Leben eingebunden werden«. Auch wenn man in diesem Konzept mit gutem Grund eine »verborgene Teleologie« vermuten kann, bleibt bemerkenswert, dass Park und Burgess weder eine von vornhinein asymmetrische und hierarchische Beziehung der einzelnen Gruppen unterstellen noch die Existenz einer Mehrheitskultur oder eines Mainstreams voraussetzen.[63]

Im Anschluss an eine »Poetik der Vielheit« (Édouard Glissant) und an die Arbeiten von David N. Myers, Dipesh Chakrabarty, Michael André Bernstein und Steven E. Aschheim spricht viel dafür, Assimilation als eine Form des kreativen Handelns zu begreifen, bei dem es nicht um die passive Übernahme geschlossener kultureller Systeme gehe, sondern die schöpferische Aneignung, Übersetzung und Verhandlung.[64]

Für Myers oder Bernstein etwa eignet sich das Konzept der Assimilation nicht als Oberbegriff, um die Geschichte der deutschen Juden zu schreiben. Es kann also nicht darum gehen, die Genealogie dieses Begriffs als eine Entwicklung von einem schlichten und unreflektierten hin zu einem vielschichtigen und reflektierten Verständnis des Konzeptes zu beschreiben. Zu kurz greift daher auch das Argument, man könne der Unschärfe und ideologischen Aufladung des Begriffs der Assimilation entkommen, indem man zwischen einem Prozess der Assimilation, der zum völligen Verlust einer jüdischen Identität führe, und der Akkulturation unterscheide. Wie Amos Funkenstein gezeigt hat, spiegelt sich hierin die in der jüdischen Historiografie verbreitete Tendenz, zwar anzuerkennen, dass »die jüdische Kultur stets und überall mimetische Kräfte bewies«, um dann jedoch das abzugrenzen, was der Historiker für »ununterscheidbar« hält: die »essentielle ›Assimilation‹ und die beiläufige ›Anpassung‹«, wobei das eine als »schlecht und zu vermeiden«, das andere als »gut und unvermeidlich« gilt.[65]

Was nach einer analytischen Unterscheidung zu klingen scheint, beruht also auf dem (legitimen) Bedürfnis, zwischen wünschenswerten und verächtlichen Spielarten der Assimilation zu unterscheiden. Eine Entgegensetzung von jüdischen und christlichen Traditionen, von Eigenem und Fremdem hilft hier kaum weiter, zumal solche Dichotomien ein ebenso holistisches Verständnis von Kultur wie essenzialistisches Verständnis von Besonderem und Allgemeinem voraussetzen.[66] Im Schreckbild der Assimilation schlägt sich die Sehnsucht nach Authentizität nieder, eine Vorstellung, die sich aus der Entgegensetzung einer unverfälschten und lebendigen Tradition und einer künstlichen und leblosen Moderne speist. Je fragwürdiger dieser Gegensatz wird, desto mehr tritt »die konstruierte und kontingente, wenn nicht gar trügerische Natur der Authentizität« zutage.[67] Wie schon Lionel Trilling gezeigt hat, ist das Schlagwort der Authentizität »implizit ein polemischer Begriff, dessen Wesen es ausmacht, daß er herkömmliche und gängige Meinungen, insbesondere ästhetische, dann aber auch gesellschaftliche und politische Anschauungen, in Frage stellt«. Dass der Begriff »in den Moraljargon unserer Tage Eingang gefunden« habe, verdeutliche, »wie sehr wir unsere Existenz als problematisch empfinden«.[68]

Indem sich die Entgegensetzung von Eigenem und Fremdem als trügerisch erweist, werden Überlegungen fragwürdig, welche die Existenz von überzeitlichen »Wesenselementen« des »Volkes Israel« (Ben-Zion Dinur) oder die Vorstellung einer »inneren Substanz« (Hans Kohn) des Judentums postulieren, die dem Historiker als ein Maßstab dafür dienen könnten, wieweit sich Juden an eine fremde Kultur und Tradition assimiliert hätten.[69] Auch die Idee einer Mehrheitskultur, eines »Mainstreams« oder von »Main Currents« stößt hier an seine Grenzen, worauf Trilling schon 1940 hingewiesen hat. Die »Kultur einer Nation« lasse sich »nicht im Bild des Stromes erfassen«, betonte der Literaturwissenschaftler: »Eine Kultur ist kein Fluss, nicht einmal ein Zusammenfluss; die Form ihrer Existenz ist Kampf oder zumindest Debatte – sie ist nichts anderes als dialektisch.«[70]

Auffällig ist, dass im Zusammenhang mit der Renaissance des Assimilationskonzepts diesem nicht mehr die analytische Präzision eines begrifflichen Erkenntnisinstruments zugemutet wird. Stattdessen werden das Konzept und sein semantisches Umfeld selbst zum Gegenstand der historischen Reflexion.[71] Wer will, mag sich an Nietzsches Argument erinnert fühlen, dass sich »alle Begriffe, in denen sich ein ganzer Prozeß zusammenfaßt, […] der Definition« entziehen und daher nur das definierbar sei, »was keine Geschichte hat«.[72] Verblüffend wie aufschlussreich sind die Parallelen zur Konjunktur des Konzepts der Säkularisierung, das ebenfalls in den letzten Jahrzehnten in Misskredit geraten ist. Demgegenüber hat José Casanova dafür plädiert, am Konzept der Säkularisierung festzuhalten, und zwar nicht obwohl, sondern gerade weil der Begriff »so vielschichtig, so ironisch umkehrbar in seinen widersprüchlichen Konnotationen« sei und »so aufgeladen mit der großen Bandbreite an Bedeutungen, die er im Laufe der Geschichte angesammelt hat«. Ein Verzicht auf das Konzept der Assimilation, lässt sich analog zu dem Religionssoziologen formulieren, »würde zu einer noch größeren begrifflichen Verarmung führen«, denn damit gehe auch die Erinnerung an eine komplexe Geschichte verloren, die in dem Begriff aufgehoben sei.[73] Die Abkehr von analytischer Präzision und die Hinwendung zu begriffsgeschichtlicher Sensibilität könnten sich daher als lohnend erweisen. Dass sich in der Historiografie des 19. und vor allem des 20. Jahrhunderts die Bedeutung des Begriffs der Assimilation immer wieder verschoben hat, war selbst Voraussetzung dieser »Erfolgsgeschichte«. Die Geschichte des Begriffes ist selbst eine Geschichte der erfolgreichen Assimilation an sich verändernde historiografische Kontexte und Erkenntnisinteressen.

Sowohl die Diskussion über die Unterscheidung zwischen Assimilation und Akkulturation als auch die Debatte über die Grenze zwischen unwürdigen oder angemessenen Formen der Assimilation verweisen auf die Frage, wie sich eine zukunftsfähige Form jüdischer Diasporaexistenz im Zeitalter des Nationalstaates begründen und bewahren lässt. Angesprochen ist damit auch das Problem, wie die Spezifizität und Legitimität einer jüdischen Identität zu denken sind, die auf eine Idee des Universalen bezogen bleibt, ohne aus dem Blick zu verlieren, dass die Rede vom Allgemeinen potenziell in nationale, ethnische oder religiöse Reinheitsimaginationen umzuschlagen droht.[74] Die Debatte über Assimilation und Akkulturation, welche die Historiografie zur jüdischen Geschichte von Beginn umtrieb, kreist mithin um die Frage, wie sich deutschsprachige Juden mit Konzepten, Kulturen und Institutionen des Universalismus auseinandersetzten und diese prägten.[75] Die drei hier identifizierten Lesarten der Assimilation – als Verrat, als Schicksal oder als Chance – bilden je unterschiedliche Arten, das Wechselverhältnis zwischen dem Universalen und dem Partikularen zu denken. Die Aufgabe von Historikerinnen und Historikern sollte darin bestehen, die »Komplexitäten, Ironien [und] Paradoxien« (Michael A. Meyer) dieses Zusammenspiels zu verstehen, statt darüber richten zu wollen, welche Lesart der Assimilation die plausiblere und zukunftsfähigere gewesen sein mag.[76]

Anmerkungen

Einleitung

1 https://www.duden.de/rechtschreibung/Vielheit; https://www.duden.de/rechtschreibung/Vielfalt [05. 07. 2022].

2 Seit etwa dreißig Jahren breiten sich die Synonyme der »Diversität« und der »Diversity« aus; dabei entspricht die Biodiversität der Artenvielfalt, die soziale und kulturelle Vielfalt der Diversity. »Vielfalt«, bereitgestellt durch das Digitale Wörterbuch der deutschen Sprache: https://www.dwds.de/wb/Vielfalt [15. 06. 2022]; »Diversity«, bereitgestellt durch das Digitale Wörterbuch der deutschen Sprache: https://www.dwds.de/wb/Diversity [16. 06. 2022]; »Diversität«, bereitgestellt durch das Digitale Wörterbuch der deutschen Sprache: https://www.dwds.de/wb/Diversit%C3%A4t [16. 06. 2022]; allgemein Teresa Koloma Beck, »Aufruf zum Aufstand. Diversität als wissenschaftliches Problem«, in: *Mittelweg 36*, 27/3 (2018), S. 75–91, Georg Toepfer, »Diversität. Historische Perspektiven auf einen Schlüsselbegriff der Gegenwart«, in: *Zeithistorische Forschungen* 17/1 (2020), S. 130–144; Monika Salzbrunn, *Vielfalt / Diversität*, Bielefeld 2014.

3 Stephan Meier-Oser, »Vielheit«, in: *Historisches Wörterbuch der Philosophie*, Bd. 11, Basel 2001, Sp. 1041–1050, hier S. 1041. Ohne jede weitere Erläuterung notierte Johann Heinrich Campe 1801, »divers« meine »verschieden« und »Diversität« bedeute »die Verschiedenheit«; ders., *Wörterbuch zur Erklärung und Verdeutschung der unserer Sprache aufgedrungenen fremden Ausdrücke*, Bd. 1, Braunschweig 1801, S. 312; »Pluralismus« meine »Gemeinsinn und Gemeingeist«, »Pluralität« dagegen »die Mehrheit oder Stimmenmehrheit«; ebd., Bd. 2, Braunschweig 1801, S. 532.

4 Die ältere Sprachwissenschaft vermutete eine »Verwandtschaft« mit dem Adjektiv »heiter«; »Art. -heit«, in: Hermann Paul, *Deutsches Wörterbuch*, 2., verm. Aufl., Halle/S. 1908, S. 252; sollte die Vermutung zutreffen, so Paul, »müsste die Grundbedeutung ›Glanz‹, ›Schein‹ gewesen sein«.

5 Das bestätigt auch ein Blick bei *Google Ngram* »Vielheit«, bereitgestellt durch das Digitale Wörterbuch der deutschen Sprache: https://www.dwds.

de/wb/Vielheit [16. 06. 2022]; »Mannigfaltigkeit«, bereitgestellt durch das Digitale Wörterbuch der deutschen Sprache: https://www.dwds.de/wb/Mannigfaltigkeit [16. 06. 2022]; https://books.google.com/ngrams/graph?content=Vielheit%2CVielfalt%2CMannigfaltigkeit&year_start=1800&year_end=1900&corpus=20&smoothing=3&case_insensitive=true; Klaus Konhardt, »Mannigfaltige, Mannigfaltigkeit«, in: *Historisches Wörterbuch der Philosophie*, Bd. 5, Basel 1980, Sp. 731–735.

6 »Mannigfaltigkeit«, in: Johann Georg Sulzer, *Allgemeine Theorie der Schönen Künste*, Bd. 2, Leipzig 1774, S. 741–743, hier S. 741; »Mannigfaltigkeit«, in: *Pierer's Universal-Lexikon*, Bd. 10, Altenburg 1860, S. 835.

7 »Art. Vielheit, Lat. multitudo«, in: Johann Heinrich Zedler, *Grosses vollständiges Universal-Lexicon*, Bd. 48, Leipzig 1746, Sp. 1106; »Art. Turba«, in: Zedler, *Grosses vollständiges Universal-Lexicon*, Bd. 45, Leipzig 1745, Sp. 1839.

8 »Menge/Vielheit«, in: Johann August Eberhard, *Versuch einer allgemeinen deutschen Synonymik in einem kritisch-philosophischen Wörterbuche der sinnverwandten Wörter der hochdeutschen Mundart*, Bd. 5, Halle 1800, S. 154; dem folgt: »Vielheit«, in: Joachim Heinrich Campe, *Wörterbuch der deutschen Sprache*, Bd. 5, Braunschweig 1811, S. 417.

9 »viel, Vielheit«, in: Wilhelm Traugott Krug, *Allgemeines Handwörterbuch der philosophischen Wissenschaften, nebst ihrer Literatur und Geschichte*, zweite, verbesserte und vermehrte Auflage, Bd. 4, Leipzig 1829, S. 362.

10 »Einheit«, in: *Herders Conversations-Lexikon*, Freiburg im Breisgau 1854, Bd. 2, S. 517 f. (Einheit als »Gegensatz zur Vielheit«); allgemein Odo Marquard, »Einheit und Vielheit«, in: ders., *Skepsis und Zustimmung. Philosophische Studien*, Stuttgart 1994, S. 30–44; Meier-Oser, »Vielheit«, in: *Historisches Wörterbuch der Philosophie*, Bd. 11, Basel 2001, Sp. 1041–1050; Walter Mesch, »Einheit«, in: Petra Kolmer/Armin G. Wildfeuer (Hg.), *Neues Handbuch philosophischer Grundbegriffe*, Bd. 1, Freiburg 2011, S. 594–607; Vesa Oittinen, »Einheit/Vielheit«, in: Hans Jörg Sandkühler (Hg.), *Enzyklopädie Philosophie*, Bd. 1, Hamburg 2010, S. 466–471.

11 Ockham und Leibniz nach: Meier-Oser, »Vielheit«, in: *Historisches Wörterbuch der Philosophie*, Bd. 11, Basel 2001, Sp. 1041–1050, hier S. 1046 f.; aus seinen naturwissenschaftlichen Beobachtungen leitete Goethe die Maxime ab, »die einfachste Erscheinung als die mannigfaltigste, die Einheit als Vielheit zu denken«; Goethe, zit. nach Art. »Vielheit«, in: *Deutsches Wörterbuch von Jacob Grimm und Wilhelm Grimm*, Bd. 26, Sp. 233–236.

12 Alexander von Humboldt, *Kosmos. Entwurf einer physischen Weltbeschreibung*, Bd. 1, Stuttgart 1845, S. 5 f.

13 Celso Vieira, »Heraclit's Bow Composition«, in: *Classical Quarterly* 63/2 (2013), S. 473–490; Jane McIntosh Snyder, »The Harmonia of Bow and Lyre in He-

raclitus Fr. 51 (DK)«, in: *Phronesis* 29/1 (1984), S. 91–95; damit verwandt ist die Vorstellung der *coincidentia oppositorum*, des »Zusammenfalls der Gegensätze« bei Nikolaus von Kues; aktueller: Jeffrey M. Perl/Natalie Zemon Davis/Barry Allen, »Fuzzy Studies. A Symposium on the Consequence of Blur Part 1«, in: *Common Knowledge* 17/3 (2011), S. 441–449.

14 Alexander von Humboldt, *Kosmos. Entwurf einer physischen Weltbeschreibung*, Bd. 1, 1845, S. 385.

15 Zit. nach Adolph Kohut, *Alexander von Humboldt und das Judenthum. Ein Beitrag zur Culturgeschichte d. 19. Jahrhunderts*, Leipzig 1871, S. 60.

16 Peter Honigmann, »Alexander von Humboldt und die Juden«, in: Chaim Selig Slonimski, *Zur Freiheit bestimmt – Alexander von Humboldt*, hg. von Kurt-Jürgen Maaß, Bonn 1997, S. 45–75, hier S. 56; Christian Wilhelm Dohm, *Über die bürgerliche Verbesserung der Juden. Kritische und kommentierte Studienausgabe*, hg. Wolf Christoph Seifert, 2 Bde., Göttingen 2015.

17 Honigmann, »Alexander von Humboldt und die Juden«, S. 52, 54, hier S. 68.

18 *Neue Zürcher Zeitung* 38:258 (15. 9. 1858), S. 1031; zit. nach: Michael Strobl, »Alexander von Humboldt als *Public Intellectual*. Seine Beiträge in der »Neuen Zürcher Zeitung« (1825–1859), in: *Zeitschrift für Germanistik*, N. F. 28 (2018), S. 368–375, hier S. 373.

19 Peter Korneffel, »Humboldt in Berlin. Wo ein Widerborstiger die Wissenschaft bewegt und Herzen erobert«, in: Sara Kviat Bloch/Oliver Lubrich/Hubert Steinke (Hg.), *Alexander von Humboldt – Wissenschaften zusammendenken*, Bern 2021, S. 13–43, hier S. 22 f.; Peter Honigmann, »Der Einfluß von Moses Mendelssohn auf die Erziehung der Brüder Humboldt«, in: *Mendelssohn-Studien* 7 (1990), S. 39–76; Liliane Weissberg, »Die Lektionen des Hauses Herz«, in: David Blankenstein/Bénédicte Savoy/Raphael Gross/Arnulf Scriba (Hg.), *Wilhelm und Alexander von Humboldt*, Darmstadt 2020, S. 55–64; Deborah S. Hertz, *Jewish High Society in Old Regime Berlin*, New Haven 1988, S. 123; Natalie Naimark-Goldberg, *Jewish Women in Enlightenment Berlin*, Oxford 2013.

20 Das Bild von Mendelssohn als »Sokrates« stammt von dem Dichter Karl Wilhelm Ramler (1725–1790); zit. nach Inka Bertz/Thomas Lackmann (Hg.), *Moses Mendelssohn. »Wir träumten von nichts als Aufklärung«*, Köln 2022, S. 127; es wurde fester Bestandteil des Bildungskanons; siehe »Moses Mendelssohn«, in: *Allgemeine deutsche Real-Encyklopädie für die gebildeten Stände*, 7. Aufl., Bd. 7, Leipzig 1830, S. 558–560, hier S. 558; Herrmann Josef Landau, »Moses Mendelssohn«, in: *Neuer deutscher Hausschatz für Freunde der Künste und Wissenschaften*, 2. Theil, 4. Aufl., Prag 1866, S. 939–954, hier S. 954; Max Weinberg, »Warum man Moses Mendelssohn den ›deutschen Socrates‹ nannte«, in: *Jüdisches Literaturblatt* 15 (1886), S. 10, 14 f., 18 f., Peter Honigmann, »Der

Einfluß von Moses Mendelssohn auf die Erziehung der Brüder Humboldt«, in: *Mendelssohn-Studien* 7 (1990), S. 39–76; Sebastian Panwitz, »Die Finanzbeziehungen zwischen Alexander von Humboldt und den Mendelssohns«, in: *Zeitschrift für Religions- und Geistesgeschichte* 62 (2010), S. 248–260, hier S. 251 f.

21 Moses Mendelssohn, *Jerusalem oder die religiöse Macht und Judentum. Mit dem Vorwort zu Manasse ben Israels »Rettung der Juden« und dem Entwurf zu »Jerusalem«*, hg. von Michael Albrecht, Hamburg 2005, S. 33. Zu *Jerusalem*: Shmuel Feiner, *Moses Mendelssohn. Sage of Modernity*, New Haven, CT 2010, S. 153–186; David Sorkin, *Moses Mendelssohn and the Religious Enlightenment*, Berkeley 1996; Dominique Bourel, *Moses Mendelssohn. La naissance du judaïsme modern*, Paris 2004; Ursula Goldenbaum/Stephan Meder/Matthias Armgardt (Hg.), *Moses Mendelssohns Rechtsphilosophie im Kontext*, Hannover 2021.

22 Mendelssohn, *Jerusalem*, S. 41.

23 Ebd., S. 58, 61.

24 Ebd., S. 72, 74.

25 Ebd., S. 140.

26 Hans Kelsen, *Vom Wesen und Wert der Demokratie*, Tübingen 1920, S. 5; zur Biografie: Thomas Olechowski, *Hans Kelsen. Biographie eines Rechtswissenschaftlers*, Tübingen 2020.

27 Kelsen, *Vom Wesen und Wert der Demokratie*, S. 9. Dass »möglichst viele frei sein sollen«, heißt auch, dass Demokratie die Interessen der numerischen Minderheit respektieren muss; siehe auch Stuart Hampshire, *Justice is Conflict*, Princeton 2000, S. 47 f.

28 Hadija Haruna-Oelker, *Die Schönheit der Differenz. Miteinander anders denken*, München 2022; Volker M. Heins, *Der Skandal der Vielfalt. Geschichte und Konzepte des Multikulturalismus*, Frankfurt/M. 2013; allgemein Seyla Benhabib (Hg.), *Democracy and Difference. Contesting the Boundaries of the Political*, Princeton 1996; Iris Marion Young, *Inclusion and Democracy*, Oxford 2000; Mara Marin, *Connected by Commitment. Oppression and Our Responsibility to Undermine Them*, New York 2017; Anne Phillips, *Unconditional Equals*, Princeton 2021; Ina Kerner, *Differenzen und Macht. Zur Anatomie von Rassismus und Sexismus*, Frankfurt/M. 2008.

29 John Stuart Mill, *Über die Freiheit*, hg. von Horst D. Brandt, Hamburg 2011, S. 25: Wenn die Menschheit sich einig wäre »und nur eine Person wäre vom Gegenteil überzeugt, so hätte die Gemeinschaft aller nicht mehr Recht, den einen zum Schweigen zu bringen, als dieser, wenn er denn über die Kraft verfügte, das Recht hätte, allen anderen den Mund zu verbieten«. Zu Mills Buch die Beiträge von Jean Bethke Elshtain, Owen Fiss, Richard Posner, Jeremy Waldon in David Bromwich/George Kateb (Hg.), John Stuart Mill. *On Liberty* (Rethinking the Western Tradition), New Haven, CT 2003.

30 George Kateb, *Patriotism and Other Mistakes*, New Haven, CT 2006, S. 361 f.

31 Sabine Hark, *Gemeinschaft der Ungewählten. Umrisse eines politischen Ethos der Kohabitation. Ein Essay*, Berlin 2021, S. 16.

32 Karl Mannheim, *Freedom, Power and Democratic Planning*, New York 1950, S. 203; laut Mannheim fordert uns das demokratische Zusammenleben immer neu heraus. Es ist eine »constant challenge to initiative, to making one's own choice, to finding new combinations, to remaining self-possessed and swimming against the current for a while, if necessary. [...] It is part of the democratic vision that there should be some people swimming against the current and part of democratic education that there be good swimmers among them.« Ebd., S. 213; als zeitgenössische Besprechung von Mannheims posthum erschienenem Opus magnum: »The Middle Way«, in: *Times Literary Supplement*, 13. April 1951, Nr. 2567, S. 223; ähnlich auch E. M. Forster, »Tolerance«, in: ders., *Two Cheers for Democracy* [1951], Harmondsworth 1972, S. 53–57; Nigel Rapport, »An Outline for Cosmopolitan Study: Reclaiming the Human through Introspection«, in: *Current Anthropology* 48/2 (2007), S. 257–283; Hampshire, *Justice is Conflict*.

33 Theodor W. Adorno, »Melange«, in: ders., *Minima Moralia. Reflexionen aus dem beschädigten Leben*, Frankfurt/M. 1951, S. 184 f.

34 Thomas Nipperdey, »Einheit und Vielfalt in der neueren Geschichte«, in: *Historische Zeitschrift* 253/1 (1991), S. 1–20, hier S. 6 f.; allerdings sind die Begriffe »Vielfalt« und »Vielheit« bei Nipperdey austauschbar.

35 Nipperdey »Einheit und Vielfalt«, hier S. 6, 10, 12; Stefan Hirschauer, »Menschen unterscheiden. Grundlinien einer Theorie der Humandifferenzierung«, in: *Zeitschrift für Soziologie* 50/3–4 (2021), S. 155–174, hier S. 168; Zygmunt Bauman, *Moderne und Ambivalenz. Das Ende der Eindeutigkeit*, Hamburg 2005, S. 167, 179 f.; Joan W. Scott, *Parité! Sexual Equality and the Crisis of French Universalism*, Chicago 2005; Aladin El-Mafaalani, *Das Integrationsparadox. Warum gelungene Integration zu mehr Konflikten führt*, Köln 2018.

36 Nipperdey, »Einheit und Vielfalt«, S. 15.

37 Reinhart Koselleck, »›Erfahrungsraum‹ und ›Erwartungshorizont‹ – zwei historische Kategorien«, in: ders., *Vergangene Zukunft. Zur Semantik geschichtlicher Zeiten*, Frankfurt/M. 1989, S. 349–375, hier S. 352.

38 Michael Walzer, »Zwei Arten des Universalismus«, in: *Babylon. Beiträge zur jüdischen Gegenwart* 7 (1990), S. 7–25, hier S. 10 (zuerst als »Two Kind of Universalism«, in: *The Tanner Lectures on Human Values*, Bd. 11, Salt Lake City 1990, S. 509–532); ders., »Foreword«, in: Seth D. Kaplan, *Human Rights in Thick and Thin Societies. Universality without Uniformity*, Cambridge 2018, S. XV f.; ähnlich argumentieren Seyla Benhabib, *Another Cosmopolitanism. Hospitality, Sovereignty, and Democratic Iterations*, Oxford 2006, u. Michael P. Steinberg, *The*

Afterlife of Moses. Exile, Democracy, Renewal, Stanford, CA 2022; zu den amerikanischen Debatten John Higham, »Multiculturalism and Universalism. A History and Critique«, in: *American Quarterly* 45 (1993), S. 195–219, ders., *Hanging Together. Unity and Diversity in American Culture*, New Haven, CT 2001; Philip Gleason, *Speaking of Diversity. Language and Ethnicity in Twentieth-Century America*, Baltimore 1992; David A. Hollinger, *Postethnic America. Beyond Multiculturalism*, überarbeitete und erweiterte Neuauflage, New York 2006; Lawrence W. Levine, *The Opening of the American Mind. Canons, Culture, and History*, Boston, MA 1996.

39 Souleymane Bachir Diagne, »On the Universal and Universalism«, in: ders./Jean-Loup Amselle, *In Search of Africa(s). Universalism and Decolonial Thought*, Cambridge/UK 2020, S. 19–29, hier S. 20.

40 Ebd., S. 23.

41 Ebd., S. 24 f.; das im Anschluss an den Philosophen Maurice Merleau-Ponty; siehe auch Souleymane Bachir Diagne, *De langue à langue: l'hospitalité de la traduction*, Paris 2022; als Fallstudie: Frederic C. Schaffer, *Democracy in Translation. Understanding Politics in an Unfamiliar Culture*, Ithaca, NY 1998.

42 Hampshire, *Justice is Conflict*, S. 52 f.; Charles Taylor, *Multikulturalismus und die Politik der Anerkennung*, Frankfurt/M. 2009; James Tully, *Strange Multiplicity. Constitutionalism in an Age of Diversity*, Cambridge 1995; Bhikhu C. Parekh, *Ethnocentric Political Theory. The Pursuit of Flawed Universals*, Cham 2019.

43 Reinhard Rürup, *Emanzipation und Antisemitismus. Studien zur »Judenfrage« in der bürgerlichen Gesellschaft*, Göttingen 1975; David Sorkin, *Jewish Emancipation. A History Across Five Centuries*, Princeton 2019; ders., *Emancipation, Jewish Studies*, Oxford 2016; Pierre Birnbaum/Ira Katznelson (Hg.), *Paths of Emancipation. Jews, States, and Citizenship*, Princeton 1995; Salo W. Baron, »Ghetto and Emancipation«, in: *Menorah Journal* 14 (1928), S. 515–526; ders., »Jewish Emancipation«, in: *Encyclopedia of the Social Sciences* 7 (1932), S. 394–399; Isaiah Berlin, »Jewish Slavery and Emancipation«, in: Norman Bentwich (Hg.), *Hebrew University Garland. A Silver Jubilee Symposium*, London 1952, S. 18–42; Jacob Katz, *Aus dem Ghetto in die bürgerliche Gesellschaft. Jüdische Emanzipation 1770–1870*, Frankfurt/M. 1986; Jonathan Israel, *Revolutionary Jews from Spinoza to Marx. The Fight for a Secular World of Universal and Equal Rights*, Seattle 2021.

44 Siegfried Kracauer, *Geschichte. Vor den letzten Dingen*, Werke, Bd. 4, Berlin 2009, S. 14 f.

45 Zygmunt Bauman, *Moderne und Ambivalenz. Das Ende der Eindeutigkeit*, Hamburg 2005, S. 14.

46 Ebd., S. 22, 35.

47 Ebd., S. 227.

48 Thomas Bauer, *Die Vereindeutigung der Welt. Über den Verlust an Mehrdeutigkeit und Vielfalt*, Ditzingen 2018, S. 40, 87 f.

49 David Feldman, »Was Modernity Good for the Jews?«, in: Bryan Cheyette/Laura Marcus (Hg.), *Modernity, Culture, and ›the Jew‹*, Cambridge 1998, S. 171–187; John Murray Cuddihy, *The Ordeal of Civility. Freud, Marx, Lévi-Strauss, and the Jewish Struggle with Modernity* [1974], Boston 1987; Ivan Kalmar, *The Trotskys, Freuds, and Woody Allens. Portrait of a Culture*, Toronto 1994; Jonathan M. Hess, *Jews, Germans, and the Claims of Modernity*, New Haven 2002; Scott Spector, *Modernism without Jews? German-Jewish Subjects and Histories*, Bloomington 2017; Mitchell B. Hart/Tony Michels (Hg.), *The Modern World, 1815–2000*, Cambridge 2017; Elisheva Carlebach/Deborah Dash Moore (Hg.), *Confronting Modernity, 1750–1880*, New Haven 2019; David Rechter, »Western and Central European Jewry in the Modern Period, 1750–1933«, in: Martin Goodman/Jeremy Cohen/David Sorkin (Hg.), *The Oxford Handbook of Jewish Studies*, Oxford 2002, S. 376–395.

50 Siegfried Kracauer, »Über Arbeitslager«, in: *Frankfurter Zeitung*, 1. Oktober 1932, in: ders., *Aufsätze 1928–1931, Werke*, Bd. 5.4, Frankfurt/M. 2011, S. 201–213, hier S. 211.

51 Dan Diner, »Geschichte der Juden – Paradigma einer europäischen Historie«, in: Gerald Stourzh (Hg.), *Annäherungen an eine europäische Geschichtsschreibung*, Wien 2002, S. 85–103, hier S. 85.

52 Amos Oz/Fania Oz Salzberger, *Jews and Words*, New Haven 2012, S. 20; George Steiner, »Our Homeland, the Text«, in: *Salmagundi* 66 (1985), S. 4–25. Während der französischen Herrschaft im Rheinland konnten zwischen 86 und 99 Prozent aller jüdischen Männer und 45 bis 55 Prozent aller jüdischen Frauen ihren Namen schreiben, unter der restlichen Bevölkerung dagegen nur etwa 25 Prozent; Steven M. Lowenstein, »The Beginning of Integration, 1780–1870«, in: Marion A. Kaplan (Hg.), *Jewish Daily Life in Germany, 1618–1945*, Oxford 2005, S. 93–171, hier S. 118 f.; siehe auch Mordechai Eliav, *Jüdische Erziehung in Deutschland im Zeitalter der Aufklärung und der Emanzipation*, Münster 2001.

53 Arthur Hertzberg, *The French Enlightenment and the Jews*, New York 1968; Adam Sutcliffe, *Judaism and Enlightenment*, Cambridge 2006; Reinhard Rürup, *Emanzipation und Antisemitismus. Studien zur ›Judenfrage‹ in der bürgerlichen Gesellschaft*, Göttingen 1975; Abigail Green/Simon Levis Sullam (Hg.), *Jews, Liberalism, Antisemitism. A Global History*, Cham 2021.

54 Immanuel Kant, *Die Religion innerhalb der Grenzen der bloßen Vernunft*, Hamburg 1990, S. 186 f.

55 Wilhelm von Humboldt, »Über den Entwurf zu einer neuen Konstitution für die Juden« [1809], in: ders., *Schriften zur Anthropologie und Geschichte.*

Werke Bd. 4, hg. Andreas Flitner/Klaus Giel, Darmstadt 1964, S. 95–112, hier S. 104.

56 »Particular«, in: Wilhelm Traugott Krug, *Allgemeines Handwörterbuch der philosophischen Wissenschaften, nebst ihrer Literatur und Geschichte*, zweite, verbesserte und vermehrte Auflage, Bd. 3, Leipzig 1833, S. 161.

57 In die Kapitel 2 bis 5 sind in stark überarbeiteter und erweiterter Form Überlegungen aus meinen bereits publizierten Arbeiten eingegangen: »Von der Eintracht zur Vielfalt. Juden in der Geschichte des deutschen Bürgertums«, in: Andreas Gotzmann/Rainer Liedtke/Till van Rahden (Hg.), *Juden, Bürger, Deutsche. Zur Geschichte von Vielfalt und Differenz 1800–1933*, Tübingen 2001, S. 9–32; »›Germans of the Jewish *Stamm*‹. Visions of Community between Nationalism and Particularism, 1850 to 1933«, in: Neil Gregor/Nils Roemer/Mark Roseman (Hg.), *German History from the Margins, 1800 to the Present*, Bloomington 2006, S. 27–48; »Weder Milieu noch Konfession: Die situative Ethnizität der deutschen Juden im Kaiserreich in vergleichender Perspektive«, in: Olaf Blaschke/Frank-Michael Kuhlemann (Hg.), *Religion im Kaiserreich. Milieus – Mentalitäten – Krisen*, Gütersloh 1996, S. 409–434; »Treason, Fate, or Blessing? Concepts of Assimilation in the Historiography of German-Speaking Jewry since the 1950s«, in: Christhard Hoffmann (Hg.), *Preserving the Legacy of German Jewry. A History of the Leo Baeck Institute, 1955–2005*, Tübingen 2005, S. 349–373.

1 Minderheit und Mehrheit: Vom Ideal demokratischer Gleichheit zum Traum nationaler Reinheit

1 Walter B. Gallie, »Essentially Contested Concepts«, in: *Proceedings of the Aristotelian Society* 56 (1956), S. 167–198.

2 Martin Frank, »Minderheiten«, in: Stefan Gosepath/Wilfried Hinsch/Beate Rössler (Hg.), *Handbuch der politischen Philosophie und Sozialphilosophie*, Bd. 1, Berlin 2008, S. 826–830, hier S. 826.

3 Wolfgang Jäger, »Mehrheit. Minderheit, Majorität, Minorität«, in: Reinhart Koselleck/Otto Brunner/Werner Conze (Hg.), *Geschichtliche Grundbegriffe. Historisches Lexikon zur politisch-sozialen Sprache in Deutschland*, Bd. 3, Stuttgart 1982, S. 1021–1062. Wie die *Geschichtlichen Grundbegriffe* enthält auch das *Historische Wörterbuch der Philosophie* einen kurzen Eintrag: Rolf Naujoks, »Mehrheit, Mehrheitsprinzip«, in: ebd., Bd. 5, Basel 1980, Sp. 1005–1009. Kein Lemma zu *minorité* oder *majorité* enthält das *Handbuch politisch-sozialer Grundbegriffe in Frankreich 1680–1820*, von dem bisher 22 Hefte erschienen sind. Laut dem Mitherausgeber Hans-Jürgen Lüsebrink, dem ich herzlich für die Auskunft danke, ist kein Beitrag zu den Stichworten geplant. Siehe

auch William J. Bulman, *The Rise of Majority Rule in Early Modern Britain and Its Empire*, Cambridge 2021; Egon Flaig (Hg.), *Genesis und Dynamik der Mehrheitsentscheidung*, München 2013. Zur Geschichte eines verwandten Begriffs siehe: Martin Clark, »A Conceptual History of Recognition in British International Legal Thought«, in: *British Yearbook of International Law* 87 (2017), S. 18–97.

4 Zig Layton-Henry, »Minorities«, in: Neil J. Smelser/Paul B. Baltes (Hg.), *International Encyclopedia of the Social & Behavioral Sciences*, New York 2001, S. 9894–9898, hier S. 9894; Stefan Oeter, »Minderheiten, Minderheitenschutz«, in: Werner Heun u. a. (Hg.), *Evangelisches Staatslexikon. Neuausgabe*, Stuttgart 2006, Sp. 1542–1545, konzediert, dass der Begriff der Minderheit »bis heute kein rechtstechnischer Begriff mit einer präzisen Definition« ist, da »die angemessene Konturierung [...] nach wie vor« umstritten ist (Sp. 1542); Heike Greschke, »Minderheiten, II. Soziologische Aspekte«, in: *Staatslexikon. Recht, Wirtschaft, Gesellschaft*, 8. Auflage, Bd. 4, Freiburg 2020, Sp. 15–18; Martin Frank, »Minderheitenrechte«, in: Hans Jörg Sandkühler (Hg.), *Enzyklopädie Philosophie*, Bd. 2, Hamburg 2010, S. 1616–1619; Schirin Amir-Moazemi, »Minorities. Empirical and Political-Theoretical Reflections on a Cunning Concept«, in: Dirk Berg-Schlosser/Bertrand Badie/Leonardo Morlino (Hg.), *The SAGE Handbook of Political Science*, Bd. 3, Los Angeles, CA 2020, S. 1507–1523; siehe auch Kristin Henrard, »Minorities«, in: *Oxford Bibliographies*, 2012.

5 Max Sebastian Hering Torres/Martin Rothkegel, »Minderheiten«, in: Friedrich Jaeger (Hg.), *Enzyklopädie der Neuzeit*, Bd. 8, Stuttgart 2008, Sp. 548–559.

6 Stefi Jersch-Wenzel, »Die Lage von Minderheiten als Indiz für den Stand der Emanzipation einer Gesellschaft«, in: Hans-Ulrich Wehler (Hg.), *Sozialgeschichte Heute. Festschrift für Hans Rosenberg zum 70. Geburtstag*, Göttingen 1974, S. 365–387; dies., *Der »Mindere Status« als historisches Problem. Überlegungen zu einer vergleichenden Minderheitenforschung*, Berlin 1986; Peter Pulzer, *Jews and the German State. The Political History of a Minority, 1848–1933*, Oxford 1992; David Vital, *A People Apart. The Jews in Europe, 1789–1939*, Oxford 1999; Friedrich Battenberg, *Das europäische Zeitalter der Juden. Zur Entwicklung einer Minderheit in der nichtjüdischen Welt Europas*, Darmstadt 1990; Bernd Martin/Ernst Schulin (Hg.), *Die Juden als Minderheit in der Geschichte*, München 1981; Geoff Dench, *Minorities in the Open Society. Prisoners of Ambivalence*, London 1986; Anja Zimmermann, »Minderheiten«, in: Uwe Fleckner/Martin Warnke/Hendrik Ziegler (Hg.), *Handbuch der politischen Ikonographie*, Bd. 2, München 2011, S. 143–148.

7 John D. Skrentny, *The Minority Rights Revolution*, Cambridge, MA 2002, S. VI, zu »frame« siehe S. 9–11.

8 »Introductory Editorial«, in: *Immigrants and Minorities* 1/1 (1982), S. 5–15, hier S. 15.

9 Miles Litvinoff, »Introduction to the Directory«, in: Minority Rights Group (Hg.), *World Directory of Minorities*, London 1997, S. XIV–XVI, hier S. XV; »Minority Group«, in: Craig J. Calhoun (Hg.), *Dictionary of the Social Sciences*, New York 2002; Will Kymlicka, »Minority Rights«, in: Chris Brown/Robyn Eckersley (Hg.), *The Oxford Handbook of International Political Theory*, Oxford 2018, S. 166–178; Monica Mookherjee, »Minority Rights«, in: Michael T. Gibbons (Hg.), *The Encyclopedia of Political Thought*, Malden 2014. Eine provokative Einschätzung findet sich bei Mitch Berbrier, »Why are there so Many ›Minorities‹?«, in: *Contexts* 3/1 (2004), S. 38–44; ders., »Making Minorities: Cultural Space, Stigma Transformation Frames, and the Categorical Status Claims of Deaf, Gay, and White Supremacist Activists in Late Twentieth Century America«, in: *Sociological Forum* 17/4 (2002), S. 553–591.

10 Georges Canguilhem, *Le normal et le pathologique*, Paris 1966; Jürgen Link, *Versuch über den Normalismus. Wie Normalität produziert wird*, Göttingen 2009; Markus Dederich, »Normalität«, in: Hans Jörg Sandkühler (Hg.), *Enzyklopädie Philosophie*, Bd. 2, Hamburg 2010, S. 1803–1805; Peter Cryle/Elizabeth Stephens, *Normality. A Critical Genealogy*, Chicago 2017.

11 Mary Douglas, *Reinheit und Gefährdung. Eine Studie zu Vorstellungen von Verunreinigung und Tabu*, Berlin 1985, S. 15 f.; Zygmunt Bauman, *Moderne und Ambivalenz. Das Ende der Eindeutigkeit*, Hamburg 2005, S. 103 f.; Valentin Groebner, *Wer redet von der Reinheit? Eine kleine Begriffsgeschichte*, Wien 2019.

12 Ausnahmen, die die Regeln bestätigen, sind: Kai Struve, »›Nationale Minderheit‹. Begriffsgeschichtliches zu Gleichheit und Differenz«, in: *Leipziger Beiträge zur jüdischen Geschichte und Kultur* 2 (2004), S. 233–258; André Liebich, »Minority as Inferiority: Minority Rights in Historical Perspective«, in: *Review of International Studies* 34/2 (2008), S. 243–263; der Osteuropahistoriker betont, dass der Begriff der »›Minderheit‹ in dem uns hier interessierenden Sinne ein relativer Neologismus ist. Der Begriff taucht in internationalen Rechtsdokumenten nicht vor den so genannten ›Minderheitenverträgen‹ von 1919 auf« (S. 245); Earl Lewis, »Constructing African Americans as Minority«, in: André Burguière/Raymond Grew (Hg.), *The Construction of Minorities. Cases for Comparison across Time and around the World*, Ann Arbor, MI 2000, S. 15–38; Philip Gleason, »Minorities (Almost) All: The Minority Concept in American Social Thought«, in: *American Quarterly* 43/3 (1991), S. 392–424.

13 Mahmood Mamdani, *Neither Settler nor Native. The Making and Unmaking of Permanent Minorities*, Cambridge, MA 2020, S. 2; eine ähnliche Deutung des Westfälischen Friedens als Gründungsmoment der Minderheitenrechte bei Jennifer Jackson Preece, »Minority Rights in Europe. From Westphalia to Helsinki«, in: *Review of International Studies* 23/1 (1997), S. 75–92; Minderheiten definiert sie als »politische Außenseiter, deren Identität nicht den Kriterien

entspricht, die die politische Zugehörigkeit zu der souveränen Gerichtsbarkeit definieren, auf dessen Gebiet sie sich aufhalten« (S. 75); siehe auch: Seyla Benhabib, *The Rights of Others. Aliens, Residents and Citizens*, Cambridge 2004, S. 12; Fritz Wittmann, »Minderheiten, Minderheitenschutz«, in: Hermann Kunst u.a. (Hg.), *Evangelisches Staatslexikon*, Stuttgart 1975, Sp. 2146–2151, bes. Sp. 2147, und die Literaturhinweise in Endnote 33.

14 Roy Bar Sadeh/Lotte Houwink ten Cate, »Toward a Global Intellectual History of ›Minority‹«, in: *Comparative Studies of South Asia, Africa and the Middle East* 41/3 (2021), S. 319–324; On Barak, »Infrastructures of Minoritization«, in: ebd., S. 347–354; Laura Robson, »Capitulations Redux: The Imperial Genealogy of the Post–World War I ›Minority‹ Regimes«, in: *American Historical Review* 126/3 (2021), S. 978–1000; Alda Benjamen u.a., »Roundtable: Minoritization and Pluralism in the Modern Middle East«, in: *International Journal of Middle East Studies* 50/4 (2018), S. 757–785; Emily Greble, *Muslims and the Making of Modern Europe*, Oxford 2021, S. 107–131; Sujitha Selvarajah/Thilagawathi Abi Deivanayagam/Gideon Lasco u.a., »Categorisation and Minoritisation«, in: BMJ Global Health 5/12 (2020), S. 1–3; Benjamin Thomas White, *The Emergence of Minorities in the Middle East. The Politics of Community in French Mandate Syria*, Edinburgh 2011; Jan Rath, *Minorising. De sociale constructie van »etnische minderheden«*, Amsterdam 1991.

15 Paul Valéry, »Betrachtungen über die Diktatur« [1934], in: ders., *Werke. Bd. 7: Zur Zeitgeschichte und Politik*, hg. von Jürgen Schmidt-Radefeldt, Frankfurt/M. 1995, S. 236–241; Jens Hacke, *Existenzkrise der Demokratie. Zur politischen Theorie des Liberalismus in der Zwischenkriegszeit*, Berlin 2018.

16 Zahlreiche Belege in der Onlinefassung des *Oxford English Dictionary*, https://www.oed.com/; ähnliche Befunde für das Französische im *Grand Corpus des dictionnaires 9e–20e s.*, https://classiques-garnier.com/grand-corpus-des-dictionnaires-ixe-xxe-s.html und in der Onlineausgabe der neun Auflagen des seit 1694 erscheinenden *Dictionnaire de l'académie française*, https://www.dictionnaire-academie.fr/article/A9M2269 [3. 3. 2022].

17 »Majorité«, in: Denis Diderot (Hg.), *Encyclopédie, ou dictionnaire raisonné des sciences, des arts et des métiers*, Bd. 9, 1751, S. 885.

18 »Minorennität (Minderjährigkeit)«, in: *Allgemeine deutsche Real-Encyclopädie für die gebildeten Stände. Conversations-Lexikon*, 7. Aufl., Bd. 7, Leipzig 1830, S. 400; »Minorennität (Minderjährigkeit)«, in: Hermann Wagener (Hg.), *Neues Conversations-Lexikon. Staats- und Gesellschaftslexikon*, Bd. 13, Berlin 1863, S. 419; »Minorenn, minderjährig, Minnorennität, Minderjährigkeit«, in: Johann Georg Krünitz (Hg.), *Oeconomische Encyklopädie*, Bd. 91, Berlin 1803, S. 453; »Majorenn«, in: ders. (Hg.), *Oeconomische Encyklopädie*, Bd. 83, Berlin 1801, S. 29–54; »Majorenn« bzw. »Majorennität«, in: Johann Heinrich Campe,

Wörterbuch zur Erklärung und Verdeutschung der unserer Sprache aufgedrungenen fremden Ausdrücke, Bd. 2, Braunschweig 1801, S. 453 und »Minorenn« bzw. »Minorennität«, in: ebd., S. 468.

19 »Mündig«, in: Wilhelm Traugott Krug (Hg.), *Allgemeines Handwörterbuch der philosophischen Wissenschaften, nebst ihrer Literatur und Geschichte. Nach dem heutigen Standpuncte der Wissenschaft*, 2. Aufl., Bd. 2, Leipzig 1833, S. 940.

20 »Majorennität«, in: *Meyers Conversations-Lexicon*, Bd. 20, Hildburghausen 1851, S. 315–317, hier S. 317.

21 »Mündigkeit (Minorennität, Majorennität)«, in: Robert Blum (Hg.), *Volksthümliches Handbuch der Staatswissenschaften und Politik. Ein Staatslexicon für das Volk*, Bd. 2, Leipzig 1852, S. 99.

22 »Minderheit«, in: Joachim Heinrich Campe (Hg.), *Wörterbuch der Deutschen Sprache*, Teil 3, Braunschweig 1809, S. 287; »Minderheit«, in: Jacob Grimm/Wilhelm Grimm (Hg.), *Deutsches Wörterbuch*, Bd. 12, Leipzig 1884, Sp. 2229. In Johann Georg Krünitz' *Oeconomisches Lexikon* findet sich nur ein kurzer Eintrag: »Minorität, unter mehreren die kleinere Zahl; Minderheit, Minderzahl«, in: ebd., Bd. 91, Leipzig 1803, S. 453.

23 Zitiert nach »minorité«, https://www.cnrtl.fr/definition/minorites [22. 07. 2022]; siehe auch »mineur, minorité«, in: Alain Rey (Hg.), *Dictionnaire historique de la langue française*, Paris 2010.

24 Christoph Dartmann (Hg.), *Technik und Symbolik vormoderner Wahlverfahren*, München 2010; Reinhard Schneider/Harald Volkmar Zimmermann (Hg.), *Wahlen und Wählen im Mittelalter*, Sigmaringen 1990; James H. Burns, »Majorities: An Exploration«, in: *History of Political Thought* 24/1 (2003), S. 66–86; Georg Simmel, »Exkurs über die Überstimmung«, in: ders., *Soziologie. Untersuchungen über die Formen der Vergesellschaftung*, Frankfurt/M. 1992, S. 218–228, bes. S. 227; Olivier Christin, *Vox populi. Une histoire du vote avant le suffrage universel*, Paris 2014; Flaig (Hg.), *Genesis und Dynamik*; Egon Flaig, *Die Mehrheitsentscheidung. Entstehung und kulturelle Dynamik*, Paderborn 2013; zum normativen Prinzip des »maior et sanior pars« siehe: Léo Moulin, »Sanior et maior pars. Note sur l'évolution des techniques électorales dans les ordres religieuses du VIe au XIIIe siècle«, in: *Revue historique de droit français et étranger* 35 (1958), S. 368–397, 491–529; Ferdinand Elsener, Zur Geschichte des Majoritätsprinzips (Pars maior und Pars sanior), insbesondere nach schweizerischen Quellen«, in: *Zeitschrift der Savigny-Stiftung für Rechtsgeschichte. Kanonistische Abteilung* 42/1 (1956), S. 73–116; Winfried Schulze, »Majority Decision in the Imperial Diets of the Sixteenth and Seventeenth Centuries«, in: *Journal of Modern History* 58/4 (1986), Beilage, S. 46–63.

25 W. E. Hickson, »Evidence«, in: *Report of Commissioners of Enquiry into the Corporation of London*, London 1854, S. 310–320, hier S. 319; die Formulierung

wird aufgegriffen in: »Minorities and Majorities, Their Relative Rights«, in: *Edinburgh Review* 100 (Juli 1854), S. 234; allgemein: Alan S. Kahan, *Aristocratic Liberalism. The Social and Political Thought of Jacob Burckhardt, John Stuart Mill, and Alexis de Tocqueville*, New York 1992.

26 Edmund Burke, *Reflections on the Revolution in France*, London 1790, S. 186; deutsch: *Betrachtungen über die französische Revolution*, Theil 1, Berlin 1794, S. 187 (Übersetzung geändert); »Majorität«, in: Hermann Wagener (Hg.), *Neues Conversations-Lexikon. Staats- und Gesellschaftslexikon*, Bd. 12, Berlin 1863, S. 652 f., hier S. 652; siehe auch »Autorität« in: ders. (Hg.), *Neues Conversations-Lexikon. Staats- und Gesellschaftslexikon*, Bd. 3, Berlin 1860, S. 111–122.

27 James Garth Marshall, *Minorities and Majorities, Their Relative Rights*, London 1853; H. Bertholdi, »Majorität und Minorität«, in: Robert Blum (Hg.), *Volksthümliches Handbuch der Staatswissenschaften und Politik. Ein Staatslexicon für das Volk*, Bd. 2, Leipzig 1852, S. 52 f.; »Minorität, Minoritätsvertretung«, in: *Politisches Handbuch. Staats-Lexikon für das deutsche Volk*, Bd. 2, Leipzig 1871, S. 185 f.

28 Georg Jellinek, *Das Recht der Minoritäten. Vortrag gehalten in der Juristischen Gesellschaft zu Wien*, Berlin 1898, S. 6; siehe auch ders., »Das Recht der Minoritäten«, in: *Zeitschrift für das private und das öffentliche Recht der Gegenwart* 25 (1898), S. 429–466; Siegfried Geyerhahn, »Minoritätenvertretung und Proportionalwahl«, in: Ernst Mischler/Josef Ulbrich (Hg.), *Österreichisches Staatswörterbuch. Handbuch des gesamten österreichischen öffentlichen Rechtes*, Bd. 3, Wien 1907, S. 648–654. Geyerhahn bezieht sich auf den Mährischen Ausgleich von 1905: »Durch die Schaffung von national getrennten Wahlkörpern ist demnach die Majorisierung nationaler Minderheiten unmöglich gemacht worden« (S. 652). Allgemein: Jens Kersten, »Mehrheit und Minderheit im Minoritätenstaat. Georg Jellineks rechtspolitische Schriften 1885 bis 1906 als Beitrag zum Verhältnis von Staatsrechtslehre und Politik im Spätkonstitutionalismus und darüber hinaus«, in: *Der Staat* 40/2 (2001), S. 221–242.

29 Simmel, »Exkurs über die Überstimmung«, S. 222; die Abstimmung diene allein der »Herstellung einer sozialen Einheit aus dissentierenden Elementen«. Sie sei, »in all ihrer scheinbaren Einfachheit, eines der genialsten unter den Mitteln, den Widerstreit [...] in ein schließlich einheitliches Resultat münden zu lassen« (ebd., S. 218).

30 »Majorität und Minorität (mittellat.)«, in: *Brockhaus Konversations-Lexikon*, 14. Aufl., Bd. 11, Leipzig 1894, S. 508; »Majorität«, in: *Meyers Großes Konversations-Lexikon*, Bd. 13, Leipzig 1908, S. 143; »Minorität«, in: ebd., S. 883.

31 August Kurtzel, »Die kirchlich-religiöse Bewegung der Gegenwart. Zweiter Abschnitt. Die Bewegung in der römisch-katholischen Kirche«, in: ders (Hg.), *Die Gegenwart. Eine encyclopädische Darstellung der neuesten Zeitgeschichte für alle*

Stände, Bd. 8, Leipzig 1853, S. 661–700, hier S. 694; Ines Prodöhl, *Die Politik des Wissens. Allgemeine deutsche Enzyklopädien zwischen 1928 und* 1956, Berlin 2011, S. 45; »Römisch-katholische Kirche«, in: Joseph Meyer (Hg.), *Großes Conversations-Lexicon für die gebildeten Stände*, 5. Supplement-Band, Hildburghausen 1854, S. 220–246, hier S. 234; »Schweizerische Eidgenossenschaft«, in: *Grazer Zeitung*, 5. 7. 1841, S. 2.

32 »Religions-Gleichheit, Religions-Parität«, in: *Zedlers Großes Universallexikon*, Bd. 31, Leipzig/Halle 1742, Sp. 517; »Parität«, in: Johann S. Ersch/Johann G. Gruber (Hg.), *Allgemeine Encyclopädie der Wissenschaften und Künste*, 3. Section, 12. Theil, Leipzig 1839, S. 119; »Parität«, in: *Brockhaus Bilder-Conversations-Lexikon*, Bd. 3, Leipzig 1839, S. 417; siehe auch: Heinrich F. Jacobson, »Parität«, in: Johann J. Herzog (Hg.) *Realencyklopädie für protestantische Theologie und Kirche*, Bd. 11, Gotha 1859, S. 108–110; v. Moy [d. i. Karl Ernst von Moy de Sons], »Parität«, in: Joseph Hergenröther/Franz Kaulen (Hg.), *Wetzer und Weltke's Kirchenlexikon oder Encyklopädie der katholischen Theologie und ihrer Hülfswissenschaften*, 2. Aufl., Bd. 9, Freiburg im Breisgau 1895, S. 1520–1524; allgemein: Martin Heckel, »Parität«, in: *Zeitschrift der Savigny-Stiftung für Rechtsgeschichte. Kanonistische Abteilung* 49/1 (1963) S. 261–420; ders., »Parität«, in: Roman Herzog u. a. (Hg.), *Evangelisches Staatslexikon*, 3., Bd. 2, Stuttgart 1987, Sp. 2412–2420. Aus jüdischer Sicht dagegen galt Parität als fragwürdig, weil das Prinzip sich allein auf staatskirchenrechtliche Fragen erstreckte und daher oft den Grundsatz der allgemeinen Gleichheit einschränkte; siehe Pulzer, *Jews and the German State*, S. 50–52.

33 Carol Fink, *Defending the Rights of Others. The Great Powers, the Jews, and International Minority Protection, 1878–1938*, Cambridge 2004; Eric D. Weitz, *A World Divided. The Global Struggle for Human Rights in the Age of Nation-States*, Princeton, NJ 2019, S. 159–163; Jackson Preece, »Minority Rights in Europe«, S. 80 f.

34 *Deutsches Reichsgesetzblatt*, Jg. 1878, Nr. 31, S. 307–345. Die Verfassung der Paulskirche vom März 1849 kannte den Begriff der Mehrheit nur im Sinne des numerischen Mehrheitsprinzips bei Abstimmungen (§ 114). § 144 garantierte die »volle Glaubens- und Gewissensfreiheit« aller Deutschen, § 145 die »unbeschränkt[e]« »gemeinsame häusliche und öffentliche Uebung seiner Religion«; laut § 188 war den »nicht deutsch redenden Volksstämmen Deutschlands […] ihre volkthümliche Entwicklung gewährleistet, namentlich die Gleichberechtigung ihrer Sprachen, so weit deren Gebiete reichen, in dem Kirchenwesen, dem Unterrichte, der innern Verwaltung und der Rechtspflege«.

35 Alain Desrosières, *Die Politik der großen Zahlen. Eine Geschichte der statistischen Denkweise*, Berlin 2005; Morgane Labbé, *La nationalité, une histoire de chiffres. Politique et statistiques en Europe centrale 1848–1919*, Paris 2019; Karl Braunias,

Studien über Minderheitenrecht und Minderheitenstatistik. Sammlung von in den »Deutschen Politischen Heften« erschienenen Aufsätzen, Folge 1–3, Hermannstadt 1926–1928.

36 Das gilt für das katholische *Kirchenlexikon von Wetzer und Weltke* (2. Aufl., Bd. 8, 1893), die *Realencyklopädie für protestantische Theologie und Kirche* (3. Aufl., Bd. 13, 1903), die erste Auflage von *Religion in Geschichte und Gegenwart* (Bd. 4, 1912, S. 384) und die *Catholic Encyclopedia* (Bd. 10, 1913). Selbst in der zwölfbändigen *Encyclopaedia of Religion and Ethics* finden sich zwar ausführliche Einträge zu »Milk« und »Ministry«, »Minotaurs und »Miracles«, aber kein Lemma zu »Minderheit« oder »Mehrheit« (Bd. 8, 1915, bes. S. 674).

37 Daher sei es die Pflicht des Vaters, »to train his child during various stages of his minority«; Julius H. Greenstone, »Majority«, in: *Jewish Encyclopedia*, Bd. 8, New York 1904, S. 269–271, hier S. 271. Zur Geschichte des Lexikons: Shuly R. Schwartz, *The Emergence of Jewish Scholarship in America. The Publication of the Jewish Encyclopedia*, Cincinnati, OH 1991.

38 Fr. W., »Ist die Minderheitenvertretung und das proportionale Wahlsystem eine Angelegenheit, welche innerhalb der Schranken fallen kann, welche die Gemeinnützigkeit der Gesellschaften ihrer Tätigkeiten gesetzt haben?«, in: *Schweizerische Zeitschrift für Gemeinnützigkeit* 16 (1877), S. 393–396; E. Graf Lamezan, »Die Gesellschaft der Majorität«, in: *Deutsche Revue* 13/4 (1888), S. 322–332, hier S. 331; Paul Pacher, »Minoritätenvertretung«, in: *Der Kyffhäuser. Deutsche Monatsschrift für Kunst und Leben* 1 (1899), S. 161–164; Jellinek, »Das Recht der Minoritäten«; »Das Recht der Minoritäten nach Jellinek«, in: *Die Umschau. Übersicht über Fortschritte und Bewegungen auf dem Gesamtgebiet der Wissenschaft* 35 (1889); Franz Riß, »Majorität und Minorität«, in: *Beilage zur Allgemeinen Zeitung* [München], 21. 11. 1901, Nr. 268, S. 1–4; ebd., 22. 11. 1901, Nr. 269, S. 2–4; »Das Recht der Minderheit«, in: *Die Wage. Eine Wiener Monatsschrift* 22 (1900).

39 Anna Adorjáni/László Bence Bari, »National Minority. The Emergence of the Concept in the Habsburg and International Legal Thought«, in: *Acta Universitatis Sapientiae, European and Regional Studies* 16/1 (2020), S. 7–37; siehe auch Eric D. Weitz, »From the Vienna to the Paris System. International Politics and the Entangled Histories of Human Rights, Forced Deportations, and Civilizing Missions«, in: *American Historical Review* 113/5 (2008), S. 1313–1343, bes. S. 1330.

40 Ollivier Hubert/François Furstenberg (Hg.), *Entangling the Quebec Act. Transnational Contexts, Meanings, and Legacies in North America and the British Empire*, Montreal 2020.

41 »From the Quebec Canadian«, in: *Globe and Mail*, 22. 9. 1847. Trotzdem wurde der Minderheitenbegriff noch nicht zu einem selbstverständlichen Bestand-

teil des politischen Vokabulars. Die erste kanadische Enzyklopädie, die von 1898 bis 1900 erschien, enthielt keinen Eintrag zu »minority«: J. Castell Hopkins (Hg.), *Canada. An Encyclopedia of the Country*, 5 Bde., Toronto 1898–1900.

42 Adolf Jellinek, »Bedarf Israel noch des Trostes?«, in: ders., *Predigten. Dritter Theil*, Wien 1866, S. 161–172, hier S. 170 f.; »Über die Vitalität der jüdischen Rasse in Europa«, in: *Die Neuzeit. Wochenschrift für politische, religiöse und Cultur-Interessen*, 15. 9. 1865, S. 432 f.; »Mährischer Landtag«, in: *Znaimer Wochenblatt*, 24. 12. 1886, S. 5 f.; beispielhaft für die Verwendung im völkischen Nationalismus und der einzige Eintrag mit dem Begriff »Minderheiten« im Titel im Katalog der Deutschen Nationalbibliothek vor 1919: Heinrich Prade, *Die Behandlung der nationalen Minderheiten und die Lage des Deutschtums in Böhmen*, Flugschriften des Alldeutschen Verbandes 3, München 1896; allgemein: Gerald Stourzh, *Die Gleichberechtigung der Nationalitäten in der Verfassung und Verwaltung Österreichs 1848–1918*, Wien 1985.

43 Otto Bauer, *Die Nationalitätenfrage und die Sozialdemokratie*, Wien 1907; ders., »Die Bedingungen der nationalen Assimilation«, in: *Der Kampf. Sozialdemokratische Monatsschrift* 5/6 (1912), S. 246–263, hier S. 262 f.; vorher erschienen: Josef Seliger, »Die Minoritäten, wie sie entstehen und wie sie erwachen«, in: *Der Kampf* 2/1 (1908), S. 11–17; Alfred Meissner, »Die deutsch-tschechische Frage und die Sozialdemokratie«, in: *Der Kampf* 4/3 (1910), S. 108–114; Otto Bauer, »Schlußwort zur Minoritätenfrage«, in: *Der Kampf* 4/5 (1911), S. 201–209; Ludo M. Hartmann, »Zur nationalen Debatte«, in: *Der Kampf* 5/4 (1912), S. 152–154; allgemein: Eric Oberle, »Territoriality and the Jewish Question. Otto Bauer and the Problem of Negative Identity, 1905–14«, in: *Jewish Social Studies* 25/2 (2020), S. 1–48.

44 *Ottův slovník naučný* enthielt weder ein Lemma »menšina« (Bd. 17, Prag 1901, S. 110) noch eines zu »většina« (Bd. 26, Prag 1907, S. 628); vgl. dagegen: »menšin-a«, in: *B. Kočího malý slovník naučný*, Bd. 2, Prag 1929, S. 1346; allgemein: Adorjáni/Bari, »National Minority«; Struve, »›Nationale Minderheit‹«.

45 Georg Landauer, *Das geltende jüdische Minderheitenrecht, mit besonderer Berücksichtigung Osteuropas*, Leipzig 1924, S. 7.

46 A. L., »Rechte der Minderheiten in der Bevölkerung; Innerer Frieden; Aachener Kaiserrede; Graf Pückler; Mädchenhandel«, in: *Im deutschen Reich. Zeitschrift des Centralvereins Deutscher Staatsbürger Jüdischen Glaubens* 8/8 (1902), S. 431–442, hier S. 431.

47 [Ludwig] Fuld, »Der Nationalstaat und die Minoritäten. Vortrag, gehalten in der Berliner Central-Vereins-Versammlung am 22. Oktober 1907«, in: *Im deutschen Reich. Zeitschrift des Centralvereins Deutscher Staatsbürger Jüdischen Glaubens* 13/12 (1907), S. 665–677, hier S. 668; zu Fuld siehe Werner Schubert, »Gesetzgebung und Sozialpolitik im ausgehenden 19. Jahrhundert – Zur Er-

innerung an die rechtspolitischen Schriften von Ludwig Fuld«, in: Michael Stolleis (Hg.), *Die Bedeutung der Wörter. Studien zur europäischen Rechtsgeschichte. Festschrift für Sten Gagnér zum 70. Geburtstag*, München 1991, S. 421–439.

48 Hermann Willms, »Minderheitenrechte«, in: Paul Herre (Hg.), *Politisches Handwörterbuch*, Bd. 2, Leipzig 1923, S. 121–123.

49 Gustav Adolf Walz, »Minderheitenrecht oder Volksgruppenrecht?«, in: *Völkerbund und Völkerrecht* 3/37 (1936), S. 594–600, hier S. 599; ähnlich auch: Moritz Schmid-Burgk, »Vom Minderheitenschutz zum Volksgruppenrecht«, in: *Volk und Reich* 10 (1934), S. 212–219; kritisch hierzu: Jacob Robinson u. a., *Were the Minorities Treaties a Failure?*, New York 1943, S. 258 f.; allgemein: Kathrin Groh, »NS-Volksgruppenrecht«, in: Michael Fahlbusch/Ingo Haar/Alexander Pinwinkler (Hg.), *Handbuch der völkischen Wissenschaften*, 2. Aufl., Teilbd. 2, Berlin 2017, S. 1080–1088. Laut dem Völkerrechtler, der von 1933 bis 1937 Rektor der Breslauer Universität war, beruhte das in den Pariser Verträgen kodifizierte Prinzip des Minderheitenschutzes auf dem »Gleichheitsgedanken« und »dem partikularisierenden Denken des Liberalismus« (S. 596). Aus nationalsozialistischer Sicht seien Minderheitenverträge daher grundsätzlich abzulehnen, so Walz: »Aufgebaut auf dem völkischen Prinzip, ist der Nationalsozialismus eine Bewegung, die nicht für die Allgemeinheit und nicht für die Menschheit Anspruch auf Verwirklichung erhebt, sondern die sich zunächst mit der Erhaltung des eigenen Volkes befasst« (S. 597); zu Walz siehe: Michael Stolleis, *Geschichte des öffentlichen Rechts in Deutschland*, Bd. 3: *1914–1945*, München 1999, S. 170, 262, 392 f.

50 Rudolf Laun, »Volk und Nation; Selbstbestimmung; nationale Minderheiten«, in: Gerhard Anschütz/Richard Thoma (Hg.), *Handbuch des Deutschen Staatsrechts*, Bd. 1, Tübingen 1930, S. 244–257, hier S. 256.

51 S. Jonassohn, »Der polnische Staatsrat und die Rechte der nationalen Minderheiten«, in: *Neue jüdische Monatshefte* 1/15 (1917), S. 467–472; Max Kollenscher, »Die Verfassung der ›Jüdischen Religionsgesellschaft‹ in Polen und das Recht der Minderheiten«, in: *Neue jüdische Monatshefte* 3/23 (1919), S. 493–496; siehe auch: Gershon Bacon, »Polish Jews and the Minorities Treaties Obligations, 1925: The View from Geneva«, in: *Gal-Ed* 18 (2002), S. 145–176; allgemein: Alan Patten, »Immigrants, National Minorities, and Minority Rights«, in: ders., *Equal Recognition. The Moral Foundations of Minority Rights*, Princeton, NJ 2014, S. 269–297. Bis heute besteht die deutsche Regierung darauf, dass Einwanderer sich nicht auf Minderheitenrechte berufen können; siehe Rudolf Geiger, »Minderheitenschutz (Völkerrecht)«, in: Horst Tilch/Frank Arloth (Hg.), *Deutsches Rechts-Lexikon*, 3. Aufl., Bd. 2, München 2001, S. 2867 f.

52 »Minderheiten, nationale«, in: *Meyers Lexikon*, 7. Aufl., Leipzig 1928, S. 498 f., hier S. 498; Theodor Grentrup, »Minderheiten«, in: *Staatslexikon*, 5. Aufl.,

Bd. 3, Freiburg im Breisgau 1929, Sp. 1310–1320, hier Sp. 1310. Die Unterscheidung zwischen »Mehrheit und Minderheit«, so Grentrup, »geht im Grunde von der Zahl aus« (Sp. 1312); siehe auch ders., *Nationale Minderheiten und katholische Kirche*, Breslau 1927.

53 Max Kollenscher, »Minderheitsrechte, nationale, jüdische«, in: *Jüdisches Lexikon*, Bd. IV, Teilbd. 1, Berlin 1927, Sp. 192–201, hier Sp. 192 f.; die Unterscheidung zwischen Staat und Nationalität bereits bei ders., *Zionismus und Staatsbürgertum*, hg. von der Zionistischen Vereinigung Deutschland, 2. Aufl., Berlin 1910, S. 4–6; zwischen »Staatsvolk« und dem »Volk als natürlicher Einheit« bzw. der »Nationalität« unterschied auch Rudolf Laun, »Volk und Nation«, S. 244; allgemein: Michael Brenner, »The Jüdische Volkspartei: National-Jewish Communal Politics during the Weimar Republic«, in: *Leo Baeck Institute Year Book* 35 (1990), S. 219–243; Jan Rybak, »Jewish Nationalism and Indifference between Posen and Poznań: The Jewish People's Council, 1918–1920«, in: *Leo Baeck Institute Year Book* 65 (2020), S. 107–126; dass den europäischen Juden in diesen Fragen eine besondere Stellung zukam, sahen bereits die Zeitgenossen: Das *Times Literary Supplement* betonte im September 1933, »the Jews had a unique interest in the intricate problem of racial minorities confronting the statesmen oft he world in their efforts to refashion the map of Europe and the Near East after the cataclysm of 1914 to 1918. Alone among the greater civilised races the Jews are permanently a minority. A Jewish minority is to be found in every State and nowhere are they in the majority. [...] It was their long sufferings at the hands of their non-Jewish rulers that awoke in the Jews the intense desire for international legal protection for racial minorities that made them both before and after the war the protagonists in the fight for the recognition by the world at large that a racial minority has a right to autonomous government.« Siehe »The Jews and Minority Rights« [d. i. Rez. von Oscar I. Janowsky, *The Jews and Minority Rights (1898 to 1919)*, New York 1933], in: *Times Literary Supplement*, 14. September 1933, Nr. 1650, S. 600.

54 Paul Valéry, »Über Geschichte« [1927], in: ders., *Werke*, Bd. 7: *Zur Zeitgeschichte und Politik*, hg. von Jürgen Schmidt-Radefeldt, Frankfurt/M. 1995, S. 173–176, hier S. 173.

55 Fink, *Defending the Rights of Others*; Jörg Fisch, *Das Selbstbestimmungsrecht der Völker. Die Domestizierung einer Illusion*, München 2010, S. 182–186; Mark Mazower, »Minorities and the League of Nations in Interwar Europe«, in: *Daedalus* 126/2 (1997), S. 47–63; Emmanuel Dalle Mulle/Mona Bieling, »The Ambivalent Legacy of Minority Protection for Human Rights«, in: *Schweizerische Zeitschrift für Geschichte* 71/2 (2021), S. 267–290; Larry Wolff, *Woodrow Wilson and the Reimagining of Eastern Europe*, Stanford, CA 2020; James Shotwell,

»Foreword«, in: Oscar I. Janowsky, *Nationalities and National Minorities (with Special Reference to East-Central Europe)*, New York 1945, S. VII–X.

56 Liebich, »Minority as Inferiority«, S. 243. »As a grudging and begrudged calculus of compensation«, betont Liebich, »minority rights have been unable to compete in terms of legitimacy with either an increasingly robust international human rights regime or with the right of national self-determination« (S. 243 f.).

57 Tara Zahra, »The ›Minority Problem‹ and National Classification in the French and Czechoslovak Borderlands«, in: *Contemporary European History* 17/2 (2008), S. 137–165, hier S. 144; »Das Verständnis des ›Minderheitenproblems‹ als eine besondere osteuropäische Pathologie«, so Zahra, »schwächte die Minderheitenverträge und leistete der problematischen Annahme Vorschub, dass Frieden und Demokratie kulturelle Homogenität voraussetzten« (S. 164); siehe auch: Robinson u. a., *Were the Minorities Treaties a Failure?*, S. 63; allgemein: Stephen R. Graubard, »Art. Democracy«, in: Philip Wiener (Hg.), *Dictionary of the History of Ideas*, Bd. 1, New York 1973, S. 652–667, hier S. 665 f.

58 William E. B. Du Bois, *The Souls of Black Folk* [1903], hg. von Brent Hayes Edwards, New York 2007, S. 7 f. (dt. *Die Seelen der Schwarzen = The souls of black folk*, Freiburg 2008, S. 34 f.); siehe auch Lewis, »Constructing African Americans«, S. 18.

59 Nahum Goldmann, »Post-War Problems«, in: *Congress Weekly*, 28. 11. 1941, S. 5–7, hier S. 6 f.; ähnlich ders., »Sovereignty and Human Rights«, in: *Free World* 7/1 (1944), S. 63–66, bes. S. 65; ähnlich auch Hannah Arendt in einem erst 2007 veröffentlichten Brief: »The Minority Question (1940)«, in: dies., *The Jewish Writings*, hg. v. Jerome Kohn, New York 2007, S. 125–133, bes. S. 126, 128 (dt. als: »Zur Minderheitenfrage. Brief an Erich Cohn-Bendit, Paris, Januar 1940«, in: dies., *Vor Antisemitismus ist man nur noch auf dem Monde sicher. Beiträge für die deutsch-jüdische Migrantenzeitung »Aufbau« 1941–45*, hg. v. Marie Luise Knott, München 2019, S. 233–242, bes. S. 234, 236; hierzu als zeitgenössischer Kommentar: Paul Guggenheim, »Minderheitenschutz oder Menschenrechte?«, in: *Israelitisches Wochenblatt für die Schweiz* 42/30 (1942), S. 3 f., 42/32–33 (1942), S. 3 f., 42/36 (1942), S. 3 f.

60 Robinson u. a., *Were the Minorities Treaties a Failure?*, bes, S. 65, 70–73, 247 f., 263; Gil Rubin, »The End of Minority Rights: Jacob Robinson and the ›Jewish Question‹ in World War II«, in: *Jahrbuch des Simon-Dubnow-Instituts* 11 (2012), S. 55–71, bes. S. 55, 57, 71; ders., *The Future of the Jews: Planning for the Postwar Jewish World, 1939–1946*, Diss., Columbia University, 2017; Nathan A. Kurz, *Jewish Internationalism and Human Rights after the Holocaust*, Cambridge 2020, S. 19–22; siehe auch: Joseph B. Schechtman, »Decline of the International

Protection of Minority Rights«, in: *Western Political Quarterly* 4/1 (1951), S. 1–11, bes. S. 1 f., 8; sowie Jackson Preece, »Minority Rights in Europe«, S. 84–87.

61 William E. B. Du Bois, *Color and Democracy. Colonies and Peace*, New York 1945, S. V, 5; allgemein: Marilyn Lake/Henry Reynolds, *Drawing the Global Colour Line. White Men's Countries and the International Challenge of Racial Equality*, Cambridge 2008.

62 Hans Kohn, »Minorities«, in: *Encyclopaedia Britannica*, 15. Aufl., Bd. 15, Chicago, IL 1947, S. 564–576, hier S. 564; zu Kohn: Adi Gordon, *Toward Nationalism's End. An Intellectual Biography of Hans Kohn*, Waltham, MA 2017; ähnlich wie Kohn argumentieren Maureen A. Craig/Julian M. Rucker/Jennifer A. Richeson, »Racial and Political Dynamics of an Approaching ›Majority-Minority‹ United States«, in: *Annals of the American Academy of Political and Social Science* 677 (2018), S. 204–214, hier S. 211 f.; Selvarajah/Deivanayagam/Lasco u. a., »Categorisation and Minoritisation«, S. 2; Philip Vuciri Ramaga, »Relativity of the Minority Concept«, in: *Human Rights Quarterly* 14/1 (1992), S. 104–119, hier S. 119: »the apparently cardinal element of numerical inferiority is, actually, an expression of dominance. [...] dominance alone could explain the whole concept of minority identification and status.«

63 Eric R. Wolf, »Perilous Ideas: Race, Culture, People«, in: ders., *Pathways of Power. Building an Anthropology of the Modern World*, Berkeley, CA 2001, S. 308–412; Raymond Grew, »Introduction«, in: Burguière/Grew (Hg.), *The Construction of Minorities*, S. 1–14, hier S. 2.

64 George Kateb, *Patriotism and Other Mistakes*, New Haven, CT 2006, S. 361 f.

65 David Novak, *The Jewish Social Contract. An Essay in Political Theology*, Princeton, NJ 2005, bes. S. XI; ähnlich: Karl Mannheim, *Freedom, Power and Democratic Planning*, New York 1950, S. 203.

2 Jüdisches Leben und die Ambivalenzen der bürgerlichen Gesellschaft in Deutschland

1 Theodor Fontane, *Werke, Schriften und Briefe*, Abt. 4, Bd. III: *Briefe 1879–1889*, hg. von Walter Keitel u. a., München 1980, S. 27.

2 Ders., »›Adel und Judenthum in der Berliner Gesellschaft‹«, zit. n.: Jost Schillemeit, »Berlin und die Berliner. Neuaufgefundene Fontane-Manuskripte«, in: *Jahrbuch der deutschen Schillergesellschaft* 30 (1986), S. 37 f.; siehe auch ders., »Judentum und Gesellschaft als Thema Fontanes«, in: *Jahrbuch 1988 der Braunschweigischen Wissenschaftlichen Gesellschaft* (1988), S. 29–44, bes. S. 35–40.

3 Warum, weiß die Fontaneforschung nicht: Schillemeit, »Berlin und die Berliner«, S. 34.

4 Bis heute nicht überholt: Walter Boehlich (Hg.), *Der Berliner Antisemitis-*

musstreit, Frankfurt/M. 1965, bes. das Nachwort S. 237–263; auch Uffa Jensen, *Gebildete Doppelgänger. Bürgerliche Juden und Protestanten im 19. Jahrhundert*, Göttingen 2005; Marcel Stoetzler, *The State, the Nation, & the Jews. Liberalism and the Antisemitism Dispute in Bismarck's Germany*, Lincoln, NE 2008; Karsten Krieger (Hg.), *Der »Berliner Antisemitismusstreit« 1879–1881. Eine Kontroverse um die Zugehörigkeit der deutschen Juden zur Nation*, München 2003.

5 Stefan Greif, »›… dieses gleich zu hassende und zu liebende Preußen!‹ Der Altpreuße Theodor Fontane zwischen bürgerlicher Revolution und Wilhelminismus«, in: Helmut Scheuer (Hg.), *Die Dichter und ihre Nation*, Frankfurt/M. 1993, S. 290–310.

6 Wolfgang Paulsen, »Theodor Fontane – The Philosemitic Antisemite«, in: *Leo Baeck Institute Year Book* 26 (1981), S. 303–322; siehe auch Michael Fleischer, *»Kommen Sie, Cohn.« Fontane und die »Judenfrage«*, Berlin 1998; Hanna Delf von Wolzogen/Helmuth Nürnberger (Hg.), *Theodor Fontane. Am Ende des Jahrhunderts*, Bd. 1: *Der Preuße – die Juden – das Nationale*, Würzburg 2000; Mike Rottmann, »Doppeltes Erbe. Erzählte Aufklärungsskepsis und ›erlebte Judenfrage‹ bei und nach Fontane«, in: Matthias Grüne/Jana Kittelmann (Hg.), *Theodor Fontane und das Erbe der Aufklärung*, Berlin 2021, S. 211–242.

7 Siehe Paul Nolte, »Zivilgesellschaft und soziale Ungleichheit. Konzeptionelle Überlegungen zur deutschen Gesellschaftsgeschichte«, in: Ralph Jessen/Sven Reichhardt/Ansgar Klein (Hg.), *Zivilgesellschaft als Geschichte. Studien zum 19. und 20. Jahrhundert*, Wiesbaden 2004, S. 305–327; Hans-Ulrich Wehler, *Deutsche Gesellschaftsgeschichte*, Bd. 3.: *1849–1914*, München 1995, bes. S. 700.

8 Jürgen Kocka, »The Middle Classes in Europe«, in: *Journal of Modern History* 67/4 (1995), S. 783–806, bes. S. 794.

9 Ebd., S. 785 f.; vgl. dagegen: Frank-Michael Kuhlemann, »Bürgertum und Religion«, in: Peter Lundgreen (Hg.), *Sozial- und Kulturgeschichte des Bürgertums*, Göttingen 2000, S. 293–318; Michael Rosen, *The Shadow of God. Kant, Hegel, and the Passage from Heaven to History*, Cambridge, MA 2022; Friedrich Wilhelm Graf, *Die Wiederkehr der Götter. Religion in der modernen Kultur*, München 2004.

10 Obwohl sich 1986 in der Frühphase des Bielefelder Sonderforschungsbereichs Sozialgeschichte des neuzeitlichen Bürgertums eine Arbeitsgruppe mit der Geschichte der jüdischen Minderheit in der bürgerlichen Gesellschaft beschäftigte, nahm keines der etwa fünfzig Teilprojekte diesen Faden auf. Die Beiträge finden sich in: Jürgen Kocka (Hg.), *Bürgertum im 19. Jahrhundert. Deutschland im europäischen Vergleich*, Bd. 2: *Wirtschaftsbürger und Bildungsbürger*, München 1988, S. 343–450. Einen Überblick über die Ergebnisse des Bielefelder Sonderforschungsbereichs bzw. des Frankfurter Bürgertums-

projekts bieten die bisher 24 Bände der Schriftenreihe *Bürgertum. Beiträge zur europäischen Gesellschaftsgeschichte*, Göttingen 1991 ff., bzw. die bisher 13 Bände der Schriftenreihe *Stadt und Bürgertum*, hg. von Lothar Gall, München 1990 ff. Allgemein: Jonathan Sperber, »Bürger, Bürgertum, Bürgerliche Gesellschaft. Studies of the German (Upper) Middle Class and its Sociocultural World«, in: *Journal of Modern History* 69/2 (1997), S. 271–297; zur Marginalisierung von Juden in der Bürgertumsforschung: Oded Heilbronner, »Das (bürgerliche) deutsche Judentum im Spiegel der deutschen Fachwissenschaft. Ein Forschungsbericht zwischen In- und Exklusion«, in: *Historische Zeitschrift* 278/1 (2004), S. 101–123; Ähnliches gilt auch für die Geschichte des katholischen Bürgertums: siehe ders., »From Ghetto to Ghetto. The Place of German Catholic Society in Recent Historiography«, in: *Journal of Modern History* 72/2 (2000), S. 453–495.

11 Shulamit Volkov, »Die Verbürgerlichung der Juden in Deutschland. Eigenart und Paradigma«, in: Kocka (Hg.), *Bürgertum im 19. Jahrhundert*, Bd. 2, S. 343–371.

12 Jacob Toury, *Soziale und politische Geschichte der Juden in Deutschland 1847–1871. Zwischen Revolution, Reaktion und Emanzipation*, Düsseldorf 1977, S. 114. Differenzierter dagegen das Urteil bei Stefanie Schüler-Springorum, *Die jüdische Minderheit in Königsberg, Pr. 1871–1945*, Göttingen 1996: Die »breite Mehrheit der Königsberger Juden konnte in der Mitte des 19. Jahrhunderts ihr ökonomisches Überleben sichern, war aber nicht wohlhabend oder gar reich« (S. 32); auch nach der Jahrhundertwende gehörte »die Mehrheit der jüdischen Minderheit [...] dem mäßig verdienenden kleinen oder mittleren Bürgertum an« (S. 57).

13 Monika Richarz, »Die Entwicklung der jüdischen Bevölkerung«, in: Michael A. Meyer (Hg.), *Deutsch-jüdische Geschichte in der Neuzeit*, Bd. 3: *Umstrittene Integration 1871–1918*, München 1997, S. 13. Nach 1870 »zählte die große Mehrheit« der Juden, so Shulamit Volkov 1988, »zum Bürgertum«; dies., »Verbürgerlichung der Juden«, S. 344. Vorsichtiger heißt es in Volkovs Überblicksdarstellung, die Juden bildeten »fast überall [...] eine gesicherte Mittelschicht«; dies., *Die Juden in Deutschland 1780–1914*, München 1994, S. 53.

14 Graf, *Wiederkehr der Götter*; Friedrich Lenger, »Bürgertum, Stadt und Gemeinde zwischen Frühneuzeit und Moderne«, in: *Neue Politische Literatur* 40/1 (1995), S. 14–29, hier S. 14; ders., *Metropolen der Moderne. Eine europäische Stadtgeschichte seit 1850*, München 2013; Hans-Walter Schmuhl, »Bürgertum und Stadt«, in: Lundgreen (Hg.), *Sozial- und Kulturgeschichte des Bürgertums*, S. 224–248.

15 Marion A. Kaplan, *The Making of the Jewish Middle Class. Women, Family, and Identity in Imperial Germany*, Oxford 1991; dies. (Hg.), *Geschichte des jüdischen*

Alltags in Deutschland. Vom 17. Jahrhundert bis 1945, München 2003; Jacques Ehrenfreund, *Mémoire juive et nationalité allemande. Les juifs berlinois à la Belle Époque*, Paris 2000; Andrea Hopp, *Jüdisches Bürgertum in Frankfurt am Main im 19. Jahrhundert*, Stuttgart 1997; Elisabeth Kraus, *Jüdisches Bürgertum in Deutschland. Die Geschichte der Familie Mosse*, München 1999; Simone Lässig, *Jüdische Wege ins Bürgertum. Kulturelles Kapital und sozialer Aufstieg im 19. Jahrhundert*, Göttingen 2004; Shulamit S. Magnus, *Jewish Emancipation in a German City. Cologne, 1798–1871*, Stanford, CA 1997; Ulrich Sieg, *Jüdische Intellektuelle im Ersten Weltkrieg. Kriegserfahrung, weltanschauliche Debatten und kulturelle Neuentwürfe*, Berlin 2001; Erika Buchholtz, *Henri Hinrichsen und der Musikverlag C. F. Peters. Deutsch-jüdisches Bürgertum in Leipzig von 1891 bis 1938*, Tübingen 2001; Martina Niedhammer, *Nur eine »Geld-Emancipation«? Loyalitäten und Lebenswelten des Prager jüdischen Großbürgertums 1800–1867*, Göttingen 2013; Sarah Wobick-Segev, *Homes Away From Home. Jewish Belonging in Twentieth-Century Paris, Berlin, and St. Petersburg*, Stanford 2018.

16 Ralf Roth, *Stadt und Bürgertum in Frankfurt am Main. Ein besonderer Weg von der ständischen zur modernen Bürgergesellschaft, 1760–1914*, München 1996, S. 517. Im Umfeld des Frankfurter Bürgertumsprojektes ist zudem Andrea Hopps Studie entstanden, die teilweise zu anderen Ergebnissen als Roth kommt; dies., *Jüdisches Bürgertum*, bes. S. 128–131.

17 Roth, *Stadt*, S. 539 f. Roth weist darauf hin, dass von den 68 Mitgliedern der politischen Führungsschicht vier im jüdischen Gemeindevorstand aktiv waren (S. 523), bietet jedoch anders als Manfred Hettling in seiner Studie des Breslauer Linksliberalismus keine Angaben über den Anteil von Juden an der politischen Führungsschicht; Manfred Hettling, *Politische Bürgerlichkeit. Der Bürger zwischen Individualität und Vergesellschaftung in Deutschland und der Schweiz von 1860 bis 1918*, Göttingen 1999.

18 Roth, *Stadt*, S. 587 f.; siehe auch Jan Palmowski, *Urban Liberalism in Imperial Germany. Frankfurt am Main, 1866–1914*, Oxford 1999, S. 201 f.; Notker Hammerstein, *Die Johann Wolfgang Goethe-Universität Frankfurt am Main*, Bd. 1: *Von der Stiftungsuniversität zur staatlichen Hochschule 1914–1950*, Frankfurt/M. 1989; Moritz Epple u. a. (Hg.), *»Politisierung der Wissenschaft«. Jüdische Wissenschaftler und ihre Gegner an der Universität Frankfurt am Main vor und nach 1933*, Göttingen 2016.

19 Sebastian Conrad/Shalini Randeria, »Geteilte Geschichten – Europa in einer postkolonialen Welt«, in: dies. (Hg.), *Jenseits des Eurozentrismus. Postkoloniale Perspektiven in den Geschichts- und Kulturwissenschaften*, Frankfurt/M. 2002, S. 9–49, hier S. 16; Monica Juneja/Margrit Pernau, »Einleitung«, in: dies. (Hg.), *Religion und Grenzen in Indien und Deutschland*, Göttingen 2008, S. 9–51; Sebastian Conrad/Jürgen Osterhammel (Hg.), *Das Kaiserreich transnational.*

Deutschland in der Welt 1871–1914, Göttingen 2004, hierin vor allem: David Blackbourn, »Das Kaiserreich transnational. Eine Skizze«, S. 302–324; Jürgen Osterhammel, *Die Verwandlung der Welt. Eine Geschichte des 19. Jahrhunderts*, München 2009; H. Glenn Penny, *German History Unbound. From 1750 to the Present*, Cambridge 2022.

20 Samuel Moyn, »German Jewry and the Question of Identity. Historiography and Theory«, in: *Leo Baeck Institute Year Book* 41 (1996), S. 291–308, hier S. 308. Anregend hierzu auch Dan Diner, »Geschichte der Juden – Paradigma einer europäischen Historie«, in: ders., *Gedächtniszeiten. Über jüdische und andere Geschichten*, München 2003, S. 246–262, 284–287; Marci Shore, »Tevye's Daughters. Jews and European Modernity«, in: *Contemporary European History* 16/1 (2007), S. 121–135; Paula E. Hyman, »Recent Trends in European Jewish Historiography«, in: *Journal of Modern History* 77/2 (2005), S. 345–356; dies., »Does Gender Matter? Locating Women in European Jewish History«, in: Jeremy Cohen/Moshe Rosman (Hg.), *Rethinking European Jewish History*, Oxford 2009, S. 54–71; Michael P. Steinberg, *Judaism Musical and Unmusical*, Chicago, IL 2007.

21 Zum Leitbild nationaler Homogenität: Ulrich Bielefeld, »Bürger – Nation – Staat. Probleme einer Dreierbeziehung«, in: Rogers Brubaker, *Staats-Bürger. Deutschland und Frankreich im historischen Vergleich*, Hamburg 1994, S. 7–18, hier S. 18; siehe auch Christian Geulen, *Wahlverwandtschaften. Rassendiskurs und Nationalismus im späten 19. Jahrhundert*, Hamburg 2004.

22 Stefan-Ludwig Hoffmann, *Die Politik der Geselligkeit. Freimaurerlogen in der deutschen Bürgergesellschaft 1840–1918*, Göttingen 2000; Frank Trentmann (Hg.), *Paradoxes of Civil Society. New Perspectives on Modern German and British Society*, Oxford 2000; Sudipta Kaviraj/Sunil Khilnani (Hg.), *Civil Society. History and Possibilities*, Cambridge 2001; Michael Edwards (Hg.), *The Oxford Handbook of Civil Society*, Oxford 2011; Jeffrey Alexander, *The Civil Sphere*, New York 2006.

23 Manfred Riedel, »Gesellschaft, bürgerliche«, in: Otto Brunner/Werner Conze/Reinhart Koselleck (Hg.), *Geschichtliche Grundbegriffe. Historisches Lexikon zur politisch-sozialen Sprache in Deutschland*, Bd. 2, Stuttgart 1975, S. 719–800, bes. S. 719 f., 775, 779.

24 Ebd., S. 719 f., 752, 756.

25 Am Beispiel der Nationsvorstellungen siehe Kapitel 3 in diesem Buch; allgemein Joseph Raz, »Multikulturalismus. Eine liberale Perspektive«, in: *Deutsche Zeitschrift für Philosophie* 43/2 (1995), S. 307–327, bes. S. 235; David Novak, *The Jewish Social Contract*, Princeton, NJ 2005.

26 Homi Bhabha, »DissemiNation. Time, Narrative, and the Margins of the Modern Nation«, in: ders., *The Location of Culture*, London 1995, S. 145 f.

27 Hinweise bei Nikolaus Buschmann, »Auferstehung der Nation? Konfession und Nationalismus vor der Reichsgründung in der Debatte jüdischer, protestantischer und katholischer Kreise«, in: Heinz-Gerhard Haupt/Dieter Langewiesche (Hg.), *Nation und Religion in der deutschen Geschichte*, Frankfurt/M. 2001, S. 333–388.

28 Homi K. Bhabha, »Verortungen der Kultur«, in: Elisabeth Bronfen/Benjmain Marius/Therese Steffen (Hg.), *Hybride Kulturen. Beiträge zur anglo-amerikanischen Multikulturalismusdebatte*, Tübingen 1997, S. 123–148, hier S. 124; sowie Dipesh Chakrabarty, *Provincializing Europe. Postcolonial Thought and Historical Difference*, Princeton, NJ 2000. Bei dem gegenwärtigen Interesse an postkolonialem Denken gerät oft aus dem Blick, dass die Kritik am rationalistischen Universalismus immer schon Teil liberalen Denkens war. Das gilt etwa für den »agonistischen Liberalismus« Isaiah Berlins. »The forms of life in which human beings constitute for themselves a diversity of nature are many and variable and they embody values that are irreducibly different and on occasion incommensurable«, hat John Gray Berlins Verständnis des Liberalismus zusammengefasst. John Gray, *Isaiah Berlin*, Princeton, NJ 1996, S. 25; Joshua L. Cherniss/Steven B. Smith (Hg.), *The Cambridge Companion to Isaiah Berlin*, Cambridge 2018.

29 Siehe Simone Lässig, »Bildung als kulturelles Kapital? Jüdische Schulprojekte in der Frühphase der Emanzipation«, in: Andreas Gotzmann/Rainer Liedtke/Till van Rahden (Hg.), *Juden, Bürger, Deutsche. Zur Geschichte von Vielfalt und Differenz 1800–1933*, Tübingen 2001, S. 263–298, hier S. 292 f.; bzw. Morten Reitmayer, *Bankiers im Kaiserreich. Sozialprofil und Habitus der deutschen Hochfinanz*, Göttingen 2000.

30 Max Weber, *Wirtschaft und Gesellschaft. Grundriß der verstehenden Soziologie* [1922], hg. von Johannes Winckelmann, Tübingen 1980, S. 538.

31 Ebd., S. 535.

32 Ebd., S. 179, 538.

33 Zum Spannungsverhältnis zwischen ständischen Momenten und der Klassenlage siehe die Beiträge von Simone Lässig, Morten Reitmayer und Ulrich Sieg in: Gotzmann/Liedtke/van Rahden (Hg.), *Juden, Bürger, Deutsche*. Lässig wie Sieg betonen, wie sich der Sozialstatus unabhängig von der materiellen Lage durch den Erwerb von Bildung steigern ließ.

34 Shulamit Volkov, *Germans, Jews, and Antisemites. Trials in Emancipation*, Cambridge 2006, S. 170–201; Stefi Jersch-Wenzel, »Bevölkerungsentwicklung und Berufsstruktur«, in: Michael A. Meyer (Hg.), *Deutsch-jüdische Geschichte in der Neuzeit*, Bd. 2: *Emanzipation und Akkulturation 1780–1871*, München 1997, S. 57–95; Monika Richarz, »Berufliche und soziale Struktur«, in: Meyer (Hg.), *Deutsch-jüdische Geschichte in der Neuzeit*, Bd. 3, S. 39–68. Allerdings ist die So-

zialgeschichte intergenerationeller jüdischer Mobilität im 19. Jahrhundert bisher kaum erforscht, sieht man einmal vom familienbiografischen Zugriff ab, wie ihn etwa Klaus Kemptner, *Die Jellineks 1820–1955. Eine familienbiographische Studie zum deutschjüdischen Bildungsbürgertum*, Düsseldorf 1998, Kraus, *Jüdisches Bürgertum*, und Buchholtz, *Henri Hinrichsen*, vorgeführt haben.

35 Mordechai Breuer, »Frühe Neuzeit und Beginn der Moderne«, in: Michael A. Meyer (Hg.), *Deutsch-jüdische Geschichte in der Neuzeit*, Bd. 1: *Tradition und Aufklärung*, München 1996, S. 233, 235; als Fallstudie: Ariane Wessel, *Ökonomischer Wandel als Aufstiegschance. Jüdische Getreidehändler an der Berliner Produktenbörse 1860–1914*, Göttingen 2020.

36 Siehe Richard Mehler, »Die Entstehung eines Bürgertums unter den Landjuden in der bayerischen Rhön vor dem Ersten Weltkrieg«, in: Gotzmann/Liedtke/van Rahden (Hg.), *Juden, Bürger, Deutsche*, S. 193–216; zur Geschichte des ländlichen Judentums: Ulrich Baumann, *Zerstörte Nachbarschaften. Christen und Juden in badischen Landgemeinden 1862–1940*, Hamburg 2000; Stefanie Fischer, *Ökonomisches Vertrauen und antisemitische Gewalt. Jüdische Viehhändler in Mittelfranken 1919–1939*, Göttingen 2014.

37 Zur Gesamtbevölkerung: Jürgen Kocka, »Zur Schichtung der preußischen Bevölkerung während der industriellen Revolution«, in: Wilhelm Treue (Hg.), *Geschichte als Aufgabe. Festschrift für Otto Büsch zu seinem 60. Geburtstag*, Berlin 1988, S. 357–390, bes. S. 388 f.

38 Siehe etwa Hartmut Kaelble, »Eras of Social Mobility in 19th and 20th Century Europe«, in: *Journal of Social History* 17/3 (1984), S. 489–504.

39 Siehe dazu die Beiträge von Simone Lässig, Stefanie Schüler-Springorum und Ulrich Sieg in: Gotzmann/Liedtke/van Rahden (Hg.), *Juden, Bürger, Deutsche*.

40 Miriam Gebhardt, *Das jüdische Familiengedächtnis. Erinnerung im deutsch-jüdischen Bürgertum 1890–1932*, Stuttgart 1999.

41 Till van Rahden, *Juden und andere Breslauer. Die Beziehungen zwischen Juden, Protestanten und Katholiken in einer deutschen Großstadt von 1860 bis 1925*, Göttingen 2000, S. 37–100; sowie Hettling, *Bürgerlichkeit*, S. 70–74, 97, 99, 140–144.

42 Siehe dazu Rainer Liedtke, »Jüdische Identität im bürgerlichen Raum. Die organisierte Wohlfahrt der Hamburger Juden im 19. Jahrhundert«, in: Gotzmann/Liedtke/van Rahden (Hg.), *Juden, Bürger, Deutsche*, S. 299–314; Andreas Reinke, »›Eine Sammlung des jüdischen Bürgertums‹. Der Unabhängige Orden B'nai B'rith in Deutschland«, in: ebd., S. 315–340.

43 Gershon D. Hundert, »The Largest Jewish Community in the World. When is a Minority Not a Minority?«, in: ders., *Jews in Poland-Lithuania in the Eighteenth Century. A Genealogy of Modernity*, Berkeley, CA 2004, S. 21–31.

44 Hopp, *Jüdisches Bürgertum*, S. 301.

45 Siehe David Sorkin, *The Transformation of German Jewry 1780–1840*, New York 1987, S. 113–123, »parallel associational life«: S. 113; ähnlich Henry Wassermann, *Jews, Bürgertum and Bürgerliche Gesellschaft in a Liberal Era in Germany, 1840–1880*, Dissertation, Hebräische Universität Jerusalem 1984. Vor Sorkin und Wassermann hatte Jacob Katz bereits argumentiert, dass die Verbreitung der Aufklärung unter den deutschen Juden nicht zu einer »inclusion of the enlightened Jews in the society of non-Jews« geführt habe: Jacob Katz, *Out of the Ghetto. The Social Background of Jewish Emancipation 1770–1870*, New York 1978, S. 54.

46 Sorkin, *Transformation*, S. 116.

47 Dies ist die Überlegung von Olaf Blaschke, »Das 19. Jahrhundert. Ein Zweites Konfessionelles Zeitalter?«, in: *Geschichte und Gesellschaft* 26/1 (2000), S. 38–75. Mit Kritik und weiterführenden Überlegungen hierzu: Anthony J. Steinhoff, »Ein zweites konfessionelles Zeitalter? Nachdenken über die Religion im langen 19. Jahrhundert«, in: *Geschichte und Gesellschaft* 30/4 (2004), S. 549–570; sowie Carsten Kretschmann/Henning Pahl, »Ein ›Zweites Konfessionelles Zeitalter‹? Vom Nutzen und Nachteil einer neuen Epochensignatur«, in: *Historische Zeitschrift* 276/2 (2003), S. 369–392. Anregend zur Geschichte religiöser Vielfalt und Konflikte: Helmut Walser Smith (Hg.), *Protestants, Catholics and Jews in Germany, 1800–1914*, Oxford 2001; Richard Helmstadter (Hg.), *Freedom and Religion in the Nineteenth Century*, Stanford, CA 1997; Benjamin Kaplan, *Divided By Faith. Religious Conflict and the Practice of Toleration in Early Modern Europe*, Cambridge, MA 2007.

48 Siehe dazu Liedtke, »Jüdische Identität«.

49 Siehe Michael A. Meyer, *Antwort auf die Moderne. Geschichte der Reformbewegung im Judentum*, Wien 2000; Susannah Heschel, *Abraham Geiger and the Jewish Jesus*, Chicago, IL 1998; sowie Andreas Gotzmann, »Zwischen Nation und Religion. Die deutschen Juden auf der Suche nach einer bürgerlichen Konfessionalität«, in: ders./Liedtke/van Rahden (Hg.), *Juden, Bürger, Deutsche*, S. 241–262. Gegen diese pauschale These spricht, dass die orthodoxen Rabbinerversammlungen die Idee einer jüdischen Nation zwar neu bestimmten, nicht aber verwarfen; siehe Philipp Lenhard, *Von Blut und Geist. Die Entstehung moderner jüdischer Ethnizität in Frankreich und Deutschland 1782–1848*, Göttingen 2014.

50 Anhand theologisch-religiöser Kontroversen zeigt dies Christian Wiese, *Wissenschaft des Judentums und protestantische Theologie im wilhelminischen Deutschland. Ein Schrei ins Leere?*, Tübingen 1999; allgemein zur Bedeutung solcher Argumente in einer pluralistischen Gesellschaft: Orm Øverland, *Immigrant Minds, American Identities. Making the United States Home, 1870–1930*, Urbana, IL 2000.

51 Heinrich Heine, »Shakespeares Mädchen und Frauen« [1838], in: *Sämtliche Schriften*, Bd. 4, hg. von Klaus Briegleb, München 1978, S. 257 f.; ähnlich auch ders., »Geständnisse« [1854], in: *Sämtliche Schriften*, Bd. 6/1, hg. von Klaus Briegleb, München 1985, S. 481–488, bes. S. 485 f.; siehe hierzu Siegbert Salomon Prawer, *Heine's Jewish Comedy. A Study of His Portraits of Jews and Judaism*, Oxford 1983; Nils Roemer, »Jew or German? Heinrich Heine's German-Jewish Reception in the Nineteenth Century«, in: *The Germanic Review. Literature, Culture, Theory* 74/4 (1999), S. 301–312, bes. S. 304.

52 Heinrich Graetz, »Einleitung«, in: ders., *Geschichte der Juden von den ältesten Zeiten bis auf die Gegenwart. Aus den Quellen neu gearbeitet*, Bd. 1: *Geschichte der Israeliten von ihren Uranfängen (um 1500) bis zum Tode des Königs Salomo (um 977 vorchristl. Zeit)*, Leipzig 1874, S. XVIII f. Bereits 1846 hatte Graetz jene kritisiert, die »der jüdischen Geschichte den Totenschein« ausstellten, um der Schwierigkeit auszuweichen, »die sich einer Construktion der Weltgeschichte im rein christlichen Sinne entgegentürmen würden«; ders., »Die Construction der jüdischen Geschichte« [1846], in: Michael Brenner u.a. (Hg.), *Jüdische Geschichte lesen. Texte der jüdischen Geschichtsschreibung im 19. und 20. Jahrhundert*, München 2003, S. 161–166, hier S. 161; Hermann Cohen, »Innere Beziehungen der Kantischen Philosophie zum Judentum«, in: *Bericht der Lehranstalt für die Wissenschaft des Judentums in Berlin*, Bd. 28 (1910), S. 42–61; allgemein: Susannah Heschel, »Wissenschaft des Judentums als Gegengeschichte«, in: ebd., S. 392–404; Christhard Hoffmann, »Constructing Jewish Modernity. Mendelssohn Jubilee Celebration within German Jewry, 1829–1929«, in: Rainer Liedtke/David Rechter (Hg.), *Towards Normality? Acculturation and Modern German Jewry*, Tübingen 2003, S. 27–52; sowie Nils Roemer, *Between History and Faith. Rewriting the Past – Reshaping Jewish Cultures in Nineteenth-Century Germany*, Madison, WI 2005. Ein Echo der Thesen von Graetz findet sich bei George Steiner, einem der letzten Universalgelehrten unserer Zeit. Der 1929 als Spross einer Wiener jüdischen Familie in Paris geborene Steiner führt in seiner Autobiografie die »abendländische Bildung« auf ihren »hebräisch-hellenischen Nährboden« zurück; George Steiner, *Errata. Bilanz eines Lebens*, München 1999, S. 29.

53 Carl Theodor Welcker, »Deutsche Staatsgeschichte, Deutschland, Deutsche, Germanen, deutsche Staatsverhältnisse, deutsche Kaiser und deutsche Grundgesetze«, in: Carl von Rotteck/Carl Welcker (Hg.), *Staats-Lexikon. Encyklopädie der sämmtlichen Staatswissenschaften für alle Stände*, Neue durchaus verbesserte und vermehrte Auflage, Bd. 3, Altona 1846, S. 731–769, hier S. 768; siehe auch ders., »Christenthum, christliche Religion und Moral in ihrem Verhältnis zur politischen Cultur oder zum Recht und zum Staat«, in: ebd., S. 214–239, bes. S. 226.

54 Siehe hierzu Peter Pulzer, »Rechtliche Gleichstellung und öffentliches Leben«, in: Meyer (Hg.), *Deutsch-Jüdische Geschichte in der Neuzeit*, Bd. 3, S. 156–157; ders., *Jews and the German State. The Political History of a Minority, 1848–1933*, Oxford 1992; Ulrich Sieg, »Der Preis des Bildungsstrebens. Jüdische Geisteswissenschaftler im Kaiserreich«, in: Gotzmann/Liedtke/van Rahden (Hg.), *Juden, Bürger, Deutsche*, S. 67–96.

55 Amalia Barboza/Christoph Henning (Hg.), *Deutsch-jüdische Wissenschaftsschicksale. Studien über Identitätskonstruktionen in der Sozialwissenschaft*, Bielefeld 2006; Birgit Bergmann/Moritz Epple (Hg.), *Jüdische Mathematiker in der deutschsprachigen akademischen Kultur*, Berlin 2009; Ulrich Charpa/Ute Deichmann (Hg.), *Jews and Sciences in German Contexts. Case Studies from the 19th and 20th Centuries*, Tübingen 2007; Till van Rahden/Michael Stolleis (Hg.), *Emanzipation und Recht. Zur Geschichte der Rechtswissenschaft und der jüdischen Gleichberechtigung*, Frankfurt/M. 2021.

56 Marion A. Kaplan, »Freizeit – Arbeit. Geschlechterräume im deutsch-jüdischen Bürgertum 1870–1914«, in: Ute Frevert (Hg.), *Bürgerinnen und Bürger. Geschlechterverhältnisse im 19. Jahrhundert*, Göttingen 1988, S. 169–172, hier S. 172; dies., »Friendship at the Margins. Jewish Social Relations in Imperial Germany«, in: *Central European History* 34/4 (2001), S. 471–501; ähnlich auch Schüler-Springorum, *Minderheit*, S. 81–86; Hopp, *Bürgertum*, S. 150, 153. Von »gegenseitiger Hilfsbereitschaft« als einer »Norm nachbarschaftlichen Zusammenlebens« spricht dagegen Ulrich Baumann; ders., *Zerstörte Nachbarschaften. Christen und Juden in badischen Landgemeinden 1862–1940*, Hamburg 2000, S. 94 f. Ob Freundschaften zwischen Juden und anderen Bürgern zwischen 1850 und 1914 tatsächlich die Ausnahme blieben, ist für das städtische Bürgertum eine offene Frage. Dass enge Freundschaften möglich waren, zeigt das Beispiel des Braunschweiger Rechtsanwalts Victor Heymann; siehe Hans-Walter Schmuhl, *Die Herren der Stadt. Bürgerliche Eliten und städtische Selbstverwaltung in Nürnberg und Braunschweig vom 18. Jahrhundert bis 1918*, Gießen 1998, S. 470–473.

57 Kerstin Meiring, *Die Christlich-jüdische Mischehe in Deutschland 1840–1933*, Hamburg 1998; Till van Rahden, »Intermarriages, the ›New Woman‹, and the Situational Ethnicity of Breslau Jews, 1870s to 1920s«, in: *Leo Baeck Institute Year Book* 46 (2001), S. 125–150.

58 Siehe Stefanie Schüler-Springorum, »›Denken, Wirken, Schaffen‹. Das erfolgreiche Leben des Aron Liebeck«, in: Gotzmann/Liedtke/van Rahden (Hg.), *Juden, Bürger, Deutsche*, S. 369–394.

59 Ein ähnlicher Einwand, Sorkins Konzept könne man nicht auf die zweite Hälfte des 19. Jahrhunderts übertragen, auch bei Jacob Borut, »›Verjudung des Judentums‹. Was There a Zionist Subculture in Weimar Germany?«, in: Michael Brenner/Derek J. Penslar (Hg.), *In Search of Jewish Community. Jewish*

Identities in Germany and Austria, 1918–1933, Bloomington, IN 1998, S. 92–114, bes. S. 95.

60 Siehe Kapitel 4 in diesem Buch.

61 Siehe Stefan-Ludwig Hoffmann, »Bürger zweier Welten? Juden und Freimaurer im 19. Jahrhundert«, in: Gotzmann/Liedtke/van Rahden (Hg.), *Juden, Bürger, Deutsche*, S. 97–119, hier S. 111; allgemein: ders., *Politik der Geselligkeit*, S. 73–78, 176–202; zeitgleich öffneten sich gerade auch kulturelle Vereine für Juden: Anike Rössig, *Juden und andere Tunnelianer. Gesellschaft und Literatur im Berliner »Sonntags-Verein«*, Heidelberg 2008.

62 Siehe Erik Lindner, »Deutsche Juden und die bürgerlich-nationale Festkultur. Die Schiller- und Fichtefeiern von 1859 und 1862«, in: Gotzmann/Liedtke/van Rahden (Hg.), *Juden, Bürger, Deutsche*, S. 171–192.

63 Siehe Iris Schröder, »Grenzgängerinnen. Jüdische Sozialreformerinnen in der Frankfurter Frauenbewegung um 1900«, in: Gotzmann/Liedtke/van Rahden (Hg.), *Juden, Bürger, Deutsche*, S. 341–368; sowie dies., *Arbeiten für eine bessere Welt. Frauenbewegung und Sozialreform 1890–1914*, Frankfurt/M. 2001; Britta Konz, *Bertha Pappenheim 1859–1936. Ein Leben für jüdische Tradition und weibliche Emanzipation*, Frankfurt/M. 2005; allgemein: Paula E. Hyman, »The Transnational Experience of Jewish Women in Western and Central Europe after World War I«, in: Raya Cohen (Hg.), *European Jews and Jewish European Between the World Wars*, Tel Aviv 2004, S. 21–34, bes. S. 30–34.

64 Lothar Gall/Dirk Blasius, »Einheit«, in: Brunner/Conze/Koselleck (Hg.) *Geschichtliche Grundbegriffe*, Bd. 2, S. 117–151, hier S. 136; Svenja Goltermann, *Körper der Nation. Habitusformierung und die Politik des Turnens 1860–1890*, Göttingen 1998, S. 73–92, hier jedoch nicht auf die frühliberale Judenfeindschaft bezogen. Grundlegend: Reinhard Rürup, *Emanzipation und Antisemitismus. Studien zur »Judenfrage« in der bürgerlichen Gesellschaft*, Frankfurt/M. 1987, bes. S. 77; Dieter Langewiesche, »Liberalismus und Judenemanzipation im 19. Jahrhundert«, in: Peter Freimark (Hg.), *Juden in Deutschland. Emanzipation, Integration, Verfolgung und Vernichtung*, Hamburg 1991, S. 148–163; Abigail Green/Simon Levis Sullam (Hg.), *Jews, Liberalism, Antisemitism. A Global History*, Cham 2021.

65 Carl von Rotteck, »Gemeingeist oder Gemeinsinn«, in: ders./Carl Welcker (Hg.), *Staats-Lexikon. Encyklopädie der sämmtlichen Staatswissenschaften für alle Stände*, Neue durchaus verbesserte und vermehrte Auflage, Bd. 5, Altona 1847, S. 514–522, hier S. 514 f. Allgemein hierzu: Herfried Münkler/Harald Bluhm (Hg.), *Gemeinwohl und Gemeinsinn. Historische Semantiken politischer Leitbegriffe*, Berlin 2001; sowie James A. Henretta/Jürgen Heideking (Hg.), *Republicanism and Liberalism in America and the German States, 1750–1850*, Cambridge 2002.

66 *Freimaurer-Zeitung* 1 (1847), S. 56, zit. n.: Hoffmann, *Politik der Geselligkeit*, S. 74.

67 II. Kammer, Sitzung vom 27. September 1833, Bd. 14, S. 362, zit. n.: Rürup, *Emanzipation und Antisemitismus*, S. 77.

68 Karl Hermann Scheidler, »Judenemancipation«, in: Johann Samuel Ersch/Johann G. Gruber (Hg.), *Allgemeine Encyklopädie der Wissenschaften und Künste*, 2. Section, Bd. 27, Leipzig 1850, S. 253–315, hier S. 254, 295.

69 Ebd., S. 295 f.

70 Schüler-Springorum, *Minderheit*, S. 79 f., 94; Hettling, *Bürgerlichkeit*, S. 75–80; van Rahden, *Juden und andere Breslauer*, S. 118–125; Michael Erbe, »Berlin im Kaiserreich (1871–1918)«, in: Wolfgang Ribbe (Hg.), *Geschichte Berlins*, Bd. 2: *Von der Märzrevolution bis zur Gegenwart*, München 1987, S. 689–793, hier S. 758 f.

71 Shulamit Volkov, »Antisemitismus als kultureller Code«, in: dies., *Jüdisches Leben und Antisemitismus im 19. und 20. Jahrhundert*, München 1990, S. 13–36; erweitert in: dies., *Germans, Jews, and Antisemites*, S. 67–155. In diesen Kontext gehört auch die Aufspaltung des Logenwesens in den konservativen preußischen Großlogenverband, der keine Juden aufnahm, und die linksliberalen Reformlogen, die »Settegast-Logen«, in denen Juden eine wichtige Rolle spielten; siehe Hoffmann, *Politik der Geselligkeit*, S. 189–195. Pointierte Kritik an Volkovs These bei Geoff Eley, »Rezension Shulamit Volkov, *Germans, Jews, and Antisemites*«, in: *Central European History* 41/2 (2008), S. 302–305.

72 Hettling, *Bürgerlichkeit*, S. 76., 108 f.; van Rahden, *Juden und andere Breslauer*; Palmowski, *Urban Liberalism*, S. 161–165; Peter Pulzer, »Die jüdische Beteiligung an der Politik«, in: Werner E. Mosse (Hg.), *Juden im Wilhelminischen Deutschland 1870–1914*, Tübingen 1976, S. 143–240, bes. S. 186–193; Andreas Biefang, »›Volksgenossen‹. Nationale Verfassungsbewegung und ›Judenfrage‹ in Deutschland 1850–1878«, in: Peter Alter/Claus-Ekkehard Bärsch/Peter Berghoff (Hg.), *Die Konstruktion der Nation gegen die Juden*, München 1999, S. 49–64. Eine Untersuchung der Rolle von Juden im großstädtischen Linksliberalismus ist ein Desiderat. Anregend zur »jüdischen Mitwirkung in der republikanischen Bewegung«: Philip Nord, *The Republican Moment. Struggles for Democracy in Nineteenth-Century France*, Cambridge, MA 1995, S. 64–89.

73 Adolf Heilberg, Memoiren im Archiv des Leo Baeck Instituts, New York 1934, S. 272.

74 James Sheehan, »Wie bürgerlich war der deutsche Liberalismus?«, in: Dieter Langewiesche (Hg.), *Liberalismus im 19. Jahrhundert*, Göttingen 1988, S. 28–44, hier S. 43.

75 Dagmar Herzog, *Intimacy and Exclusion. Religious Politics in Pre-Revolutionary Baden*, Princeton, NJ 1996, S. 83; ähnlich auch Shulamit Volkov, »The Ambiva-

lence of Bildung. Jews and Other Germans«, in: Klaus L. Berghahn (Hg.), *The German-Jewish Dialogue Reconsidered. A Symposium in Honor of George L. Mosse*, New York 1996, S. 81–98, 267–274; Hoffmann, *Politik der Geselligkeit*; Adam Sutcliffe, *Judaism and Enlightenment*, Cambridge 2003.

76 Reinhart Koselleck, »›Erfahrungsraum‹ und ›Erwartungshorizont‹ – zwei historische Kategorien«, in: ders., *Vergangene Zukunft. Zur Semantik geschichtlicher Zeiten*, Frankfurt/M. 1989, S. 349–375, hier S. 352; siehe auch Willi Goetschel, *Spinoza's Modernity. Mendelssohn, Lessing, and Heine*, Madison, WI 2003, S. 4 f.

77 Martti Koskenniemi, »International Law in Europe. Between Tradition and Renewal«, in: *European Journal of International Law* 16/1 (2005), S. 113–124, hier S. 115.

78 Gustav Freytag, »Die Juden Breslaus« [1849], in: ders., *Vermischte Aufsätze aus den Jahren 1848 bis 1894*, Bd. 2, Leipzig 1903, S. 339–347; allgemein: Christine Achinger, *Gespaltene Moderne. Gustav Freytags »Soll und Haben«. Nation, Geschlecht und Judenbild*, Würzburg 2007; Ritchie Robertson, *The »Jewish Question« in German Literature, 1749–1939. Emancipation and Its Discontents*, Oxford 1999.

79 Hermann Kurzke, *Thomas Mann. Das Leben als Kunstwerk*, München 1999, S. 232; allgemein: Steven E. Aschheim, »›The Jew Within‹. The Myth of ›Judaization‹ in Germany«, in: Jehuda Reinharz/Walter Schatzberg (Hg.), *The Jewish Response to German Culture. From the Enlightenment to the Second World War*, Hanover, NH 1985, S. 212–241.

80 Siehe dazu Reinke, »›Eine Sammlung des jüdischen Bürgertums‹«; Cornelia Wilhelm, »Juden und Freimaurer? Wesen, Genese und Selbstverständnis des Unabhängigen Orden B'nai B'rith als erster jüdischer Orden, 1843–1914«, in: *Internationale Zeitschrift für Freimaurerforschung* 13 (2005), S. 49–77; Jacob Borut, »Vereine für Jüdische Geschichte und Literatur at the End of the Nineteenth Century«, in: *Leo Baeck Institute Year Book* 41 (1996), S. 89–114; sowie Kapitel 3 in diesem Buch.

81 »Unsere Geselligkeit«, in: *Allgemeine Zeitung des Judenthums* 67/13 (1903), S. 145–148 (hier auf Berlin bezogen).

82 Georg Simmel, »Die Kreuzung sozialer Kreise« [1908], in: ders., *Soziologie. Untersuchungen über die Formen der Vergesellschaftung*, Frankfurt/M. 1992, S. 456–511, hier S. 464; Julius Guttmann, »Der Begriff der Nation in seiner Anwendung auf die Juden«, in: *K. C.-Blätter. Monatsschrift der im Kartell-Convent vereinigten Korporationen* 4/4 (1914), S. 69–79, 109–116, hier S. 70, 78; ähnlich argumentiert Siegfried Kracauer, »Über Arbeitslager« [1932], in: ders., *Werke*, Bd. 5/4: *Essays, Feuilletons, Rezensionen. Aufsätze 1928–1931*, hg. von Inka Mülder-Bach, Frankfurt/M. 2011, S. 201–213. Allgemein: Lou Bohlen, »Jüdische Vergemeinschaftung nach 1900. Die Suche nach der verlore-

nen Identität«, in: Michael Geyer/Lucian Hölscher (Hg.), *Die Gegenwart Gottes in der modernen Gesellschaft. Religiöse Vergemeinschaftung und Transzendenz in Deutschland*, Göttingen 2006, S. 320–350.

83 Zum Folgenden siehe Anthony Kauders, *German Politics and the Jews. Düsseldorf and Nuremberg, 1910–1933*, Oxford 1996; Dirk Walter, *Antisemitische Kriminalität und Gewalt. Judenfeindschaft in der Weimarer Republik*, Bonn 1999; Cornelia Hecht, *Deutsche Juden und Antisemitismus in der Weimarer Republik*, Bonn 2003; sowie Nicola Wenge, *Integration und Ausgrenzung in der städtischen Gesellschaft. Eine jüdisch-nichtjüdische Beziehungsgeschichte Kölns 1918–1933*, Mainz 2005.

84 Jacob Borut, »Antisemitism in Tourist Facilities in Weimar Germany«, in: *Yad Vashem Studies* 28 (2000), S. 7–50; Michael Wildt, »›Der muß hinaus! Der muß hinaus!‹ Antisemitismus in deutschen Nord- und Ostseebädern 1920–1935«, in: *Mittelweg 36. Zeitschrift des Hamburger Instituts für Sozialforschung* 10/4 (2001), S. 3–25; Frank Bajohr, *Unser Hotel ist judenfrei. Bäder-Antisemitismus im 19. und 20. Jahrhundert*, Frankfurt/M. 2003; sowie Mirjam Triendl-Zadoff, *Nächstes Jahr in Marienbad. Gegenwelten jüdischer Kulturen der Moderne*, Göttingen 2007.

85 Avraham Barkai, *»Wehr Dich«. Der Centralverein deutscher Staatsbürger jüdischen Glaubens 1893–1938*, München 2002.

86 Friedrich Naumann, »Die Leidensgeschichte des deutschen Liberalismus« [1908], in: ders., *Werke, Bd. 4, Politische Schriften, Schriften zum Parteiwesen und zum Mitteleuropaproblem*, Köln 1964, S. 291–316, hier S. 292.

87 Julius Goldstein, »Vom demokratischen zum völkischen Bürgertum«, in: *Der Morgen* 3/2 (1927), S. 160–167, hier S. 160, 164.

88 Elisabeth Bronfen/Benjamin Marius, »Hybride Kulturen. Einleitung zur anglo-amerikanischen Multikulturalismusdebatte«, in: dies. (Hg.), *Hybride Kulturen. Beiträge zur anglo-amerikanischen Multikulturalismusdebatte*, Tübingen 1997, S. 1–30, hier S. 19.

89 Wilhelm E. Mühlmann, »Assimilation«, in: Wilhelm Bernsdorf (Hg.), *Wörterbuch der Soziologie*, Bd. 1, Frankfurt/M. 1972, S. 57 f.; kritisch hierzu bereits: Shulamit Volkov, »Jüdische Assimilation und Eigenart im Kaiserreich«, in: dies., *Jüdisches Leben und Antisemitismus*, S. 132 f.

90 Milton M. Gordon, *Assimilation in American Life. The Role of Race, Religion, and National Origins*, New York 1964; Herbert A. Strauss (Hg.), *Conference on Acculturation*, New York 1965; zur Rezeption innerhalb der jüdischen Geschichte: ders., »Akkulturation als Schicksal. Einleitende Bemerkungen zum Verhältnis von Juden und Umwelt«, in: ders./Christhard Hoffmann (Hg.), *Juden und Judentum in der Literatur*, München 1985, S. 9–26; sowie Trude Maurer, *Die Entwicklung der jüdischen Minderheit 1780–1933. Neuere Forschungen und offene Fragen*, Tübingen 1992, S. 171–175.

91 Allgemein: Russell A. Kazal, »Revisiting Assimilation. The Rise, Fall, and Reappraisal of a Concept in American Ethnic History«, in: *American Historical Review* 100/2 (1995), S. 437–471; speziell zur deutschen Geschichte: Steven E. Aschheim, »German History and German Jewry. Boundaries, Junctions, and Interdependence«, in: *Leo Baeck Institute Year Book* 43 (1998), S. 315–322; Marion Berghahn, *German-Jewish Refugees in England. The Ambiguities of Assimilation*, London 1984, S. 9–20; Anthony D. Kauders, »Agency, Free Will, Self-Constitution. New Concepts for Historians of German-Jewish History between 1914 and 1938?«, in: *Leo Baeck Institute Year Book* 66 (2021), S. 40–57. Anregend für eine Geschichte der deutschen Juden jenseits des Minderheitenparadigmas sind auch Alf Lüdtkes Überlegungen zum Eigensinn von Arbeitern, deren »›quertreibendes‹« Handeln man nicht mittels des Gegensatzes von Gehorsam und Widerstand verstehen könne: ders., *Eigen-Sinn. Fabrikalltag, Arbeitererfahrungen und Politik vom Kaiserreich bis zum Faschismus*, Hamburg 1993, S. 11, 140 f. Wer nach dem Eigensinn fragt, dessen Interesse gilt dem Raum zwischen dem »ideologisch definierte[n] Sinn von Ordnungen, erzwungenen Verhaltensweisen und Verboten« einerseits und den »je eigene[n] Bedeutungen, die Individuen« ihrer Teilhabe an diesen Ordnungen beimessen, andererseits: Thomas Lindenberger, »Die Diktatur der Grenzen«, in: ders. (Hg.), *Herrschaft und Eigen-Sinn. Studien zur Gesellschaftsgeschichte der DDR*, Köln 1999, S. 24.

92 Manfred Hettling/Stefan-Ludwig Hoffmann (Hg.), *Der bürgerliche Wertehimmel. Innenansichten des 19. Jahrhunderts*, Göttingen 2000.

93 Stuart Hall, »Cultural Identity and Diaspora«, in: Jonathan Rutherford (Hg.), *Identity. Community, Culture, Difference*, London 1990, S. 222–237, hier S. 222.

94 Eine wichtige Kritik der »Beitrags«-Historiografie bietet Steven M. Lowenstein, »Der jüdische Anteil an der deutschen Kultur«, in: Meyer (Hg.), *Deutsch-jüdische Geschichte in der Neuzeit*, Bd. 3, S. 302–332, bes. S. 303, 328–332, Zitat S. 303; anregend: David Hollinger, *Science, Jews, and Secular Culture*, Princeton, NJ 1996; ders., »Why are Jews Preeminent in Science and Scholarship? The Veblen Thesis Reconsidered«, in: *Aleph. Historical Studies in Science and Judaism* 2 (2002), S. 145–163; David Biale, »Preface. Toward a Cultural History of the Jews«, in: ders. (Hg.), *Cultures of the Jews. A New History*, New York 2002, S. XVII–XXXIII, bes. S. XIX; Jeremy Cohen/Richard I. Cohen (Hg.), *The Jewish Contribution to Civilization. Reassessing an Idea*, Oxford 2008.

95 Aschheim, »German History and German Jewry«, S. 316.

96 Siehe Rainer Liedtke, *Jewish Welfare in Hamburg and Manchester, c. 1850–1914*, Oxford 1998.

97 Siehe Schröder, »Grenzgängerinnen«.

98 Lucia Dora Frost, »Die neue weibliche Generation«, in: *Der Neue Merkur* 1/1 (1914), S. 134–139, hier S. 134, 136; zur zeitgenössischen Bedeutung der Zeitschrift siehe Guy Stern, »Efraim Frisch and the ›Neue Merkur‹«, in: *Leo Baeck Institute Year Book* 6 (1961), S. 125–149; allgemein auch Harriet Pass Freidenreich, *Female, Jewish, and Educated. The Lives of Central European University Women*, Bloomington, IN 2002; Paula Hyman, *Gender and Assimilation. Roles and Representations of Women in Modern Jewish History*, Seattle 1995; Kerry Wallach, *Passing Illusions. Jewish Visibility in Weimar Germany*, Ann Arbor, MI 2017.

99 Rebekka Habermas, *Frauen und Männer des Bürgertums. Eine Familiengeschichte (1750–1850)*, Göttingen 2000, S. 22, Fn. 98; Anne-Charlott Trepp, *Sanfte Männlichkeit und selbständige Weiblichkeit. Frauen und Männer im Hamburger Bürgertum 1770–1840*, Göttingen 1996; John Tosh, *A Man's Place. Masculinity and the Middle-Class Home in Victorian England*, New Haven, CT 1999; sowie Christa Hämmerle/Claudia Opitz-Belakhal (Hg.), *Krise(n) der Männlichkeit?*, Köln 2008.

100 Hierzu Ute Frevert, *Die kasernierte Nation. Militärdienst und Zivilgesellschaft in Deutschland*, München 2001, bes. S. 39–49, 95–102, 228–245; Martina Kessel, »The ›Whole Man‹. The Longing for a Masculine World in Nineteenth-Century Germany«, in: *Gender and History* 15/1 (2003), S. 1–31.

101 Erich Voegelin, *Rasse und Staat*, Tübingen 1933, S. 157–160, hier S. 158.

102 Adolf Jellinek, »Die Superiorität des jüdischen Stammes in ethischer Beziehung«, in: ders., *Aus der Zeit. Tagesfragen und Tagesbegebenheiten*, II. Serie, Budapest 1886, S. 3–19, hier S. 16 f.; siehe auch Benjamin M. Baader, *Gender, Judaism, and Bourgeois Culture in Germany, 1800–1870*, Bloomington, IN 2006; allgemein zu Jellinek als einem »mainstream nineteenth-century European Reformer«: Marsha L. Rozenblit, »Jewish Identity and the Modern Rabbi. The Cases of Isak Noa Mannheimer, Adolf Jellinek, and Moritz Güdemann in Nineteenth-Century Vienna«, in: *Leo Baeck Institute Year Book* 35 (1990), S. 103–131, bes. S. 110–118, Zitat S. 112.

103 Siehe Schüler-Springorum, »›Denken, Wirken, Schaffen‹«; dies., *Geschlecht und Differenz*, Paderborn 2014, S. 67–86; ähnlich auch Daniel Boyarin, *Unheroic Conduct. The Rise of Heterosexuality and the Invention of Jewish Man*, Berkeley, CA 1997. Dass eine neue, nach 1870 geborene Generation von jüdischen Männern das harte Männlichkeitsideal übernahm, zeigen Greg Caplan, »Germanising the Jewish Male. Military Masculinity as the Last Stage of Acculturation«, in: Rainer Liedtke/David Rechter (Hg.), *Towards Normality? Acculturation and Modern German Jewry*, Tübingen 2003, S. 159–184; Benjamin M. Baader/Sharon Gillerman/Paul Lerner (Hg.), *Jewish Masculinities. German Jews, Gender, and History*, Bloomington, IN 2012; Todd Samuel Presner, *Muscular Judaism. The Jewish Body and the Politics of Regeneration*,

London 2007; Miriam Rürup, *Ehrensache. Jüdische Studentenverbindungen an deutschen Universitäten 1886–1937*, Göttingen 2008; Daniel Wildmann, »Der Körper im Körper. Jüdische Turner und jüdische Turnvereine im Deutschen Kaiserreich 1898–1914«, in: Peter Haber/Erik Petry/Daniel Wildmann (Hg.), *Jüdische Identität und Nation. Fallbeispiele aus Mitteleuropa*, Köln 2005, S. 50–86; Lisa F. Zwicker, *Dueling Students. Conflict, Masculinity, and Politics in German Universities, 1890–1914*, Ann Arbor, MI 2011; David A. Brenner, *Marketing Identities. The Invention of Jewish Ethnicity in Ost und West*, Detroit, MI 1998, S. 139–158; sowie Sharon Gillerman, »Samson in Vienna. Theatrics of Jewish Masculinity«, in: *Jewish Social Studies* 9/2 (2003), S. 65–98, hier S. 83–85.

104 Siehe Marline Otte, *Jewish Identities in German Popular Entertainment, 1890–1933*, Cambridge 2006; Peter Jelavich, »Performing High and Low. Jews in Modern Theater, Cabaret, Revue, and Film«, in: Emily D. Bilski (Hg.), *Berlin Metropolis. Jews and the New Culture, 1890–1918*, Berkeley, CA 1999, S. 208–235; Klaus Hödl, *Zwischen Wienerlied und »Der Kleine Kohn«. Juden in der Wiener populären Kultur um 1900*, Göttingen 2017; Jeanette Malkin/Freddie Rokem (Hg.), *Jews and the Making of Modern German Theatre*, Iowa City, IA 2010; Siegbert Salomon Prawer, *Between Two Worlds. The Jewish Presence in German and Austrian Film, 1910–1933*, New York 2005. Mit Blick auf die Wiener Auftritte von Siegmund »Zishe« Breitbart im Januar und Februar 1923 hat Sharon Gillerman ähnlich argumentiert. Nachdem Breitbart in den unmittelbaren Nachkriegsjahren zunächst das europäische Zirkuspublikum eroberte, galt dem stärksten Mann der Welt zunehmend auch das Interesse des ›gebildeten‹ Theaterpublikums. Gillerman zeigt, »how what otherwise may have appeared a fixed stereotype of the Jew was mitigated, diminished, and even sometimes overturned by the transgressive possibilities of the theatre«; dies., »Samson in Vienna«, bes. S. 77, Zitat S. 67.

105 Den Begriff der »klassenlosen Bürgergesellschaft« hat Lothar Gall geprägt; zuerst in ders., »Liberalismus und ›bürgerliche Gesellschaft‹. Zu Charakter und Entwicklung der liberalen Bewegung in Deutschland«, in: *Historische Zeitschrift* 220/1 (1975), S. 324–356. Dass Juden aus dieser ausgeschlossen waren, betont Dieter Langewiesche, »Kommentar«, in: Lothar Gall (Hg.), *Stadt und Bürgertum im Übergang von der traditionellen zur modernen Gesellschaft*, München 1993, S. 229–236.

106 Belege hierfür finden sich auch in den Studien des Frankfurter Bürgertumsprojekts, das angetreten war, das Gegenteil zu zeigen: Roth, *Stadt*, S. 492 f., 521 f.; Gisela Mettele, *Bürgertum in Köln 1775–1870. Gemeinsinn und freie Association*, München 1998, S. 331; Lenger, »Bürgertum, Stadt und Gemeinde«, S. 18–20.

107 Siehe vor allem Gustav Freytags »Pfingstbetrachtung« von 1893, die zunächst in der *Neuen Freien Presse* (Wien) und dann wiederholt als Separatdruck erschien: »Eine Pfingstbetrachtung«, in: *Neue Freie Presse*, 21.5.1893, S.1, 3; sowie die Berichte über den Gesinnungswandel Freytags in der jüdischen Presse: Adolph Kohut, »Gustav Freytag und seine Beziehungen zu Juden und Judentum«, in: *Im Deutschen Reich* (1916), 5–6, S.108–114; Arthur Löwy, »Ein ungedrucktes Gedicht von Gustav Freytag«, in: *Allgemeine Zeitung des Judenthums* 56/14 (1892), S.162 f.; *Allgemeine Zeitung des Judenthums* 57/21 (1893), S.243 f.; G.K. (d.i. Gustav Krojanker), »Gustav Freytag. Ein Nachruf«, in: *Allgemeine Zeitung des Judenthums* 59/2 (1895), S.220 f., wo der Gesinnungswandel Freytags auf die späten 1860er Jahre datiert wird. Siehe allgemein: Hannah Burdekin, »Kontinuität oder Veränderung? Freytags Judenbild vor und nach ›Soll und Haben‹«, in: Florian Krobb (Hg.), *150 Jahre Soll und Haben*, Würzburg 2005, S.269–284.

108 Hettling, *Bürgerlichkeit*, S.220–232.

109 Palmowski, *Urban Liberalism*, S.147–205; Bilski (Hg.), *Berlin Metropolis*; Peter Jelavich, *Berlin Cabaret*, Cambridge, MA 1993; Peter Fritzsche, *Reading Berlin 1900*, Cambridge, MA 1996, bes. S.132 f.

110 Reinhard Rürup, »Jüdische Geschichte in Deutschland. Von der Emanzipation bis zur nationalsozialistischen Gewaltherrschaft«, in: Dirk Blasius/Dan Diner (Hg.), *Zerbrochene Geschichte. Leben und Selbstverständnis der Juden in Deutschland*, Frankfurt/M. 1991, S.79–102, hier S.95.

3 »Deutsche jüdischen Stammes«: Gemeinschaftsvorstellungen zwischen Nationalismus und Partikularismus von 1850 bis 1933

1 Neuere Studien nehmen daher das Wechselspiel des Nationalismus mit anderen Gemeinschaftsvorstellungen wie der Religion und der Region in den Blick: Heinz-Gerhard Haupt/Dieter Langewiesche (Hg.), *Nation und Religion in der deutschen Geschichte*, Frankfurt/M. 2001; Helmut Walser Smith (Hg.), *Protestants, Catholics, and Jews in Germany, 1800–1914*, Oxford 2001; Gerd Krumeich/Hartmut Lehmann (Hg.), *»Gott mit uns«. Nation, Religion und Gewalt im 19. und frühen 20. Jahrhundert*, Göttingen 2000; Hartmut Lehmann/Michael Geyer (Hg.), *Religion und Nation / Nation und Religion. Beiträge zu einer unbewältigten Geschichte*, Göttingen 2004; Celia Applegate, *A Nation of Provincials. The German Idea of Heimat*, Berkeley, CA 1990; Celia Applegate, »A Europe of Regions. Reflections on the Historiography of Sub-national Places in Modern Times«, in: *American Historical Review* 104/4 (1999), S.1157–1182; David Blackbourn/James Retallack (Hg.), *Localism, Landscape, and the Ambiguities of Place. German-Speaking Central Europe, 1860–1930*, Toronto 2014; als Überblick zur

neueren Forschung John Breuilly (Hg.), *The Oxford Handbook of the History of Nationalism*, Oxford 2013; Dieter Langewiesche, »Nation, Nationalismus, Nationalstaat. Forschungsstand und Forschungsperspektiven«, in: *Neue Politische Literatur* 40 (1995), S. 190–236; Siegfried Weichlein, »Nationalismus und Nationalstaat in Deutschland und Europa. Ein Forschungsüberblick«, in: ebd. 51 (2006), S. 265–352, und Nancy R. Reagin, »Recent Work on German National Identity: Regional? Imperial? Gendered? Imaginary?«, in: *Central European History* 37 (2004), S. 273–290.

2 Heinrich von Treitschke, »Unsere Ansichten«, in: *Preußische Jahrbücher* 44 (1879), S. 559–576, hier S. 573, 575 f.; bis heute gibt es keine monografische Studie zum Berliner Antisemitismus; unverzichtbar noch immer: Walter Boehlich (Hg.), Der Berliner Antisemitismusstreit, Frankfurt/M. 1965; neuere Analysen bieten Ulrich Sieg, »Bekenntnis zu nationalen und universalen Werten. Jüdische Philosophen im Deutschen Kaiserreich«, in: *Historische Zeitschrift* 263 (1996), S. 609–639, bes. S. 611–621; Uffa Jensen, *Gebildete Doppelgänger: Bürgerliche Juden und Protestanten im 19. Jahrhundert*, Göttingen 2005; Karsten Krieger (Hg.), *Der »Berliner Antisemitismusstreit« 1879–1881: Eine Kontroverse um die Zugehörigkeit der deutschen Juden zur Nation; Kommentierte Quellenedition*, München 2003.

3 Mathias Berek, *Moritz Lazarus. Deutsch-jüdischer Idealismus im 19. Jahrhundert*, Göttingen 2020; ders., »Völkerpsychologie«, in: Hans-Peter Müller/Tilman Reitz (Hg.), *Simmel-Handbuch. Begriffe, Hauptwerke, Aktualität*, Berlin 2018, S. 580–584; Ingrid Belke, »Einleitung«, in: dies. (Hg.), *Moritz Lazarus und Heymann Steinthal: Die Begründer der Völkerpsychologie in ihren Briefen*, Bd. 1, Tübingen 1971, S. xiii–lxxx; Ivan Kalmar, »The Völkerpsychologie of Lazarus and Steinthal and the Modern Concept of Culture«, in *Journal of the History of Ideas* 48 (1987), S. 671–690; Céline Trautmann-Waller, »La *Zeitschrift für Völkerpsychologie und Sprachwissenschaft* 1859–1890: entre Volksgeist et Gesamtgeist«, in: dies. (Hg.), *Quand Berlin pensait les peuples: anthropologie, ethnologie et psychologie 1850–1890*, Paris 2004, S. 105–119; Søren Blak Hjortshøj, »The Origins of the Stranger: Georg Simmel's ›The Stranger,‹ Moritz Lazarus' ›Was Heisst National?,‹ and the Jewish Question of the Fin-de-Siècle Period«, in: Catherine Bartlett/Joachim Schlör (Hg.), *The Stranger in Early Modern and Modern Jewish Tradition*, Leiden 2021, S. 62–77; Gerhart von Graevenitz, »Verdichtung. Das Kulturmodell der *Zeitschrift für Völkerpsychologie und Sprachwissenschaft*«, in: Aleida Assmann/Ulrich Gaier/Gisela Trommsdorff (Hg.), *Positionen der Kulturanthropologie*, Frankfurt/M. 2004, S. 148–171; Nicolas Berg, »Völkerpsychologie«, in: Dan Diner (Hg.) *Enzyklopädie jüdischer Geschichte und Kultur*, Bd. 6, Stuttgart 2015, S. 291–296; Matti Bunzl, »Völkerpsychologie and German-Jewish Emancipation«, in: H. Glenn Penny/Matti Bunzl (Hg.),

Worldly Provincialism. German Anthropology in the Age of Empire, Ann Arbor, MI 2003, S. 47–85.

4 Moritz Brasch, »Der Begründer der Völkerpsychologie: Eine Studie zu Moritz Lazarus' 70. Geburtstag«, in: *Nord und Süd. Eine deutsche Monatsschrift* 70 (September 1894), S. 339–351, hier S. 339; M. Rosenfeld, »Moritz Lazarus«, in: *Wiener Morgenzeitung*, 14. September 1924, Nr. 2005, S. 3 f., hier S. 3. Siehe auch Kaufmann Kohler, »Professor Moritz Lazarus«, in: *The Menorah. A Monthly Magazine* 17 (1894), S. 193–205; Lazarus sei ein »sage of world-wide fame« von einer »marked popularity alike among the leading thinkers of Germany and among the Jews throughout the world« (S. 193); Theodor Kappstein, »Moritz Lazarus. Das Lebenswerk eines deutschen Idealisten«, in: *Berliner Tageblatt*, 15. April 1903, Nr. 189, S. 1 f.; Ludwig Stein, »Moritz Lazarus«, in: *Biographisches Jahrbuch und deutscher Nekrolog*, hg. von Anton Bettelheim, Bd. 8, Berlin 1905, S. 124–134; Richard M. Meyer, »Nachruf Moritz Lazarus«, in: *Zeitschrift des Vereins für Volkskunde* 13 (1903), S. 320–324.

5 Der Rezensent in der *Deutschen Revue* etwa hoffte, Lazarus' Vortrag möge die »weiteste Verbreitung« finden; Besprechung: Lazarus, *Was heißt national?*, in: *Deutsche Revue* 4/6 (März 1880), S. 428; siehe auch Ingrid Belke, »Liberal Voices on Antisemitism in the 1880s: Letters to Moritz Lazarus, 1880–1883«, in: *Leo Baeck Institute Year Book* 23 (1978), S. 61–87; Michael A. Meyer, »Great Debate on Anti-Semitism: Jewish Reactions to New Hostility in Germany, 1879–1881«, in: *Leo Baeck Institute Year Book* 11 (1966), S. 137–170, bes. S. 148.

6 Moritz Lazarus, *Was heißt national?*, Berlin 1880, S. 37 f., 41; Lazarus bezog sich auf Gustav Rümelin, »Über den Begriff des Volkes« [1872], in: ders. *Kanzlerreden*, Tübingen 1907, S. 68–90; zu Rümelin siehe Siegfried Weichlein, »›Qu'est-ce qu'une nation?‹ Stationen der deutschen statistischen Debatte um Nation und Nationalität in der Reichsgründungszeit«, in: Wolther von Kieseritzky/Klaus-Peter Sick (Hg.), *Demokratie in Deutschland. Chancen und Gefährdungen im 19. und 20. Jahrhundert*, München 1999, S. 71–90, bes. S. 77 f.; allgemein: Berek, *Moritz Lazarus*, S. 405–449, und Sebastian Voigt, »Erforderliche Reaktionen: Moritz Lazarus' Erwiderung auf Heinrich von Treitschkes ›Unsere Ansichten‹ (1879); Bernard Lazares Auseinandersetzung mit Édouard Drumonts ›La France Juive‹ (1886)«, in: Mareike König/Oliver Schulz (Hg.), *Antisemitismus im 19. Jahrhundert aus internationaler Perspektive*, Göttingen 2019, S. 335–354.

7 Helmuth Plessner, »Nachwort«, in: Herbert Schöffler, *Kleine Geographie des deutschen Witzes*, 1955; Göttingen 1961, S. 95–98, hier S. 97.

8 Friedrich Wilhelm Schubert, *Handbuch der Allgemeinen Staatskunde in Europa, Bd. 1/1: Die allgemeine Einleitung und das Russische Reich*, Königsberg 1835, S. 161; ders., *Handbuch der Allgemeinen Staatskunde in Europa, Abt. 2, Deutsche*

Staaten; Theil 2, Der Preussische Staat; Bd. 1, Königsberg 1846, S. 445, 463; Moritz Mohl, in: *Stenographischer Bericht über die Verhandlungen der Deutschen constituirenden Nationalversammlung zu Frankfurt am Main*, hg. von Franz Wigard, Bd. 3, Frankfurt/M. 1848, S. 1754 f.; zu Mohl: Jörg Westermayer, *Politik als Beruf. Der Parlamentarier Moritz Mohl 1802–1888*, Düsseldorf 1998; Heinrich von Treitschke, »Noch einige Bemerkungen zur Judenfrage«, in: *Preußische Jahrbücher* 45 (1880), S. 85–95, hier S. 86 f., 92. Typisch für den völkisch-antisemitischen Ausschluss von Juden aus der Stammesvielfalt der deutschen Nation: Georg Grupp, *Der deutsche Volks- und Stammescharakter im Lichte der Vergangenheit. Reise- und Kulturbilder*, Stuttgart 1906.

9 Die Formulierung des »individuellen mosaischer Konfessionalismus« prägte Jacob Toury, »Die Revolution von 1848 als innerjüdischer Wendepunkt«, in: Hans Liebeschütz/Arnold Paucker (Hg.), *Das Judentum in der deutschen Umwelt, 1800–1850*, Tübingen 1977, S. 359–376, hier S. 369.

10 Ludwig Philippson, »Aus zwei Neujahrspredigten«, in: *Allgemeine Zeitung des Judenthums* 12/42 (9. Oktober 1848), S. 597–600, hier S. 599.

11 Andreas Gotzmann, »Zwischen Nation und Religion: Die deutschen Juden auf der Suche nach einer bürgerlichen Konfessionalität«, in: Andreas Gotzmann/Rainer Liedtke/Till van Rahden (Hg.), *Bürger, Juden, Deutsche. Zur Geschichte von Vielfalt und Differenz seit dem späten 18. Jahrhundert*, Tübingen 2001, S. 241–262; allgemein: Michael A. Meyer, *Response to Modernity. A History of the Reform Movement in Judaism*, Oxford 1988; Gerhard Biller/Ulrich Dierse, »Messianismus, messianisch«, in: *Historisches Wörterbuch der Philosophie*, Bd. 5, Basel 1980, Sp. 1163–1166; Michael Löwy, »Messianismus«, in: Dan Diner (Hg.), *Enzyklopädie jüdischer Geschichte und Kultur*, Bd. 4, Stuttgart 2013, S. 147–151.

12 Andreas Reinke, *Judentum und Wohlfahrtspflege. Das jüdische Krankenhaus in Breslau 1744–1944*, Hannover 1999, S. 118–131; Andreas Gotzmann, »Der Geiger-Tiktin-Streit. Trennungskrise und Publizität«, in: Manfred Hettling/Andreas Reinke/Norbert Conrads (Hg.), *In Breslau zu Hause? Juden in einer mitteleuropäischen Metropole der Neuzeit*, Hamburg 2003, S. 81–98.

13 Emil Lehmann, »Die Aufgaben der Deutschen jüdischer Herkunft (1891)«, in: ders., *Gesammelte Schriften*, Berlin 1899, S. 355–367, hier S. 360; laut Lehmann verbinde allein das »Band« »einer Leidens-Genossenschaft« die deutschen Juden (S. 363); siehe auch: Heymann Steinthal, »Die Stellung der Semiten in der Weltgeschichte«, in: ders., *Juden und Judenthum. Vorträge und Aufsätze*, hg. von Gustav Karpeles, Berlin 1906, S. 105–125, bes. S. 124.; Lehmann siehe: Adolf Brüll, Art. Emil Lehmann, in: *Allgemeine Deutsche Biographie*, Bd. 51. 1906, S. 620–623; Josef Heller, »Art. Emil Lehmann«, in: *Encyclopaedia Judaica*, Bd. 10, Berlin 1934, S. 734 f.

14 Zu Freuds Verständnis seines Judentums siehe seine Ansprache an die Mitglieder des Vereins »B'nai Brith« (1926), in: *Gesammelte Werke*, Bd. 17: Schriften aus dem Nachlass, Frankfurt/M. 1955, S. 51–53; allgemein: Marion A. Kaplan, »Redefining Judaism in Imperial Germany: Practices, Mentalities, and Community«, in: *Jewish Social Studies* 9 (2002), S. 1–33, und Benjamin M. Baader, *Gender, Judaism, and Bourgeois Culture in Germany, 1800–1870*, Bloomington, IN 2006.

15 Adolph Jellinek, *Der jüdische Stamm. Ethnographische Studien*, Wien 1869; siehe auch »Die Reichen«, in: *Allgemeine Zeitung des Judenthums* 34 (1870), S. 570, 572.

16 Jellinek, *Der jüdische Stamm*, S. 45; zu Jellinek: Samuel Joseph Kessler, »A New Shoot from the House of David«: Adolf Jellinek and the Creation of the Modern Rabbinate, Dissertation, University of North Carolina at Chapel Hill, 2016; Marsha L. Rozenblit, »Jewish Identity and the Modern Rabbi: The Cases of Isak Noa Mannheimer, Adolf Jellinek, and Moritz Güdemann in Nineteenth-Century Vienna«, in: *Leo Baeck Institute Year Book* 35 (1990), S. 103–131, bes. S. 116. Zu Recht kritisiert Rozenblit Historiker, die Jellinek als Wegbereiter des zionistischen Nationalismus und Rassismus betrachten. Doch wird sie dabei der widersprüchlichen Bedeutung des Stammesbegriffs nicht gerecht, wenn sie argumentiert, Jellinek habe das »jüdische Volk [...] ausschließlich religiös verstanden« (S. 116). Vermutlich stand Jellinek die herausragende Stellung des Begriffs in der politischen Sprache der Zeit vor Augen. Der Begriff des Volksstammes war gemäß Artikel 19 der Dezemberverfassung von 1867 für die cisleithanische Reichshälfte zentral, auch wenn aus Sicht des kaiserlichen Hofes in Wien Juden bis zum Zerfall des Habsburgerreiches nicht als Volksstamm, sondern als Konfession galten. Siehe Gerald Stourzh, »Galten die Juden als Nationalität Altösterreichs«, in: *Studia Judaica Austriaca* 10 (1984), S. 73–116; ders., *Die Gleichberechtigung der Nationalitäten in der Verfassung und Verwaltung Österreichs 1848–1918*, Wien 1985.

17 Heymann Steinthal, »Die Stellung der Semiten in der Weltgeschichte (1901)«, in: ders., *Juden und Judenthum. Vorträge und Aufsätze*, hg. von Gustav Karpeles, Berlin 1906, S. 105–125, S. 124 f.; Ivan Kalmar, »Steinthal, the Jewish Orientalist«, in: Hartwig Wiedebach/Annette Winkelmann (Hg.), *Chajim H. Steinthal: Sprachwissenschaftler und Philosoph im 19. Jahrhundert = Chajim H. Steinthal: Linguist and Philosopher in the 19th Century*, Leiden 2002, S. 135–152, hier S. 135; siehe auch: Hartwig Wiedebach, »Steinthal, Chajim H.«, in: *Neue Deutsche Biographie*, Bd. 25, Berlin 2013, S. 228 f.

18 »Noch eine Stimme über Lazarus' Broschüre«, in: *Israelitische Wochenschrift* 18 (1887), S. 99. Walther Rathenau, *An Deutschlands Jugend*, Berlin 1918, S. 9.

19 Lehmann, »Die Aufgaben der Deutschen jüdischer Herkunft (1891)«, S. 366; zu Lehmann siehe Ismar Schorsch, *Jewish Reactions to German Antisemitism, 1870–1914*, New York 1972, bes. S. 24.

20 Julius Guttmann, »Der Begriff der Nation in seiner Anwendung auf die Juden«, in: *K. C.-Blätter: Monatsschrift der im Kartell-Convent vereinigten Korporationen* 4/4 (1914), S. 69–79, S. 109–116, hier S. 73, 79, 76.

21 Benno Jacob, *Krieg, Revolution und Judentum. Rede gehalten im »Zentralverein deutscher Staatsbürger jüdischen Glaubens«*, Dortmund 1919, S. 16, 20; zu Jacob: Almuth Jürgensen, »Die Tora lehren und lernen. Rabbiner Benno Jacob in Dortmund (1906–1929)«, in: Jan-Pieter Barbian/Michael Brocke/Ludger Heid (Hg.), *Juden im Ruhrgebiet. Vom Zeitalter der Aufklärung bis in die Gegenwart*, Essen 1999, S. 67–104.

22 Ludwig Holländer, »Warum sind und bleiben wir Juden? Ein Synagogenvortrag«, in: *CV-Zeitung. Blätter für Deutschtum und Judentum* 16. Dezember 1932, Nr. 51, S. 513; ähnlich bereits: ders., *Deutsch-jüdische Probleme der Gegenwart. Eine Auseinandersetzung über die Grundfragen des Central-Vereins deutscher Staatsbürger jüdischen Glaubens e. V.*, Berlin 1929, hier S. 9, 14–16.

23 Max Joseph, »Stammesgemeinschaft«, in: *Jüdisches Lexikon*, hg. von Georg Herlitz, Bd. 4/2, Berlin 1930, Sp. 628 f.; allgemein: George L. Mosse, *Germans and Jews. The Right, the Left, and the Search for a »Third Force« in Pre-Nazi Germany*, Detroit, MI 1987, S. 107 f.; Steven E. Aschheim, *Brothers and Strangers. The East European Jew in German and German-Jewish Consciousness, 1800–1923*, Madison, WI 1982, S. 97; Derek J. Penslar, *Shylock's Children. Economics and Jewish Identity in Modern Europe*, Berkeley, CA 2001, S. 135–137; Jacob Toury, *Die politischen Orientierungen der Juden in Deutschland. Von Jena bis Weimar*, Tübingen 1966, S. 143.

24 *Zwecke und Ziele des U. O. B. B.*, Berlin [ca. 1899], S. 3; [Louis] Maretzki, *Festrede zur Einweihungs-Feier der neuen Logenhalle am 27. September 1885*, [o. O.] [o. J.], S. 6 f.; Louis Maretzki, »Ansprache in der Sitzung der Groß-Loge vom 5. Mai 1895«, in: ders., *Reden und Abhandlungen über den Orden*, Berlin [ca. 1915], S. 29–34, hier S. 33; zitiert nach: Andreas Reinke, »›Eine Sammlung des jüdischen Bürgertums‹. Der unabhängige Orden B'nai B'rith in Deutschland«, in: Gotzmann/Liedtke/van Rahden (Hg.), *Bürger, Juden, Deutsche*, S. 322 f.; siehe auch Cornelia Wilhelm, »Juden und Freimaurer? Wesen, Genese und Selbstverständnis des Unabhängigen Orden B'nai B'rith als erster jüdischer Orden, 1843–1914«, in: *Internationale Zeitschrift für Freimaurerforschung* 13 (2005), S. 49–77. Jacob Borut, »Vereine für jüdische Geschichte und Literatur at the End of the Nineteenth Century«, in: *Leo Baeck Institute Year Book* 41 (1996), S. 89–114, bes. S. 92.

25 Franz Oppenheimer, »Stammesbewußtsein und Volksbewußtsein«, in: *Die Welt. Zentralorgan der zionistischen Vereinigung* 14/7 (18. Februar 1910),

S. 139–143, hier S. 139. Als typischen Vertreter der ersten Generation deutscher Zionisten sieht Steven Aschheim den Soziologen; Aschheim, *Brothers and Strangers*, S. 96–98; zusammenfassend zur Oppenheimer-Debatte siehe Yfaat Weiss, »›Wir Westjuden haben jüdisches Stammesbewußtsein, die Ostjuden jüdisches Volksbewußtsein‹: Der deutsch-jüdische Blick auf das polnische Judentum in den beiden ersten Jahrzehnten des 20. Jahrhunderts«, in: *Archiv für Sozialgeschichte* 37 (1997), S. 157–178.

26 Oppenheimer, »Stammesbewußtsein und Volksbewußtsein«, S. 139 f.; noch neun Jahre später nahm Richard Lichtheim die »Oppenheimersche[...] Darlegung« zum Begriff des Stammes als Ausgangspunkt, um stattdessen für einen weiten Volksbegriff in der zionistischen Bewegung zu werben; R. L., »Der Streit um den Volksbegriff«, in: *Jüdische Rundschau* 24/32 (1919), S. 245–247, hier S. 245; zu Oppenheimers Idee der genossenschaftlichen Siedlungen: Stefan Vogt, *Subalterne Positionierungen. Der deutsche Zionismus im Feld des Nationalismus in Deutschland 1890–1933*, Göttingen 2016, S. 259–263; Claudia Willms, *Franz Oppenheimer (1864–1943). Liberaler Sozialist, Zionist, Utopist*, Köln 2018; Dekel Peretz, *Zionism and Cosmopolitanism. Franz Oppenheimer and the Dream of a Jewish Future in Germany and Palestine*, Berlin 2022.

27 Eugen Fuchs, »Referat über die Stellung des Centralvereins zum Zionismus in der Delegierten-Versammlung vom 30. März 1913«, in: ders., *Um Deutschtum und Judentum. Gesammelte Reden und Aufsätze*, Frankfurt/M. 1919, S. 230–246, hier S. 241; ders., »Glaube und Heimat«, in: *Um Deutschtum und Judentum*, S. 247–262, hier S. 251–253 (zuerst in: *Neue Jüdische Monatshefte* 1/22, 25. August 1917, S. 629–641); hierzu: Avraham Barkai, »Between *Deutschtum* and *Judentum*. Ideological Controversies inside the Centralverein«, in: Michael Brenner/Derek J. Penslar (Hg.), *In Search of Jewish Community. Jewish Identities in Germany and Austria, 1918–1933*, Bloomington, IN 1998, S. 74–91, bes. S. 78.

28 Johann Caspar Bluntschli, »Juden: Rechtliche Stellung«, in: Johann Caspar Bluntschli/Karl Brater (Hg.), *Deutsches Staats-Wörterbuch*, Bd. 5, Stuttgart 1860, S. 441–447, hier S. 443 f.; damit widersprach der Herausgeber dem Historiker Friedrich Wilhelm Schubert, der wenige Jahre zuvor an gleichem Ort von der »Nationalverschiedenheit« der Juden im Gegensatz zur »reindeutschen Nationalität« gesprochen hatte und sie daher nicht als Teil der Vielheit der »Stämme« begriff; F. W. Schubert, »Deutschland«, in: Johann Caspar Bluntschli/Karl Brater (Hg.), *Deutsches Staats-Wörterbuch*, Bd. 2, Stuttgart 1857, S. 725–737, hier S. 732 f.

29 Karl Steinacker, »Emancipation der Juden«, in: Carl von Rotteck/Carl Welcker (Hg.), *Das Staats-Lexikon. Encyclopädie der sämmtlichen Staatswissenschaften für alle Stände*, Bd. 4, Altona 1846, S. 318–321; ähnlich argumentiert der

damals einflussreiche Hegelianer Friedrich Wilhelm Carové; ders., *Ueber Emanzipation der Juden, Philosophie des Judentums und jüdische Reformprojekte zu Berlin und Frankfurt a. M.*, Siegen 1845; hierzu Shlomo Avineri, »A Note on Hegel's Views on Jewish Emancipation«, in: *Jewish Social Studies* 25/2 (1968), S. 145–151, bes. S. 151.

30 »Emancipation der Juden«, in: *Volksthümliches Handbuch der Staatswissenschaften und Politik. Ein Staatslexicon für das Volk. Begründet von Robert Blum. Aus seinem handschriftlichen Nachlasse von Gleichgesinnten fortgesetzt*, Leipzig 1852, S. 318–321, hier S. 319.

31 Ludwig Philippson, »Aus zwei Neujahrspredigten«, in: *Allgemeine Zeitung des Judenthums* 12/42 (9. Oktober 1848), S. 597–600, hier S. 599.

32 Zur Bedeutung der Idee der Stammesvielfalt für den deutschen Nationalismus im 19. Jahrhundert siehe Abigail Green, *Fatherlands. State-Building and Nationhood in Nineteenth-Century Germany*, Cambridge 2001, S. 267–297, bes. S. 270–273; Dieter Langewiesche, *Nation, Nationalismus, Nationalstaat in Deutschland und Europa*, München 2000, S. 143, 154, 159 und 164.

33 Wilhelm Hennis, »Totenrede des Perikles auf ein blühendes Land. Ursachen der politischen Blockade«, in: ders., *Auf dem Weg in den Parteienstaat. Aufsätze aus vier Jahrzehnten*, Stuttgart 1998, S. 155–167, hier S. 165.

34 Dahlmann zit. nach: Christoph Dipper, »Freiheit«, in: *Geschichtliche Grundbegriffe*, Bd. 2, Stuttgart 1975, S. 446–456, 488–538, hier S. 506; Jacob Grimm, *Deutsche Grammatik*, Bd. 1, Göttingen 1819, S. xiv; weitere begriffsgeschichtliche Belege aus der Zeit des Frühnationalismus bei: Dieter Grimm, »Verfassung«, in: *Geschichtliche Grundbegriffe*, Bd. 6, Stuttgart 1990, S. 878, Reinhart Koselleck, »Volk, Nation, Nationalismus, Masse«, in: *ebd.*, Bd. 7, Stuttgart 1992, S. 386; allgemein »Art. Stamm«, in: *Deutsches Wörterbuch von Jacob Grimm und Wilhelm Grimm*, Bd. 10, 2. Abteilung, 1. Teil, Leipzig 1919, S. 634–644, besonders der Abschnitt II,3d, S. 642 f., sowie die Komposita von »Stammesart« bis »Stammesgenossenschaft«, in: ebd., S. 655; siehe auch »Art. Stamm, Abstammung, Abkunft, Geburt«, in: Johann August Eberhard, *Versuch einer allgemeinen deutschen Synonymik in einem kritisch-philosophischen Wörterbuche der sinnverwandten Wörter der hochdeutschen Mundart*, Bd. 6, Halle 1802, S. 123.

35 »Art. Volk--Volksstamm«, in: *Conversations-Lexicon oder encyclopädisches Handwörterbuch für gebildete Stände*, Bd. 10, Leipzig 1819, S. 371.

36 »Art. Nation«, in: *Allgemeine deutsche Real-Encyclopädie für die gebildeten Stände. Conversations-Lexikon*, zehnte verbesserte und vermehrte Auflage, Bd. 11, Leipzig 1853, S. 62–64, hier S. 63.

37 »Art. Nation«, in: *Neues Konversations-Lexikon für alle Stände*, Hg. H. J. Meyer, Bd. 11, Hildburghausen 1860, S. 859–862, hier S. 860. Ähnlich, aber abstrakter argumentierte Johann Caspar Bluntschli. Im *Deutschen Staats-Wörterbuch*

betonte der Staatsrechtler 1862, dass sich die Nation aus den Stämmen entwickelt habe (S. 153). Bluntschli unterschied jedoch scharf den Begriff der Nation, der »auf die Abstammung, auf die Rasse, also den ethnischen Zusammenhang« verweise, vom Begriff des Volks, der als ein »Staatsbegriff« nur als »eine politische Verbindung« gedacht werden könne. Die Einheit der Nation beruhe »auf geistiger Gemeinschaft«, die »beweglich und veränderlich« sei, und könne daher immer nur eine »relative« sein. Die »Einheit der Nation«, argumentierte Bluntschli, »hat doch keinen Körper, sie ist nicht eine Person. Sie stellt sich mehr in der Gemeinschaft dar, sie erscheint nur in den vielen Individuen, die sie verbindet.« Im Gegensatz dazu sei »das Volk [...] die zum Staate geeinigte und staatlich organisierte Person. [...] Das Volk in diesem Sinne hat einen einheitlichen Willen, der in seiner Gesetzgebung ausgesprochen wird [...]. Das Volk ist also das Staatindividuum« (S. 154). Da die Einheit der Nation anders als die des Volkes nur eine relative sein könne, schloss Bluntschli, habe auch »der Partikularismus [...] ein natürliches Recht, aber nur insofern in den Theilen ein gesundes und würdiges Leben ist, und der Theil nicht der nöthigen Machtentwicklung des Ganzen hemmend entgegentritt«. Siehe Johann Caspar Bluntschli, »Nation und Volk, Nationalitätsprinzip«, in: Johann Caspar Bluntschli/Karl Brater (Hg.), *Deutsches Staats-Wörterbuch*, Bd. 7, Stuttgart 1862, S. 152–160, hier S. 160.

38 »Deutsche und deutsche Stämme«, in: *Bluntschlis Staatswörterbuch in drei Bänden. Auf Grundlage des Deutschen Staatswörterbuchs von Bluntschli und Brater* [...] bearb. und hrsg. von Dr. Lönig, Bd. 1, Zürich 1869, S. 473–481; hier S. 473; siehe auch Wilhelm Wachsmuth, *Geschichte der deutschen Volksstämme aus dem Gesichtspuncte der Nationalität*, 2 Bde., Braunschweig 1860/1862.

39 Christian Schüler (Jena), in: *Stenographischer Bericht über die Verhandlungen der Deutschen constituirenden Nationalversammlung zu Frankfurt am Main*, hg. von Franz Wigard, Bd. 7, Frankfurt/M. 1848, S. 4898; Franz Joseph Buß (Freiburg), in: *Stenographischer Bericht*, Bd. 7, S. 4894; Georg Phillips (München), in: *Stenographische Berichte der deutschen constitutionellen Nationalversammlung zu Frankfurt am Main*, Bd. 5, S. 3851; siehe auch Wilhelm Obermüller, »Deutschlands Stämme«, in: Carl von Rotteck/Carl Welcker (Hg.), *Staats-Lexikon. Encyclopädie der sämmtlichen Staatswissenschaften für alle Stände.* Neue durchaus verbesserte und vermehrte Auflage, Bd. 3, Altona 1846, S. 721–730; allgemein Irmline Veit-Brause, »Partikularismus«, in: *Geschichtliche Grundbegriffe*, Bd. 4, Stuttgart 1978, S. 735–766, bes. S. 748 f.; Theodor Schieder, »Partikularismus und nationales Bewußtsein im Denken des Vormärz«, in: Werner Conze (Hg.), *Staat und Gesellschaft im deutschen Vormärz 1815–1848*, Stuttgart 1978[3], S. 9–38.

40 »Posener Kaisertage«, in: *Vossische Zeitung* 5. September 1902, Nr. 415, S. 2 und 15, hier S. 15. In seiner Thronrede bei Kriegsausbruch appellierte selbst

Wilhelm II. im August 1914 an »die Völker und Stämme des deutschen Reiches«, zit. nach: Koselleck, »Volk«, in: *Geschichtliche Grundbegriffe*, Bd. 7, Stuttgart 1992, S. 392. Auf die Posener Rede von Wilhelm II. beriefen sich jüdische Stimmen, die betonten, dass der Staat »von der Mannigfaltigkeit« profitiere, schaden würde ihm allein der »erzwungene Mischmasch«; Julius Berger, »Die Jüdische Turnerschaft und ihre Gegner«, in: *Jüdische Turnzeitung. Monatsschrift für die körperliche Hebung der Juden* 6 5/6 (Mai/Juni 1905), S. 69–75, hier S. 73.

41 »Die Regierung Breslau, Abteilung des Innern, an den Minister des Innern, Grafen von Arnim. Die Rechtsverhältnisse der Juden im Regierungsbezirk. Die geplante Regulierung der Verhältnisse der Juden«, in: Manfred Jehle (Hg.), *Die Juden und die jüdischen Gemeinden Preußens in amtlichen Enquêten des Vormärz, Teil 1: Die Enquête des Ministeriums des Innern und der Polizei über die Rechtsverhältnisse der Juden in den preußischen Provinzen 1842–1843*, München 1998, S. 273–279, hier S. 275.

42 Theodor Mommsen, »Auch ein Wort über unser Judentum«, Berlin 1880; zit. nach: Boehlich (Hg.), *Der Berliner Antisemitismusstreit*, S. 210–225, hier S. 212.

43 Rathenau an Schwaner, 18. August 1916, BA Koblenz, NL Rathenau, Bd. 6, Bl. 52; zitiert nach Helmuth F. Braun, »›Höre, Israel!‹ Antisemitismus und Assimilation«, in: Hans Wilderotter (Hg.), *Die Extreme berühren sich: Walther Rathenau, 1867–1922*, Berlin 1993, S. 320–341, hier S. 323.

44 Warburg Papiere, Archiv der Hamburger Warburg Bank, Jahresbericht 1918, Akte 161a, Anlage 21; zit. nach Werner T. Angress, »Kurt Hahn und Max M. Warburg als Berater des Prinzen Max von Baden vor und während seiner Amtszeit als Reichskanzler«, in: Michael Grüttner/Rüdiger Hachtmann/Heinz-Gerhard Haupt (Hg.), *Geschichte und Emanzipation. Festschrift für Reinhard Rürup*, Frankfurt/M. 1999, S. 233–257, hier S. 240.

45 Gerhard Anschütz, *Die Verfassung des Deutschen Reichs vom 11. August 1919*, Berlin 1932, S. xii; siehe auch ebd., S. 2. Als Gegensatz zu den Einzelstaaten, die Anschütz als »Zufallsbildungen dynastischer Staatskunst« erschienen, definierte er in diesem bedeutenden zeitgenössischen Kommentar »Stämme« als »diese großen naturwüchsigen Gliederungen des deutschen Volkes« (ebd., S. 32). Siehe auch: Hugo Preuß, »Rede am 24. Februar 1919«, in: *Verhandlungen des Reichstages*, Bd. 326, 1919/20, Berlin, 1920, S. 285; Wilhelm Heile, *Stammesfreiheit im Einheitsstaat*, Berlin 1919; Willibalt Apelt, *Geschichte der Weimarer Verfassung*, München 1946, S. 127–131. Wegen der demokratischen und antidynastischen Ausrichtung der Präambel war sie ein beliebtes Ziel für konservative Kritik, etwa bei Fritz Hartung, »Stammesbewußtsein«, in: Paul Herre (Hg.), *Politisches Handwörterbuch*, Bd. 2, Leipzig 1923, S. 723; Axel v. Freytag-Loringhoven, *Die Weimarer Verfassung in Lehre und Wirklich-*

keit, München 1924, S. 50–55 und das als »Rahmenartikel« gekennzeichnete Lemma »Stamm – Die deutschen Stämme«, in: *Der große Herder. Nachschlagewerk für Wissen und Leben*, 4., völlig neu bearbeitete Auflage, Bd. 11, Freiburg 1935, Sp. 415 f.

46 Gerhard Anschütz, *Die Verfassung des Deutschen Reichs vom 11. August 1919*, Berlin 1929, S. 33.

47 Die neuere Forschung zum Nationalismus des 19. Jahrhunderts hat die Dichotomie zwischen einem voluntaristischen und liberalen Nationalismus in Westeuropa und einem essenzialistischen und ethnischen Nationalismus in Osteuropa zunehmend infrage gestellt; siehe Brian C. J. Singer, »Cultural versus Contractual Nation. Rethinking Their Opposition«, in: *History and Theory* 35/3 (1996), S. 309–337; Otto Kallscheuer/Claus Leggewie, »Deutsche Kulturnation versus französische Staatsnation? Eine ideengeschichtliche Stichprobe«, in: Helmut Berding (Hg.), *Nationales Bewußtsein und kollektive Identität*, Frankfurt/M. 1994, S. 112–162; Patrick Weil, *Qu'est-ce qu'un français? Histoire de la nationalité française depuis la Révolution*, Paris 2002; Weichlein, »›Qu'est-ce qu'une Nation?‹«, S. 86.

48 Lazarus, *Was heißt national?*, S. 17 und S. 11; ähnlich argumentiert Karoly Keleti, *Qu'est ce que la nationalité? Mémoire rédigé en vue du IX-ème congrès international de statistique*, Budapest 1874; zit. nach Ludwig Gumplowicz, *Das Recht der Nationalitäten und Sprachen in Oesterreich-Ungarn*, Innsbruck 1879.

49 Ernest Renan, »Was ist eine Nation?« [1882], in: ders., *Was ist eine Nation? und andere politische Schriftenn*, Wien 1995, S. 7–35, hier S. 35; Lazarus, *Was heißt national?*, S. 13; zum Verhältnis von Lazarus und Renan: Berek, *Moritz Lazarus*, S. 429–434; Egbert Klautke, The French Reception of Völkerpsychologie and the Origins of the Social Sciences, in: *Modern Intellectual History* 10/2 (2013), S. 293–316.

50 Lazarus, *Was heißt national?*, S. 13; ähnlich Renan: »Les nations ne sont pas quelque chose d'éternel. Elles ont commencé, elles finiront.«

51 Lazarus, *Was heißt national?*, S. 14.

52 Lazarus, *Was heißt national?* S. 27; grundlegend ist das subjektive Motiv der Willensnation auch in Jules Michelets *Historie de la Révolution française* (6 Bde., Paris 1847–1853); siehe Aurélien Aramini, »La philosophie de la nation chez Jules Michelet«, in: *Archives de Philosophie* 80/1 (2017), S. 75–97, bes. S. 83 f.; Karl H. Metz, »Die Resurrektion der Geschichte: Ein Beitrag zum Historischen Denken Jules Michelets und zur Entstehung des Nationalismus im 19. Jahrhundert«, in: *Archiv für Kulturgeschichte* 65/2 (1983), S. 451–478.

53 Lazarus, *Was heißt national?*, S. 37 f. und 41.

54 Als Korrektur an den fortschrittsgläubigen Deutungen der Geschichte der Toleranz siehe Benjamin Kaplan, *Divided By Faith. Religious Conflict and the*

Practice of Toleration in Early Modern Europe, Cambridge, MA 2007; vgl. dagegen Nancy Fraser/Axel Honneth, *Umverteilung oder Anerkennung? Eine politisch-philosophische Kontroverse*, Berlin 2003.

55 Edmund Leach, »Writing Anthropology. A Review of Clifford Geertz's *Works and Lives*«, in: *American Ethnologist* 16 (1989), S. 137–141, hier S. 140. Den Hinweis auf Leach verdanke ich Nigel Rapport, »An Outline for Cosmopolitan Study. Reclaiming the Human through Introspection«, in: *Current Anthropology* 48/2 (2007), S. 257–284, eine anregende Kritik an essenzialistischen und statischen Auffassungen von Differenz im Anschluss an Ernest Gellner, *Language and Solitude. Wittgenstein, Malinowski, and the Habsburg Dilemma*, Cambridge, UK 1998.

56 Rainer Forst, *Die noumenale Republik. Kritischer Konstruktivismus nach Kant*, Berlin 2022, S. 104–106, S. 125 f.

4 Situative Ethnizität oder sozialmoralisches Milieu: Juden und Katholiken im deutschen Kaiserreich

1 Statt vieler: Monika Richarz, »Einführung«, in: dies. (Hg.), *Jüdisches Leben in Deutschland*, Bd. 2: *Selbstzeugnisse zur Sozialgeschichte im Kaiserreich*, Stuttgart 1979, S. 7–62, bes. S. 10, 50; Jost Hermand, »Vorbemerkung«, in: ders. (Hg.), *Geschichten aus dem Ghetto*, Frankfurt/M. 1990, S. 7–22, hier S. 18; Jacob Katz, *Zwischen Messianismus und Zionismus. Zur jüdischen Sozialgeschichte*, Frankfurt/M. 1993, S. 119.

2 Peter Pulzer, »Politische Einstellung und politisches Engagement jüdischer Unternehmer«, in: Werner Mosse/Hans Pohl (Hg.), *Jüdische Unternehmer in Deutschland im 19. und 20. Jahrhundert*, Stuttgart 1992, S. 313–331, hier S. 314; David Sorkin, *The Transformation of German Jewry 1780–1840*, New York 1987; Shulamit Volkov, »Die Erfindung einer Tradition. Zur Entstehung des modernen Judentums in Deutschland«, in: *Historische Zeitschrift* 253/1 (1991), S. 603–628, hier S. 607 f.; dies., *Jüdisches Leben und Antisemitismus im 19. und 20. Jahrhundert*, München 1990, S. 114, 170, 178.

3 M. Rainer Lepsius, »Parteiensystem und Sozialstruktur. Zum Problem der Demokratisierung der deutschen Gesellschaft«, in: Gerhard A. Ritter (Hg.), *Deutsche Parteien vor 1918*, Köln 1973, S. 56–80; Karl Rohe, *Wahlen und Wählertraditionen in Deutschland. Kulturelle Grundlagen deutscher Parteien und Parteiensysteme im 19. und 20. Jahrhundert*, Frankfurt/M. 1992; Gangolf Hübinger, »Sozialmoralisches Milieu. Ein Grundbegriff der deutschen Geschichte«, in: Steffen Sigmund u. a. (Hg.), *Soziale Konstellation und historische Perspektive. Festschrift für M. Rainer Lepsius*, Wiesbaden 2008, S. 207–227; Christian Hörnlein, »Abgrenzungen und politische Konversionen. Anmerkungen zum

Konzept sozialmoralischer Milieus bei M. Rainer Lepsius«, in: Friedrich Wilhelm Graf/Edith Hanke/Barbara Picht (Hg.), *Geschichte intellektuell. Theoriegeschichtliche Perspektiven*, Tübingen 2015, S. 257–274; Dieter Langewiesche, »M. Rainer Lepsius und die Geschichtswissenschaft«, in: *Geschichte und Gesellschaft* 42/1 (2016), S. 195–207, bes. S. 198–200.

4 Sorkin, *Transformation*; Shulamit Volkov, »Juden und Judentum im Zeitalter der Emanzipation. Einheit und Vielfalt«, in: Wolfgang Beck (Hg.), *Die Juden in der europäischen Geschichte. Sieben Vorlesungen*, München 1992, S. 86–108, hier S. 104 f.; Peter Pulzer, *Jews and the German State. The Political History of a Minority, 1848–1933*, Oxford 1992, S. 108 f.; ders., »Politische Einstellung«, S. 314.

5 Lepsius, »Parteiensystem und Sozialstruktur«, S. 68.

6 Ebd., S. 77, 69. »In der engen Beziehung der Parteien auf ein entsprechendes Sozialmilieu liegt die Gefahr, daß das Parteiensystem mehr der Aufrechterhaltung der Autonomie des Milieus als seiner Integration in die Gesamtgesellschaft dient« (ebd., S. 68). Ähnlich auch Rohe, *Wahlen*, S. 21, der das Element der sozialen Kontrolle und des sozialen Zwanges in »klassischen Milieus« für charakteristisch hält; Dieter Langewiesche, »›Volksbildung‹ und ›Leserlenkung‹ in Deutschland von der wilhelminischen Ära bis zur nationalsozialistischen Diktatur«, in: *Internationales Archiv für Sozialgeschichte der deutschen Literatur* 14/1 (1991), S. 108–125, hier S. 109, spricht sogar von einer »Ekelschranke«, die im Extremfall die Milieus voneinander trennte; siehe auch Thomas Nipperdey, *Deutsche Geschichte 1866–1918*, Bd. 1: *Arbeitswelt und Bürgergeist*, München 1990, bes. S. 444.

7 Frederik Barth, »Introduction«, in: ders. (Hg.), *Ethnic Groups and Boundaries. The Social Organisation of Cultural Difference*, Bergen 1969, S. 9–38, hier S. 17 f.; George Devereux, »Ethnic Identity. Its Logical Foundations and Its Dysfunctions«, in: George De Vos/Leo Romanucci-Ross (Hg.), *Ethnic Identity. Cultural Continuities and Change*, Chicago, IL 1982, S. 66 f.

8 Marion Berghahn, *German-Jewish Refugees in England. The Ambiguities of Assimilation*, London 1984, S. 9–46; Marion Kaplan, *The Making of the Jewish Middle Class. Women, Family, and Identity in Imperial Germany*, Oxford 1991, bes. S. VI, 64; Steven M. Lowenstein, »Jewish Residential Concentration in Post-Emancipation Germany«, in: ders., *The Mechanics of Change. Essays in the Social History of German Jewry*, Atlanta, GA 1992, S. 153–182, bes. S. 174 f.; Pulzer, *Jews and the German State*, S. 8, 12, 108 f.; Peter Gay, *Freud, Juden und andere Deutsche. Herren und Opfer in der modernen Kultur*, München 1989, S. 163; für das europäische Judentum: Marsha L. Rozenblit, *The Jews of Vienna. Assimilation and Identity*, Albany, NY 1985; Phyllis A. Cohen, »L'intégration et la persistence de l'ethnicité chez les juifs dans la France moderne«, in: Pierre Birnbaum (Hg.), *Histoire politique des juifs de France. Entre Universalisme et Particularisme*, Paris

1990, S. 221–243; Tony Kushner, »Heritage and Ethnicity«, in: ders. (Hg.), *The Jewish Heritage in British History. Englishness and Jewishness*, London 1992, S. 1–28.

9 Zur Einführung: Thomas H. Eriksen, *Ethnicity and Nationalism. Anthropological Perspectives*, London 1993; Marcus Banks, *Ethnicity. Anthropological Constructions*, London 1996.

10 Damit folge ich denen, die den konstruierten Charakter der Ethnizität betonen; bes. Barth, »Introduction«, S. 9–38; wichtig auch Werner Sollors, *Beyond Ethnicity. Consent and Descent in American Culture*, New York 1986; ders. (Hg.), *The Invention of Ethnicity*, New York 1989, S. IX–XX; ders., »Konstruktionsversuche nationaler und ethnischer Identität in der amerikanischen Literatur«, in: Bernhard Giesen (Hg.), *Nationale und kulturelle Identität. Studien zur Entwicklung des kollektiven Bewusstseins in der Neuzeit*, Frankfurt/M. 1991, S. 537–569; Berghahn, *German-Jewish Refugees*, S. 9–20.

11 Jonathan Okamura, »Situational Ethnicity«, in: *Ethnic and Racial Studies* 4/4 (1981), S. 452–465; Don Handelman, »The Organization of Ethnicity«, in: *Ethnic Groups* 1/3 (1977), S. 188 f., 192 f.; ähnlich Barth, »Introduction«, S. 16. Anregend sind auch John Highams Konzept der pluralistischen Integration und Peter Meddings Überlegungen zur segmentierten Identität: John Higham, *Send These to Me. Immigrants in Urban America*, Baltimore, MD 1984, S. 233–248; Peter Y. Medding, »Jewish Identity in Conversionary and Mixed Marriages«, in: *American Jewish Yearbook* 92 (1992), S. 3–76, bes. S. 16–19; eine wichtige empirische Anwendung des Konzeptes der segmentierten Identität bietet Kerstin Meiring, *Die christlich-jüdische Mischehe in Deutschland 1840–1933*, Hamburg 1998.

12 Die Heterogenität des Katholizismus und des Zentrums betonen: David Blackbourn, *Marpingen. Apparitions of the Virgin Mary in Bismarckian Germany*, Oxford 1993; Wilfried Loth, »Soziale Bewegungen im Katholizismus des Kaiserreichs«, in: *Geschichte und Gesellschaft* 17/3 (1991), S. 279–310; Margaret L. Anderson, »Piety and Politics. Recent Work on German Catholicism«, in: *Journal of Modern History* 63/4 (1991), S. 681–716; Thomas Mergel, *Zwischen Klasse und Konfession. Katholisches Bürgertum im Rheinland im 19. Jahrhundert*, Göttingen 1994. Die alte Vorstellung eines »intransigenten« Katholizismus mit »totalitärem Anspruch« bei Hans-Ulrich Wehler, *Das deutsche Kaiserreich 1871–1918*, Göttingen 1983, S. 83–85, 120–122.

13 Volkov, »Erfindung einer Tradition«, S. 605 f.; Jacob Katz, *Tradition and Crisis. Jewish Society at the End of the Middle Ages*, New York 1993; ders., *Exclusiveness and Tolerance. Studies in Jewish-Gentile Relations in Medieval and Modern Times*, London 1961.

14 Mordechai Breuer, *Jüdische Orthodoxie im Deutschen Reich 1871–1918*, Frank-

furt/M. 1986, S. 6; Michael Meyer, *Response to Modernity. A History of the Reform Movement in Judaism*, Oxford 1988, S. 142, 183, 429; Thomas Rahe, »Religionsreform und jüdisches Selbstbewußtsein im deutschen Judentum des 19. Jahrhunderts«, in: *Menora. Jahrbuch für deutsch-jüdische Geschichte* 1 (1990), S. 89–121, hier S. 93.

15 Zur religiösen Entwicklung im deutschen Judentum: Meyer, *Response to Modernity*; ders., »Recent Historiography on the Jewish Religion«, in: *Leo Baeck Institute Year Book* 35 (1990), S. 3–16; Breuer, *Jüdische Orthodoxie*; Trude Maurer, *Die Entwicklung der jüdischen Minderheit 1780–1933*, Tübingen 1992, S. 13–27; Volkov, »Juden und Judentum«, S. 95–97. Eine dritte wichtige innerjüdische Strömung, das positiv-historische, heute konservative Judentum, das zwischen Reformjudentum und Orthodoxie einen Mittelweg suchte, hat sich erst in den USA als institutionell eigenständige Bewegung herausgebildet. Die Anfänge, etwa das 1854 gegründete Rabbinerseminar in Breslau, liegen jedoch in Deutschland: Meyer, »Recent Historiography«, S. 10 f.; Ismar Schorsch, »Zacharias Frankel and the European Origins of Conservative Judaism«, in: *Judaism* 30/3 (1981), S. 344–354.

16 Alexander Moszkowski, *Der jüdische Witz und seine Philosophie*, Berlin 1922, S. 51.

17 Das Zitat stammt aus einem Brief Freuds an den Pfarrer Oskar Pfister von 1918: Sigmund Freud/Oskar Pfister, *Briefe 1909–1939*, hg. von Ernst I. Freud/Heinrich Meng, Frankfurt/M. 1963, S. 64.

18 Philip Löwenfeld, »Memoiren«, in: Monika Richarz (Hg.), *Jüdisches Leben in Deutschland*, Bd. 3: *Selbstzeugnisse zur Sozialgeschichte 1918–1945*, Stuttgart 1982, S. 86.

19 Kaplan, *Making*, bes. S. 64–83; dies., »Frauen und jüdische Geschichte im deutschen Kaiserreich«, in: *L'Homme. Zeitschrift für feministische Geschichtswissenschaft* 3/2 (1992), S. 59–72, hier S. 67–70. Die jüdische Volksreligiosität ist dagegen kaum erforscht: Meyer, »Recent Historiography«, S. 16.

20 Adolph Jellinek, *Der jüdische Stamm. Ethnographische Studien*, Wien 1869, S. 43; Arye Maimon, *Wanderungen und Wandlungen. Die Geschichte meines Lebens*, Trier 1998, S. 29; eindrucksvoll zur Mischung religiöser Traditionen die autobiografischen Zeugnisse Adolf Heilbergs (1858–1936), Memoiren im Leo Baeck Institute, New York, S. 12–14, 34; Victor Klemperer, *Jugend um 1900*, Bd. 1, Berlin 1989, S. 34, 115–120, 213, 247; Gershom Scholem, *Von Berlin nach Jerusalem*, Frankfurt/M. 1993, S. 20, 41; siehe auch: Meyer, *Response to Modernity*, bes. S. 115, 182, 185, 204; Breuer, *Jüdische Orthodoxie*, S. 16 f.; Gary Cohen, »Jews in German Society. Prague, 1860–1914«, in: *Central European History* 10/1 (1977), S. 28–54, hier S. 39 f.; Jacob Toury, *Soziale und politische Geschichte der Juden in Deutschland 1847–1871*, Düsseldorf 1977, S. 161, 298 f.; »Theilnahme

jüdischer Kinder an der Christbescheerung«, in: *Israelitische Wochenschrift* 15 (1884), S. 373 f.; »Weihnachtsbäume und Chanukkageschenke«, in: *Israelitische Wochenschrift* 23 (1892), S. 417; allgemein: Monika Richarz, »Der jüdische Weihnachtsbaum. Familie und Säkularisierung im deutschen Judentum des 19. Jahrhunderts«, in: Michael Grüttner/Rüdiger Hachtmann/Hein-Gerhard Haupt (Hg.), *Geschichte und Emanzipation. Fs. Reinhard Rürup*, Frankfurt/M. 1999, 275–289.

21 In Breslau waren zum Beispiel 1890 nur zwei Prozent des Erziehungs- und Dienstpersonals in jüdischen Haushalten jüdisch, 53 Prozent jedoch waren evangelisch und 45 Prozent katholisch. Insgesamt arbeiteten 4643 Personen als Dienstpersonal in den 7251 Breslauer jüdischen Haushalten. Nimmt man an, dass in jedem jüdischen Haushalt mit Dienstpersonal durchschnittlich anderthalb Personen tätig waren, dann beschäftigten über 3000 Breslauer jüdische Haushalte nichtjüdisches Dienstpersonal. Auch deshalb waren vier Fünftel der Haushalte mit jüdischem Haushaltsvorstand gemischtkonfessionell, aber nur ein Drittel der Haushalte mit evangelischem und nur gut zwei Fünftel der Haushalte mit katholischem Haushaltsvorstand; Statistisches Amt der Stadt Breslau (Hg.), *Breslauer Statistik*, Bd. 15, Teil 4, Breslau 1894, S. 112–115; allgemein: Kaplan, *Making*, S. 37–39. Eine Geschichte des Einflusses der nichtjüdischen Haushaltsmitglieder auf die Erziehung der Kinder ist ein Desiderat.

22 Breuer, *Jüdische Orthodoxie*, S. 97; Kaplan, *Making*, S. 253 f.; Rahe, »Religionsreform«, S. 98.

23 Während sich etwa in Breslau zwischen 1870 und 1910 dreißig Prozent der katholischen und etwa acht Prozent der evangelischen Abiturienten für das Studium der Theologie entschied, waren es unter den jüdischen Abiturienten gerade zwei Prozent. Berechnet nach den Angaben in den *Jahresschulschriften der Breslauer höheren Schulen* 1870–1910, Pädagogisches Zentrum Berlin.

24 George L. Mosse, *German Jews Beyond Judaism*, Cincinnati, OH 1985, S. 15; ders., »Das deutsch-jüdische Bildungsbürgertum«, in: Reinhart Koselleck (Hg.), *Bildungsbürgertum im 19. Jahrhundert*, Bd. 2: *Bildungsgüter und Bildungswissen*, Stuttgart 1990, S. 168–180; Kaplan, »Frauen und jüdische Geschichte«, S. 60 f.; Volkov, *Jüdisches Leben und Antisemitismus*, S. 121–123; Bertha Badt-Strauss, »My World, and How It Crashed«, in: *The Menorah Journal* (Spring 1951), S. 90–100, hier S. 91, 94; für die Zeit vor 1840 auch Sorkin, *Transformation*, S. 86–104, 172–177; zur Goetheverehrung: Wilfried Barner, *Von Rahel Varnhagen bis Friedrich Gundolf. Juden als deutsche Goethe-Verehrer*, Göttingen 1992; Arnold Zweig, *Bilanz der deutschen Judenheit* [1934], Leipzig 1990, S. 198; zum Bildungsbegriff allgemein: Ursula Franke, »Bildung/Erziehung, ästhe-

tische«, in: Karlheinz Barck u. a. (Hg.), *Ästhetische Grundbegriffe*, Bd. 1, Stuttgart 2000, S. 696–727; Georg Bollenbeck, *Bildung und Kultur. Glanz und Elend eines deutschen Deutungsmusters*, Frankfurt/M. 1994.

25 Werner E. Mosse, *The German-Jewish Economic Elite, 1820–1935. A Socio-Cultural Profile*, Oxford 1989, S. 297–330; Michael Dorrmann, *Eduard Arnhold (1849–1925). Eine biographische Studie zu Unternehmer- und Mäzenatentum im Deutschen Kaiserreich*, Berlin 2002; Olaf Matthes, *James Simon. Mäzen im Wilhelminischen Zeitalter*, Berlin 2000; Charles Dellheim, Belonging and Betrayal. How Jews Made the Art World Modern, Waltham 2021; Henning Albrecht, *Troplowitz. Porträt eines Unternehmerpaares*, Göttingen 2020, S. 223–244; Trude Maurer, »Partnersuche und Lebensplanung. Heiratsannoncen als Quelle für die Sozial- und Mentalitätsgeschichte der Juden in Deutschland«, in: Peter Freimark/Alice Jankowski/Ina S. Lorenz (Hg.), *Juden in Deutschland. Emanzipation, Verfolgung und Vernichtung*, Hamburg 1991, S. 344–374, hier S. 351 f.

26 Yosef H. Yerushalmi, *Zachor. Erinnere Dich*, Berlin 1988, S. 92; Ismar Schorsch, *From Text to Context. The Turn to History in Modern Judaism*, Hanover, NH 1994; Nils Roemer, *Between History and Faith. Rewriting the Past – Reshaping Jewish Cultures in Nineteenth-Century Germany*, Madison, WI 2005; Michael Brenner, *Propheten des Vergangenen. Jüdische Geschichtsschreibung im 19. und 20. Jahrhundert*, München 2006.

27 Allgemein: Volkov, »Erfindung einer Tradition«, bes. S. 612–614; Ismar Schorsch, »The Emergence of Historical Consciousness in Modern Judaism«, in: *Leo Baeck Institute Year Book* 28 (1983), S. 413–437; Yerushalmi, *Zachor*, S. 87–98; Michael Meyer, *Response to Modernity*, S. 76, 79; zur populären Graetz-Rezeption: Michael Meyer, »Jewish Scholarship and Jewish Identity«, in: *Studies in Contemporary Jewry* 8 (1992), S. 181–193, hier S. 188; Klemperer, *Jugend um 1900*, Bd. 1, S. 67, 487; Franz Kafka, Tagebucheintrag vom 1. November 1922, in: *Tagebücher 1910–1923*, Frankfurt/M. 1983, S. 98. In diesen Kontext gehört auch das kulturhistorische Genrebild der populären Ghettogeschichte: Richard Cohen, »Nostalgia and ›Return to the Ghetto‹. A Cultural Phenomenon in Western and Central Europe«, in: Jonathan Frankel/Steven Zipperstein (Hg.), *Assimilation and Community. The Jews in Nineteenth-Century Europe*, Cambridge 1992, S. 130–155; Hermand, »Vorbemerkung«, S. 13 f.; Klemperer, *Jugend um 1900*, Bd. 1, S. 542.

28 Adolf Jellinek, *Der jüdische Stamm. Ethnographische Studien*, Wien 1869, S. 47.

29 »Die Reichen«, in: *Allgemeine Zeitung des Judenthums* 34 (1870), S. 569–572, hier S. 570, 572.

30 »Noch eine Stimme über Lazarus' Broschüre«, in: *Israelitische Wochenschrift* 18 (1887), S. 99; siehe auch »Der weibliche Charakter des jüdischen Stammes«, in: *Israelitische Wochenschrift* 15 (1884), S. 225 f.

31 Nathan Samter, *Was thun? Ein Epilog zu den Judentaufen im 19. Jahrhundert*, Breslau 1900, S. 44 f.

32 »Ost und West«, in: *Ost und West* 1 (1901), S. 1, zit. nach: Michael Brenner, *The Renaissance of Jewish Culture in Weimar Germany*, New Haven, CT 1996, S. 29.

33 B. Hirschfeld, »Gibt es eine jüdische Rasse?«, in: *Der Schild. Zeitschrift des Reichsbundes jüdischer Frontsoldaten* 4 (1925), S. 433–437, hier S. 435, zit. nach: Ruth Pierson, »Embattled Veterans. Der Reichsbund jüdischer Frontsoldaten«, in: *Leo Baeck Institute Year Book* 19 (1974), S. 139–154, hier S. 151 f.

34 Hierzu siehe Kapitel 3.

35 Gerhard Anschütz, *Die Verfassung des Deutschen Reichs vom 11. August 1919. Ein Kommentar für Wissenschaft und Praxis*, Berlin 1932, S. XII, vgl. auch S. 2. Im Gegensatz zu den Einzelstaaten, die ihm als »Zufallsbildungen dynastischer Staatskunst« erschienen, definierte Anschütz in diesem bedeutendsten zeitgenössischen Kommentar »Stämme« als »diese großen naturwüchsigen Gliederungen des deutschen Volkes« (S. 32). Siehe auch: Wilhelm Heile, *Stammesfreiheit im Einheitsstaat*, Berlin 1919; Willibalt Apelt, *Geschichte der Weimarer Verfassung*, München 1946, S. 127–131.

36 Max Weber, *Wirtschaft und Gesellschaft. Grundriß der verstehenden Soziologie* [1922], hg. von Johannes Winckelmann, Tübingen 1980, S. 825.

37 Nipperdey, *Deutsche Geschichte 1866–1918*, Bd.1, S. 428–468; Christoph Weber, »Ultramontanismus als katholischer Fundamentalismus«, in: Wilfried Loth (Hg.), *Deutscher Katholizismus im Umbruch zur Moderne*, Stuttgart 1991, S. 20–45; Michael Ebertz, »Herrschaft in der Kirche. Hierarchie, Tradition und Charisma im 19. Jahrhundert«, in: Karl Gabriel/Franz-Xaver Kaufmann (Hg.), *Zur Soziologie des Katholizismus*, Mainz 1980, S. 89–111; Jonathan Sperber, *Popular Catholicism in Nineteenth Century History*, Princeton, NJ 1984; Mergel, *Klasse*, S. 329 f.

38 Sorkin, *Transformation*, S. 107–123; Volkov, *Jüdisches Leben*, S. 126 f.; Jacob Thon, *Die jüdischen Gemeinden und Vereine in Deutschland*, Berlin 1906; Toury, *Soziale und politische Geschichte*, S. 211–276; Aharon Bornstein, »The Role of Social Institutions as Inhibitors of Assimilation. Jewish Poor Relief System in Germany, 1875–1925«, in: *Jewish Social Studies* 50/3–4 (1993), S. 201–222; *Das deutsche Judentum. Seine Parteien und seine Organisationen. Eine Sammelschrift*, München 1919; Gary Cohen, »Organisational Patterns of Urban Ethnic Groups«, in: Max Engman (Hg.), *Ethnic Identity in Urban Europe*, Dartmouth 1992, S. 407–418.

39 Sorkin, *Transformation*, S. 116.

40 Zum Central-Verein Ismar Schorsch, *Jewish Reactions to German Antisemitism, 1870–1914*, New York 1972, S. 119; und Marjorie Lamberti, *Jewish Activism in Imperial Germany. The Struggle for Civil Equality*, New Haven, CT 1978; zum

Frauenbund: Marion Kaplan, *Die jüdische Frauenbewegung in Deutschland 1904–1938*, Hamburg 1981. Ein weiterer jüdischer Verein, der Hilfsverein der deutschen Juden, zählte 1914 27000 Mitglieder. Die Dachorganisation der deutschen Zionisten, die Zionistische Vereinigung für Deutschland, hatte 1914 nur 10000, aber dafür viele junge und engagierte Mitglieder: Jehuda Reinharz (Hg.), *Dokumente zur Geschichte des Zionismus 1882–1933*, Tübingen 1981, S. XIX.

41 *Jahresbericht des Israelitischen Gemeinschaftsheims 1907*, zit. nach: Erika Hirsch, *Jüdisches Vereinsleben in Hamburg bis zum Ersten Weltkrieg. Jüdisches Selbstverständnis zwischen Antisemitismus und Assimilation*, Frankfurt/M. 1996, S. 139; zum Israelitischen Gemeinschaftsheim: ebd., S. 98–100.

42 Bureau des Deutsch-Israelitischen Gemeindebundes (Hg.), *Statistisches Jahrbuch des Deutsch-Israelitischen Gemeindebundes*, Bd. 12, Berlin 1897, S. 23–25; Bureau für Statistik der Juden (Hg.), *Statistisches Jahrbuch deutscher Juden*, Bd. 17, Berlin-Halensee 1905, S. 139–156. Zur Entwicklung der jüdischen Bevölkerung: Leszek Ziątkowski, *Ludność żydowska we Wrocławiu w latach 1812–1914*, Wrocław 1998.

43 Andreas Reinke, *Judentum und Wohlfahrtspflege. Das jüdische Krankenhaus in Breslau 1744–1944*, Hannover 1999.

44 Volkov, *Jüdisches Leben und Antisemitismus*, S. 126 f.; Diethard Aschoff, »Von der Emanzipation zum Holocaust. Die jüdische Gemeinde im 19. und 20. Jahrhundert«, in: Franz Josef Jakobi (Hg.), *Geschichte der Stadt Münster*, Bd. 2, Münster 1993, S. 470 f.; Hansjoachim Henning, »Soziales Verhalten jüdischer Unternehmer in Frankfurt/M. und Köln 1860–1933«, in: Mosse/Pohl (Hg.), *Jüdische Unternehmer*, S. 259 f.; Arno Herzig, »Zwischen Integration und Identität. Das Stadtjudentum Ostwestfalens in der Kaiserzeit«, in: Joachim Meynert (Hg.), *Unter Pickelhaube und Zylinder. Das östliche Westfalen im Zeitalter des Wilhelminismus 1888 bis 1914*, Bielefeld 1991, S. 314–317; Helga Krohn, *Die Juden in Hamburg, 1848–1918*, Hamburg 1970, S. 111–119, 197; Marion Kaplan, »Sisterhood under Siege. Feminism and Anti-Semitism in Germany, 1904–1938«, in: Renate Bridenthal/Atina Grossmann/Marion Kaplan (Hg.), *When Biology Became Destiny. Women in Weimar and Nazi Germany*, New York 1984, S. 174–198, hier S. 181–183; Paul Y. Mayer, »Equality – Egality. Jews and Sport in Germany«, in: *Leo Baeck Institute Year Book* 25 (1980), S. 227 f.; Jacob Katz, *Jews and Freemasons in Europe 1723–1939*, Cambridge 1970.

45 Zu Asch: Aron Heppner, *Jüdische Persönlichkeiten in und aus Breslau*, Breslau 1931, S. 3; Mitgliederverzeichnis 1876/77 des Humboldt-Vereins Breslau, UB Wrocław, GSL Yv 608; NL Asch im Besitz von Frau Dagmar Nick, München.

46 Heppner, *Jüdische Persönlichkeiten*, S. 12 f.; *Jüdisches Volksblatt* 17 (1911), S. 396; Ernest Hamburger, *Juden im öffentlichen Leben Deutschlands. Regierungsmitglie-*

der, Beamte und Parlamentarier in der monarchischen Zeit 1848–1918, Tübingen 1968, S. 296–298; Mitgliederverzeichnis 1906 des Humboldt-Vereins Breslau, UB Wrocław, GSL Yv 608; »Mitglieder-Verzeichnis für 1901«, in: *Zeitschrift des Vereins für Geschichte und Alterthum Schlesiens* 35 (1901), S. 392.

47 Wahlkampfmaterial zu Breslauer Gemeindewahlen 1897, 1899, 1909, UB Breslau, YS 1318/19; Heilberg, Memoiren, S. 225, 262, 270–272, 278 f., 369, 379; Dieter Fricke/Werner Fritsch, »Deutsche Friedengesellschaft«, in: Dieter Fricke (Hg.), *Lexikon zur Parteiengeschichte. Die bürgerlichen und kleinbürgerlichen Parteien und Verbände in Deutschland (1789–1945)*, Bd. 1, Köln 1983, S. 670, 676, 678; Hamburger, *Juden im öffentlichen Leben Deutschlands*, S. 339 f.; Riesengebirgs-Verein Ortsgruppe Breslau, Mitgliederverzeichnis 1914, UB Wrocław, GSL Yz 336; *Aus dem Leben der Section Breslau des Deutschen und Österreichischen Alpenvereins den Sectionsgenossen überreicht zum X. Stiftungsfest am 28. Januar 1888*, Breslau 1888, Mitgliederverzeichnis im Anhang.

48 »Geistlichkeit, Jüdische«, in: Eugen Lennhoff/Oskar Posner (Hg.), *Internationales-Freimaurerlexikon*, Wien 1932, S. 584.

49 Jacob Toury, »Organizational Problems of German Jewry. Steps Towards the Establishment of a Central Organization (1893–1920)«, in: *Leo Baeck Institute Year Book* 13 (1968), S. 57–90; Jehuda Reinharz, *Fatherland or Promised Land. The Dilemma of the German Jew, 1893–1914*, Ann Arbor, MI 1975, bes. S. 200–205; Marjorie Lamberti, »From Coexistence to Conflict, Zionism and the Jewish Community in Germany, 1897–1914«, in: *Leo Baeck Institute Year Book* 27 (1982), S. 53–86; Volkov, »Juden und Judentum«, S. 87 f., 103 f.

50 Nipperdey, *Deutsche Geschichte 1866–1918*, Bd.1, S. 439–442, 461–464; Olaf Blaschke, »Die Kolonialisierung der Laienwelt«, in: ders./Frank-Michael Kuhlemann (Hg.), *Religion im Kaiserreich. Milieus – Mentalitäten – Krisen*, Gütersloh 1996, S. 129–131; Horstwalter Heitzer, *Der Volksverein für das katholische Deutschland im Kaiserreich 1890–1918*, Mainz 1979; Peter Kall, *Katholische Frauenbewegung in Deutschland. Eine Untersuchung zur Gründung katholischer Frauenvereine im 19. Jahrhundert*, Paderborn 1983.

51 Arnold Bongartz, *Das katholisch-soziale Vereinswesen in Deutschland. Geschichte, Bedeutung und Statistik desselben*, Würzburg 1879, S. 61, zit. nach: Ebertz, »Herrschaft in der Kirche«, S. 102; *Die Katholische Lehrerzeitung*, zit. nach: *Schlesische Schulzeitung* 21 (1892), S. 12 f.; siehe auch *Schlesische Schulzeitung* 20 (1891), S. 287 f.; *Schlesische Zeitung*, 12. 3. 1874, S. 1, Beilage; *Schlesische Zeitung*, 14. 3. 1874, S. 4; ein Vergleich aus zeitgenössischer Sicht: »Excommunication im Judenthum und im Katholicismus«, in: *Israelitische Wochenschrift* 6 (1875), S. 266 f., 273–275.

52 Ebertz, »Herrschaft in der Kirche«, S. 101 f.; Nipperdey, *Deutsche Geschichte 1866–1918*, Bd.1, S. 461 f.; Mergel, *Klasse*, S. 402.

53 Zwar gibt es keine Gesamtdarstellung des jüdischen Zeitungswesens im Kaiserreich, aber die Grundzüge sind bekannt: Barbara Suchy, »Die jüdische Presse im Kaiserreich und in der Weimarer Republik«, in: Julius H. Schoeps (Hg.), *Juden als Träger bürgerlicher Kultur in Deutschland*, Stuttgart 1989, S. 167–191; Jacob Toury, »Das Phänomen der jüdischen Presse in Deutschland«, in: *Quesher, Journalism Studies*, Sonderheft: *Jüdische Zeitungen und Journalisten in Deutschland* (Mai 1989), S. 4–13; Breuer, *Jüdische Orthodoxie*, S. 154–160; David Brenner, *Marketing Identities. The Invention of Jewish Ethnicity in »Ost und West«*, Detroit, MI 1998; Volkov, »Erfindung einer Tradition«, S. 617–622; Krohn, *Juden in Hamburg*, S. 197.

54 Diese Formulierung in der programmatischen Schrift von Isidor Singer, *Presse und Judenthum*, Wien 1882, S. 32.

55 *Jüdisches Volksblatt* 17 (1911), S. 311 f.; eine nüchternere Beurteilung des Erfolges der jüdischen Presse in: *Israelitische Wochenschrift* 22 (1891), S. 49–51, 58 f., hier S. 50: »Unter den deutschen Juden erscheinen vier bis fünf jüdische Zeitungen, und haben vielleicht alle zusammen nicht soviel Tausende von Lesern unter doppelt so viel Hunderttausenden deutscher Juden.«

56 Volkov, *Jüdisches Leben und Antisemitismus*, S. 173; Suchy, »Die jüdische Presse«, S. 169.

57 *Jüdisches Volksblatt* 3 (1898), S. 404; Klemperer, *Jugend um 1900*, Bd. 1, S. 100.

58 Breuer, *Jüdische Orthodoxie*, S. 158. Für Wien hat Steven Beller berechnet, dass über fünfzig Prozent der Todesanzeigen in der großen liberalen *Neuen Freien Presse* von Juden waren. Leider gibt es für Deutschland keine vergleichbare Untersuchung: Steven Beller, *Vienna and the Jews, 1867–1938. A Cultural History*, Cambridge 1989, S. 42.

59 Blaschke, »Kolonialisierung«, S. 118–129; Michael Schmolke, »Katholisches Verlags-, Bücherei und Zeitschriftenwesen«, in: Anton Rauscher (Hg.), *Katholizismus, Bildung und Wissenschaft, im 19. und 20. Jahrhundert*, Paderborn 1987, S. 93–117; Mergel, *Klasse*, S. 312 f., 317; Langewiesche, »›Volksbildung‹ und ›Leserlenkung‹«, S. 118 f. Beispiele ultramontaner Unterdrückung von innerkatholischer Opposition bei Christoph Weber, *Kirchengeschichte, Zensur, Selbstzensur. Ungeschriebene, ungedruckte und verschollene Werke vorwiegend liberal-katholischer Kirchenhistoriker aus der Epoche 1860–1914*, Köln 1984.

60 Fritz Vigener, *Ketteler. Ein deutsches Bischofsleben im 19. Jahrhundert*, München 1924, S. 287; neben dem *Verzeichnis geeigneter Bücher* auch: Volksverein für das katholische Deutschland (Hg.), *Katholische Kolportage. Nebst einem Verzeichnis geeigneter Schriften*, Mönchengladbach 1907.

61 Berechnet nach: Königlich Preußisches Statistisches Landesamt in Berlin (Hg.), *Preußische Statistik*, Bd. 101: *Das gesammte Volksschulwesen im preußischen Staate im Jahre 1886*, Berlin 1889, S. 32 f., 438 f., 482; *Preußische Statistik*, Bd. 151:

Das gesammte niedere Schulwesen im preußischen Staate im Jahre 1896, Teil 1, Berlin 1898, S. 217; *Preußische Statistik*, Bd. 231: *Das niedere Schulwesen in Preußen, 1911*, Teil 1: *Die niederen Schulen nach Provinzen und Regierungsbezirken*, Berlin 1913, S. 52 f., 280 f., 342; Detlev K. Müller/Bernd Zymek (Hg.), *Sozialgeschichte und Statistik des Schulsystems in den Staaten des Deutschen Reiches, 1800–1945*, Göttingen 1987, S. 166 f., 182 f.; siehe auch Jakob Thon, *Der Anteil der Juden am Unterrichtswesen in Preußen*, Berlin 1905, S. 28 f.; Lamberti, *Jewish Activism in Imperial Germany*, S. 125 f., 165 f.

62 Krohn, *Juden in Hamburg*, S. 185. Zum Hamburger bzw. Frankfurter jüdischen Schulwesen: Ursula Randt, »Zur Geschichte des jüdischen Schulwesens in Hamburg (ca. 1780–1942)«, in: Arno Herzig (Hg.), *Die Juden in Hamburg 1590–1990*, Hamburg 1991, S. 113–130; Inge Schlotzhauer, *Das Philanthropin 1804–1942. Die Schule der Israelitischen Gemeinde in Frankfurt*, Frankfurt/M. 1990.

63 Jacob Segall, »Schulbesuch christlicher und jüdischer Kinder in Berlin 1897 bis 1906«, in: *Zeitschrift für Demographie und Statistik der Juden* 5 (1909), S. 113–121.

64 Einzig für einen Teil der jüdischen Schülerinnen unterhielt die Gemeinde noch eine eigene Schule, deren Schülerinnenzahl jedoch im Kaiserreich bei 140 stagnierte – das waren nie mehr als ungefähr zehn Prozent der jüdischen Schülerinnen Breslaus. Berechnet nach: *Verwaltungsbericht des Magistrats der Königlichen Haupt- und Residenzstadt Breslau 1880/83*, Breslau 1883, S. 118; *Verwaltungsbericht des Magistrats der Königlichen Haupt- und Residenzstadt Breslau 1904/07*, Breslau 1907, S. 236; *Verwaltungsbericht des Magistrats der Königlichen Haupt- und Residenzstadt Breslau 1907/10*, Breslau 1910, S. 232. Die allmähliche Wanderung der jüdischen Schüler in die nichtjüdische Schule skizziert Andreas Reinke, »Zwischen Tradition, Aufklärung und Assimilation. Die Königliche Wilhelmsschule in Breslau 1791–1848«, in: *Zeitschrift für Religions- und Geistesgeschichte* 43/3 (1991), S. 193–214, hier S. 211 f., 214.

65 Hellmut Becker/Gerhard Kluchert, *Die Bildung der Nation. Schule, Gesellschaft und Politik vom Kaiserreich zur Weimarer Republik*, Stuttgart 1993, S. 32 f.; Nipperdey, *Deutsche Geschichte 1866–1918*, Bd.1, S. 534–537.

66 Hamburger, *Juden im öffentlichen Leben Deutschlands*, S. 53–63.

67 *Jüdisches Volksblatt* 10 (1904), S. 337 f., 347 f. Die *Allgemeine Zeitung des Judenthums* 38 (1874), S. 153, argumentierte etwa, an der jüdischen Schule sei primär festzuhalten, um die jüdischen Lehrer und Schüler vor der Diskriminierung zu schützen, die sie an den christlichen Schulen erführen; siehe auch Lamberti, *Jewish Activism in Imperial Germany*, S. 139.

68 *Jüdisches Volksblatt* 16 (1910), S. 63, siehe auch S. 48 f.; *Jüdisches Volksblatt* 10 (1904), S. 337 f., 347 f., 381; Breuer, *Jüdische Orthodoxie*, S. 93 f.; eine Zusam-

menfassung der innerjüdischen Debatte über die jüdische Volksschule bietet Lamberti, *Jewish Activism in Imperial Germany*, S. 123–174, bes. S. 164–171. De facto stärkten Schulen die jüdische Identität der jüdischen Schüler. Die Schule war für viele der Ort, an dem sie zum ersten Mal in ihrem Leben mit Antisemitismus konfrontiert waren.

69 Marjorie Lamberti, *State, Society, and the Elementary School in Imperial Germany*, New York 1989, S. 40–87; Geoffrey G. Field, »Religion in the German Volksschule, 1890–1928«, in: *Leo Baeck Institute Year Book* 25 (1980), S. 41–71, hier S. 46, 50–52, 66; Pulzer, *Jews and the German State*, S. 113; Mergel, *Klasse*, S. 371–373.

70 L. Kellner, »Erziehung«, in: Heinrich Joseph Wetzer/Benedikt Welte (Hg.), *Wetzer und Welte's Kirchenlexikon oder Encyklopädie der katholischen Theologie und ihrer Hülfswissenschaften*, Bd. 4, Freiburg im Breisgau 1886, S. 870–881, hier S. 881; Michael Klöcker, »Katholizismus und Bildungsbürgertum«, in: Koselleck (Hg.), *Bildungsbürgertum*, Bd. 2, S. 121 f.

71 So schon vor dem »Kulturkampf« der spätere Redakteur der *Kölnischen Volkszeitung* und der *Germania* Paul Majunke, *Confessionell oder Confessionslos? Eine Antwort auf die »brennende Frage im Innern«*, Breslau 1869, S. 116.

72 Franz Xaver Heiner, *Eine Lebensfrage der katholischen Kirche in Deutschland oder der herrschende Priestermangel. Ein freies Wort*, Paderborn 1883, S. 31, zit. nach: Mergel, *Klasse*, S. 372.

73 Zit. nach: *Jüdisches Volksblatt* 16 (1910), S. 335. Laut *Keiters Handbuch der katholischen Presse Deutschlands, Oesterreichs, der Schweiz, Luxemburg und der Vereinigten Staaten von Nordamerika*, Essen 1913, S. 21, war die *Schlesische Volkszeitung* die »größte katholische Zeitung im Osten Deutschlands. Ihre Abonnenten sind die wohlhabenderen und gebildeten katholische Kreise in Schlesien.«

74 L. Friedlieb, »Die Verjudung der christlichen Jugend«, in: *Der katholische Beobachter* 17 (1880), S. 122–132, 196–205, hier S. 122, 132.

75 Berechnet nach: *Preußische Statistik*, Bd. 101, S. 32 f.; *Preußische Statistik*, Bd. 231, S. 54 f.; für Köln nach Heinrich Silbergleit, *Preussens Städte. Denkschrift zum 100jährigen Jubiläum der Städteordnung vom 19. November 1808*, Berlin 1908, S. 216–221; siehe auch Frank-Michael Kuhlemann, »Niedere Schulen«, in: Christa Berg (Hg.), *Handbuch der deutschen Bildungsgeschichte*, Bd. 4: *1870–1918. Von der Reichsgründung bis zum Ende des Ersten Weltkriegs*, München 1991, S. 179–227, hier S. 185.

76 Ab 1897 besuchten ausschließlich Katholiken das Matthiasgymnasium; eigene Berechnungen nach den *Verwaltungsberichten des Magistrats der Königlichen Haupt- und Residenzstadt Breslau*; zum Matthiasgymnasium: Kazimierz Bobowski, *Die Geschichte des Schulwesens vom Elementaren und Höheren Grad in*

Breslau bis 1914, Breslau 1992, S. 50 f.; Meisenbach Riffarth (Hg.), *Festschrift zur 250jährigen Jubelfeier des Königlichen St. Matthias Gymnasiums zur Jahrhundertfeier 1811–1911*, Breslau 1911.

77 Monika Richarz, »Einführung«, in: dies. (Hg.), *Jüdisches Leben in Deutschland*, Bd. 1: *Selbstzeugnisse zur Sozialgeschichte 1780–1871*, Stuttgart 1976, S. 11–69, hier S. 61; Jacob Toury, *Die politischen Orientierungen der Juden in Deutschland. Von Jena bis Weimar*, Tübingen 1966; Friedrich-Naumann-Stiftung (Hg.), *Das deutsche Judentum und der Liberalismus – German Jewry and Liberalism*, St. Augustin 1986; Pulzer, *Jews and the German State*, S. 123–147; Maurer, *Entwicklung der jüdischen Minderheit*, S. 101–112; Breuer, *Jüdische Orthodoxie*, S. 295–301; Hamburger, *Juden im öffentlichen Leben Deutschlands*, S. 126–152, 395 f.; zu den Ausnahmen, welche die Regel bestätigen: Philipp Nielsen, *Between Heimat and Hatred. Jews and the Right in Germany, 1871–1935*, New York 2019.

78 Toury, *Die politischen Orientierungen*, S. 138.

79 Zum Antisemitismus der Konservativen: James Retallack, »Anti-Semitism, Conservative Propaganda, and Regional Politics in Late 19th Century Germany«, in: *German Studies Review* 11/3 (1988), S. 377–403; Helmut Berding, *Moderner Antisemitismus in Deutschland*, Frankfurt/M. 1988, S. 153; zum Antisemitismus von Teilen des Zentrums: ebd., S. 154; Pulzer, *Jews and the German State*, S. 141 f.; David Blackbourn, »Roman Catholics, the Centre Party and Anti-Semitism in Imperial Germany«, in: Paul Kennedy/Anthony Nicholls (Hg.), *Nationalist and Racialist Movements in Britain and Germany before 1914*, London 1981, S. 106–129.

80 Dieter Langewiesche, *Liberalismus in Deutschland*, Frankfurt/M. 1988, S. 114, 125 f.; mit dem protestantischen Charakter ging oft eine Geringschätzung und Verachtung für die jüdische Religion und Kultur einher: ders., »Liberalismus und Judenemanzipation im 19. Jahrhundert«, in: Freimark/Jankowski/Lorenz (Hg.), *Juden in Deutschland*, S. 155–157; Schorsch, *Jewish Reactions to German Antisemitism*, S. 98 f., 238 f.; als Einzelstudie zu Theodor Mommsen: Christhard Hoffmann, *Juden und Judentum im Werk deutscher Althistoriker des 19. und 20. Jahrhunderts*, Leiden 1988, S. 117–133.

81 Langewiesche, *Liberalismus in Deutschland*, S. 320 f.; Pulzer, *Jews and the German State*, S. 122 f.; Hamburger, *Juden*, S. 339.

82 Pulzer, *Jews and the German State*, S. 146.

83 Diese Zahlen beziehen sich auf den jüdischen Anteil an den Wahlmännern für die preußischen Landtagswahlen 1876–1903; Manfred Hettling, »Von der Hochburg zur Wagenburg. Liberalismus in Breslau von den 1860er Jahren bis 1918«, in: Dieter Langewiesche/Lothar Gall (Hg.), *Liberalismus und Region. Zur Geschichte des deutschen Liberalismus im 19. Jahrhundert*, München 1995, S. 253–276.

84 Alexander Moszkowski, *Der jüdische Witz*, S. 120; J. Lewy, »Die letzten Reichstagswahlen«, in: *Im deutschen Reich* 13 (1907), S. 141–147, hier S. 143; allgemein: Lamberti, *Jewish Activism*, S. 37, 46, 64–66, 180 f.; *Jüdisches Volksblatt* 3 (1898), S. 205 f.; *Jüdisches Volksblatt* 12 (1906), S. 562; *Jüdisches Volksblatt* 13 (1907), S. 65; *Die Laubhütte* 6 (1889), S. 15; *Allgemeine Zeitung des Judenthums* 49 (1885), S. 208; Hamburger, *Juden im öffentlichen Leben Deutschlands*, S. 154 f. Die Konservativen hatten im Übrigen weniger Berührungsängste gegenüber der Sozialdemokratie als die Liberalen. 1881 unterstützten sie bei der Stichwahl in beiden Breslauer Wahlkreisen die Sozialdemokratie und verhinderten so erfolgreich die Wahl von zwei jüdischen Linksliberalen: Theodor Müller, *Die Geschichte der Breslauer Sozialdemokratie*, Bd. 2: *Das Sozialistengesetz*, Breslau 1925, S. 78–80.

85 Langewiesche, *Liberalismus in Deutschland*, S. 146, 157; Dan S. White, *The Splintered Party. National Liberalism in Hessen and the Reich, 1867–1918*, Cambridge, MA 1976, S. 135 f., 144 – 146; Richard S. Levy, *The Downfall of the Anti-Semitic Political Parties in Imperial Germany*, New Haven, CT 1975, S. 148, 181–183; Anthony Kauders, *German Politics and the Jews. Düsseldorf and Nuremberg, 1910–1933*, Oxford 1996, S. 37 f.; zum Antisemitismus des Bundes der Landwirte bzw. der Alldeutschen: Hans-Jürgen Puhle, *Agrarische Interessenpolitik und preussischer Konservativismus im Wilhelminischen Reich (1893–1914)*, Bonn 1975, bes. S. 112–140; Roger Chickering, *We Men Who Feel Most German. A Cultural Study of the Pan-German League 1886–1914*, Boston, MA 1984, S. 236–245, 300.

86 Rudolf Morsey, »Der politische Katholizismus 1890–1933«, in: Anton Rauscher (Hg.), *Der soziale und politische Katholizismus. Entwicklungslinien in Deutschland 1803–1963*, Bd. 1, München 1981, S. 110–165, hier S. 126; Lepsius, *Parteiensystem*, S. 69.

87 Rohe, *Wahlen*, S. 54 f., 73–83, 117; Wilfried Loth, *Katholiken im Kaiserreich. Der politische Katholizismus in der Krise des wilhelminischen Deutschlands*, Düsseldorf 1984; Thomas Nipperdey, *Deutsche Geschichte 1866–1918*, Bd. 2, München 1992, S. 337–350; Margaret L. Anderson, »Voter, Junker, Landrat, Priest. The Old Authorities and the New Franchise in Imperial Germany«, in: *The American Historical Review* 98/5 (1993), S. 1448–1474, hier S. 1451 f., 1464–67; Sperber, *Popular Catholicism*, S. 138 f., betont, wie stabil das katholische Milieu schon vor Beginn des Kulturkampfes war; eine Skizze der Wahlbeeinflussung durch Priester bei Blaschke, »Die Kolonialisierung der Laienwelt«, S. 110–118.

88 »Der Katholikentag«, in: *Jüdische Volkzeitung*, 29. 8. 1913, S. 1; Toury, »Organizational Problems«, S. 58, 63; wichtig auch: Julius Guttmann, »Der Begriff der Nation in seiner Anwendung auf die Juden«, in: *K. C.-Blätter. Monatsschrift der im Kartell-Convent vereinigten Korporationen* 4/4 (1914), S. 69–79, 109–116, bes. S. 77 f.

5 Verrat, Schicksal oder Chance: Kontroversen über den Begriff der Assimilation

1 David Sorkin, »Emancipation and Assimilation. Two Concepts and Their Applications on German–Jewish History«, in: *Leo Baeck Institute Yearbook* 35 (1990), S. 17–33, hier S. 27, 33. Bereits 1966 betonte Jacob Toury, er vermeide bewusst gegenwärtig »als Werturteile verstandene Begriffe, wie ›Assimilation‹, ›Symbiose‹ etc.« und verwende stattdessen den »sachlichere[n] Ausdruck ›Amalgamierung‹«, um die »Verbindung zwischen zwei Gruppen« zu bezeichnen. Dieser Begriff habe zudem den Vorteil, dass er in den »Quellen des 19. Jahrhunderts« häufig auftauche; siehe ders., *Die politischen Orientierungen der Juden in Deutschland. Von Jena bis Weimar*, Tübingen 1966, S. VI.

2 Christhard Hoffmann, »Deutsch-jüdische Geschichtswissenschaft in der Emigration. Das Leo-Baeck-Institut«, in: Herbert A. Strauss (Hg.), *Die Emigration der Wissenschaften nach 1933. Disziplingeschichtliche Studien*, München 1991, S. 257–279, hier S. 272.

3 Marion A. Kaplan, »Tradition and Transition. The Acculturation and Assimilation of Jews in Imperial Germany. A Gender Analysis«, in: *Leo Baeck Institute Year Book* 27 (1982), S. 3–35.

4 Sorkin, »Emancipation and Assimilation«; Jacob Toury, »Emanzipation und Assimilation. Konzepte und Bedingungen« [Hebräisch], in: *Yalkut Moreshet* 2/2 (1964), S. 167–182; Arno Herzig, »Das Assimilationsproblem aus jüdischer Sicht (1780–1880)«, in: Hans Otto Horch/Horst Denkler (Hg.), *Conditio Judaica*, Teil 1: *Judentum, Antisemitismus und deutschsprachige Literatur vom 18. Jahrhundert bis zum Ersten Weltkrieg*, Tübingen 1988, S. 10–28; Scott Spector, *Prague Territories. National Conflict and Cultural Innovation in Kafka's Fin de Siècle*, Berkeley, CA 2000, S. 163–164, 192–193; David A. Brenner, *Marketing Identities. The Invention of Jewish Ethnicity in »Ost und West«*, Detroit, MI 1998, S. 30, 70 f., 75, 81, 89 f.

5 Selma Stern, »Probleme der Emanzipation und der Assimilation«, in: *Der Morgen* 7/5 (1931), S. 423–439, hier S. 438; allgemein: Michael A. Meyer, »German Jewry's Path to Normality and Assimilation. Complexities, Ironies, Paradoxes«, in: Rainer Liedtke/David Rechter (Hg.), *Towards Normality? Acculturation and Modern German Jewry*, Tübingen 2003, S. 13–26, bes. S. 15; siehe auch: Sorkin, »Emancipation and Assimilation«, bes. S. 22 f. Zu Selma Stern: Marina Sassenberg, *Das Eigene in der Geschichte. Selbstentwürfe und Geschichtsentwürfe der deutsch-jüdischen Historikerin Selma Stern 1890–1981*, Tübingen 2004.

6 Statt vieler: R. L. [d. i. Richard Lichtheim], »Der Streit um den Volksbegriff«, in: *Jüdische Rundschau* 24/32 (1919), S. 245–247, hier S. 245. Allerdings räumte

auch Lichtheim ein, die Juden hätten sich »in Sprache und Sitte vielfach anderen Völkern angepasst« (ebd.).

7 Knapp zur Biografie: Selma Stern-Taeubler, »Einleitung: Eugen Taeubler und die Wissenschaft des Judentum«, in: Eugen Taeubler, *Aufsätze zur Problematik jüdischer Geschichtsschreibung 1908–1950*, Tübingen 1977, S. VII–XXIV; David N. Myers, »Eugen Täubler. The Personification of ›Judaism as Tragic Existence‹«, in: *Leo Baeck Institute Year Book* 39 (1994), S. 131–150.

8 Eugen Taeubler, »Die Entwicklung der Arbeit des ›Gesamtarchivs‹ und der Versuch einer methodologischen Gliederung und Systematisierung der jüdischen Geschichtsforschung (1911)«, in: ders., *Aufsätze*, S. 9–20, bes. S. 16. Zu Täublers Aufsatz: Sorkin, »Emancipation and Assimilation«, S. 23 f.

9 Taeubler, »Die Entwicklung der Arbeit des ›Gesamtarchivs‹«, S. 17.

10 Das entspricht Sorkins Unterscheidung in »Emancipation and Assimilation«, S. 27: »Recent historiography has effectively divided the concept of assimilation into two component processes: assimilation by the Jews – the extent to which they attempted to conform to their environment – and assimilation of the Jews – the extent to which Germans accepted them.«

11 Taeubler, »Die Entwicklung der Arbeit des ›Gesamtarchivs‹«, S. 19.

12 Anonym [vermutlich Leo Winz], »Assimilation«, in: *Ost und West* 4/10 (1904), S. 641–654, hier S. 652 f.

13 Ebd.

14 Leo Baeck, »Judentum und Juden. Eine Entgegnung auf die Aufforderung von Professor Josef Kohler«, in: *Liberales Judentum. Monatsschrift für die religiösen Interessen des Judentums* 3/1 (1911), S. 2–5, hier S. 4 f.; zur Biografie Michael A. Meyer, *Leo Baeck. Rabbiner in bedrängter Zeit*, München 2021.

15 Benno Jacob, »Prinzipielle Bemerkungen zu einer zionistischen Schrift«, in: *Der Morgen* 3/5 (1927), S. 527–531, hier S. 529 f.

16 Sorkin, »Emancipation and Assimilation«; bereits 1969 hatte Robert A. Kann den ersten Aufsatz im *Year Book* veröffentlicht, der den Begriff der Assimilation im Titel führt: »Assimilation and Antisemitism in the German-French Orbit in the Nineteenth and the Early Twentieth Century«, in: *Leo Baeck Institute Year Book* 14 (1969), S. 92–115. Eine Definition oder Auseinandersetzung mit der Geschichte des Begriffs sucht man in dem Text aber vergeblich. Indirekt lässt sich schließen, dass der damals an der Rutgers University lehrende Spezialist für die Geschichte des Habsburgerreiches unter Assimilation die zunehmende Angleichung der Berufsstruktur von Juden und Nichtjuden verstand; ihm ging es also allenfalls um wirtschaftliche Aspekte der Assimilation. Grundsätzlich argumentierte Kann im Geiste der quantitativen Sozialgeschichte, die damals die amerikanische Geschichtswissenschaft dominierte.

17 Hans Tramer, »Die geschichtliche Aufgabe«, in: *Bulletin des Leo Baeck Instituts* 1 (1957), S. 1–6, hier S. 3.

18 Guy Miron, »From Memorial Community to Research Center. The Leo Baeck Institute in Jerusalem«, in: Christhard Hoffmann (Hg.), *Preserving the Legacy of German Jewry. A History of the Leo Baeck Institute, 1955–2005*, Tübingen 2005, S. 101–134, hier S. 104 f.

19 Tramer, »Die geschichtliche Aufgabe«, S. 1; Kurt Blumenfeld, »Ursprünge und Art einer zionistischen Bewegung«, in: *Bulletin des Leo Baeck Instituts* 1/4 (1958), S. 129–140, hier S. 140.

20 Max Kreutzberger, »Einleitung«, in: ders. (Hg.), *Leo Baeck Institute New York, Bibliothek und Archiv. Katalog*, Bd. 1, Tübingen 1970, S. XV–XLI, hier S. XIX. Kreutzberger hatte ab 1925 für die Zentralwohlfahrtsstelle der Juden in Deutschland und von 1935 bis 1948 in Palästina für die Hitachduth Olej Germania gearbeitet.

21 Kurt Blumenfeld, *Erlebte Judenfrage. Ein Vierteljahrhundert deutscher Zionismus*, Stuttgart 1962, S. 100; Siegfried Moses, »Weltanschauliche Unterschiede im deutschen Judentum«, in: *Bulletin des Leo Baeck Instituts* 8/32 (1965), S. 346–351, hier S. 351; siehe auch: Miron, »From Memorial Community to Research Center«, S. 116–119.

22 Max Gruenewald, »The Leo Baeck Institute« [ohne Datum], Gruenewald Collection, Archives of the Leo Baeck Institute, New York. Für den Hinweis danke ich Ruth Nattermann (Rom); allgemein zu den ersten Jahren des Instituts siehe dies., *Deutsch-jüdische Geschichtsschreibung nach der Shoah. Die Gründung und Frühgeschichte des Leo Baeck Institute*, Essen 2004.

23 Michael Heymann, »Correspondence«, in: *Leo Baeck Institute Institute Year Book* 4 (1959), S. 355 f.

24 Robert Weltsch, »Introduction«, in: *Leo Baeck Institute Year Book* 12 (1967), S. IX–XXVI, hier S. X; ähnlich auch: Hans Liebeschütz, »Past, Present and Future of German-Jewish Historiography«, in: *Leo Baeck Institute Year Book* 23 (1978), S. 3–21, bes. S. 4 f.; Moses, »Weltanschauliche Unterschiede«, S. 346 f.; laut Moses habe man »stillschweigend ein Übereinkommen« getroffen, »nach welchem jede der früheren Richtungen des deutschen Judentums die Anschauungen der anderen Richtungen respektiert« (S. 347).

25 Carl Cohen, »The Road to Conversion«, in: *Leo Baeck Institute Year Book* 6 (1961), S. 259–279; Robert A. Kann, »Friedrich Julius Stahl. A Re-Examination of His Conservatism«, in: *Leo Baeck Institute Year Book* 12 (1967), S. 55–74; Rudolf A. Stern, »Fritz Haber. Personal Recollection«, in: *Leo Baeck Institute Year Book* 8 (1963), S. 71–102.

26 David N. Myers, *Resisting History. Historicism and Its Discontents in German-Jewish Thought*, Princeton, NJ 2003, S. 165.

27 Raphael Mahler, »Geschichte Israels in der neuesten Zeit« [1961], in: Michael Brenner u. a. (Hg.), *Jüdische Geschichte lesen. Texte der jüdischen Geschichtsschreibung im 19. und 20. Jahrhundert*, München 2003, S. 80–90, hier S. 85; Jizchak Fritz Baer, »Galut« [1936], in: ebd., S. 178–188, hier S. 184. Ausführlich zu Baer siehe: Israel Jacob Yuval, »Yitzhak Baer and the Search for Authentic Judaism«, in: David N. Myers/David B. Ruderman (Hg.), *The Jewish Past Revisited. Reflections on Modern Jewish Historians*, New Haven, CT 1998, S. 77–87, hier S. 81.

28 Walter Gross, »The Zionist Student Movement«, in: *Leo Baeck Institute Year Book* 4 (1959), S. 143–164, hier S. 144.

29 Zosa Szajkowski, »The Struggle for Yiddish during World War I. The Attitude of German Jewry«, in: *Leo Baeck Institute Year Book* 9 (1964), S. 131–158, hier S. 145. Allgemein: Lisa Moses Leff, *The Archive Thief. The Man who Salvaged French Jewish History in the Wake of the Holocaust*, Oxford 2015.

30 Szajkowski, »Struggle for Yiddish«, S. 150.

31 Zosa Szajkowski, »Jewish Relief in Eastern Europe 1914–1917«, in: *Leo Baeck Institute Year Book* 10 (1965), S. 24–56, hier S. 35.

32 Ebd., S. 41, Anm. 78.

33 Ebd., S. 35.

34 Robert Weltsch, »Introduction«, in: *Leo Baeck Institute Year Book* 2 (1957), S. IX–XXVII, hier S. XXVI.

35 Robert Weltsch, »Introduction«, in: *Leo Baeck Institute Year Book* 6 (1961), S. IX–XXV, hier S. XV. Weltsch hat meines Wissens seine eigene Position zumindest in seinen Einleitungen für das *Year Book* nicht systematisch entfaltet. Vermutlich hat Weltsch in seiner Charakterisierung der Überzeugungen Leo Baecks viel von seiner eigenen Haltung offengelegt; siehe Robert Weltsch, »Ten Years after the Death of Leo Baeck. Introduction to Year Book XI«, in: *Leo Baeck Institute Year Book* 11 (1966), S. VII–XXII, bes. S. X–XII.

36 Sigmar Ginsburg, »Die zweite Generation der Juden nach Moses Mendelssohn (1786–1815). Ein Beitrag zur Geschichte der Assimilation der Juden in Deutschland«, in: *Bulletin des Leo Baeck Instituts* 1/2 (1958), S. 62–72, hier S. 63. Andere folgten Weltsch und Ginsburg in ihrer Deutung der Assimilation als ein unvermeidbares Schicksal. In seiner Analyse der preußischen Emanzipationspolitik betonte der damals in New York lehrende Historiker Herbert A. Strauss 1966, dass Juden keine Wahl geblieben sei: »This acculturation was part of a universal process through which groups like the Jewish community, but by no means the Jews alone, were leaving the traditions of a religion-centered world and entered the secular, industrial, commercial, science-oriented rationalistic world of the 19th century.« Herbert A. Strauss, »Pre-Emancipation Prussian Politics towards the Jews 1815–1847«, in: *Leo Baeck Institute Year Book* 11 (1966), S. 107–136, hier S. 135.

37 Georg Herlitz, »Three Jewish Historians. Isaak Markus Jost – Heinrich Graetz – Eugen Taeubler«, in: *Leo Baeck Institute Year Book* 9 (1964), S. 69–90, hier S. 86, 89.

38 Robert Weltsch, »Introduction«, in: *Leo Baeck Institute Year Book* 6 (1961), S. IX–XXV, hier S. XII.

39 Robert Weltsch, »Introduction«, in: *Leo Baeck Institute Year Book* 15 (1970), S. VII–XVIII, hier S. IX, X.

40 Robert Weltsch, »Introduction«, in: *Leo Baeck Institute Year Book* 12 (1967), S. IX–XXVI, hier S. XIV. Ähnlich auch: Ernst J. Cohn, »Three Jewish Lawyers of Germany«, in: *Leo Baeck Institute Year Book* 17 (1972), S. 155–178, bes. S. 177 f.

41 Max Kreutzberger an Hans Liebeschütz, 2. November 1961, Nachlass Hans Liebeschütz, Archives of the Leo Baeck Institute, New York.

42 Die Formel der »one-way street« bei Strauss, »Pre-Emancipation Prussian Politics«, S. 135.

43 Gerson Cohen, »Der Segen der Assimilation in der jüdischen Geschichte« [1966], in: Brenner u. a. (Hg.), *Jüdische Geschichte lesen*, S. 242–245, hier S. 244. Ausgerechnet Gershom Scholem lässt sich ebenfalls als Zeuge für eine Deutung der Assimilation als kreatives Handeln anführen. Zwar spottete Scholem häufig über das »Assimilantentum« der deutschen Juden. Doch in einem Brief an Theodor W. Adorno vom 4. Juni 1939 betonte er, »selbstverständlich« sei »das Unheimliche und Anziehende, wie sehr die originellsten Produkte jüdischen Denkens sozusagen assimilatorischer Natur sind«. Gershom Scholem, *Briefe*, Bd. 1: *1914–1947*, hg. von Itta Shedletzky, München 1994, S. 275; siehe hierzu: Steven E. Aschheim, »The Metaphysical Psychologist: On the Life and Letters of Gershom Scholem«, in: *Journal of Modern History* 76/4 (2004), S. 903–933, bes. S. 915, 929. Siehe auch: Emmanuel Lévinas, »Assimilation and New Culture«, in: ders., *Beyond the Verse. Talmudic Readings and Lectures*, London 1994, S. 196–201. Obwohl die »doctrines and institutions of Europe«, so der französische Philosoph, angesichts zweier Weltkriege, des Faschismus und des Holocaust in hohem Maße belastet seien, bewunderten Juden weiterhin die Idee des Universalismus. Infolgedessen sei auch die Frage der Assimilation weiterhin offen: »We Jews who wish to remain so«, schloss Lévinas, »know that our heritage is no less human than that of the West and is capable of integrating all that our Western past has awoken among our own possibilities. We have assimilation to thank for this« (S. 197, 200).

44 Georg Landauer, »Ueber das Erbe des deutschen Judentums«, in: *Mitteilungsblatt Irgun Olej Merkas Europa* 21/13–14 (1953), S. 1–2, hier S. 2. Bezeichnenderweise wurde der Text als letzter Aufsatz zum ersten *Bulletin des Leo Baeck Instituts* 1 (1957), S. 47 f., wiederabgedruckt. Unmittelbar nach der Gründung

des Leo Baeck Instituts hob Hans Tramer hervor, dass Landauers Argumentation »im Grunde das Programm des neuen Instituts« bilde; ders., »Die Erhaltung unseres Erbes«, in: *Mitteilungsblatt Irgun Olej Merkas Europa* 23/23 (1955), S. 1. Zu Landauer, den Leo Baeck und Siegfried Moses für eine Führungsposition im Institut vorgesehen hatten, siehe: Christhard Hoffmann, »The Founding of the Leo Baeck Institute«, in: ders. (Hg.), *Preserving the Legacy of German Jewry*, S. 14–57, hier S. 31 f.

45 Robert Weltsch, »Introduction«, in: *Leo Baeck Institute Year Book* 5 (1960), S. IX–XX, hier S. XI. Weltsch stützt sich auf Steven S. Schwarzschild, »Samson Raphael Hirsch – The Man and His Thought«, in: *Conservative Judaism* 13/2 (1959), S. 26–45, hier S. 27.

46 Wera Lewin, »Die Bedeutung des Stefan George-Kreises für die deutsch-jüdische Geistesgeschichte«, in: *Leo Baeck Institute Year Book* 8 (1963), S. 184–213, hier S. 185.

47 Moshe Schwarz, »Religious Currents and General Culture«, in: *Leo Baeck Institute Year Book* 16 (1971), S. 3–17, hier S. 9; Susannah Heschel, *Abraham Geiger and the Jewish Jesus*, Chicago, IL 1998.

48 Robert Weltsch, »Siegfried Moses. End of an Epoch«, in: *Leo Baeck Institute Year Book* 19 (1974), S. VII–XI, hier S. VIII. Dass der Zionismus, so Weltsch weiter, ein »Geschenk Europas an die Juden« gewesen sei, »was an epigram coined by Moses Calvary, a forward-looking thinker of the same Zionist generation«.

49 Daten zur Professionalisierung bei Ismar Schorsch, »The Leo Baeck Institute. Continuity Amid Desolation«, in: *Leo Baeck Institute Year Book* 25 (1980), S. IX–XII, bes. S. IX.

50 Milton M. Gordon, *Assimilation in American Life. The Role of Race, Religion, and National Origins*, New York 1964, bes. S. 71, 76 f., hier S. 77. Zur Rezeption Gordons innerhalb der jüdischen Historiografie siehe: Jonathan Frankel, »Assimilation and the Jews in Nineteenth-Century Europe. Towards a New Historiography?«, in: Jonathan Frankel/Steven J. Zipperstein, (Hg.), *Assimilation and Community. The Jews in Nineteenth-Century Europe*, Cambridge 1992, S. 1–37, bes. S. 21–23; Kaplan, »Tradition and Transition«, S. 4 f.; Marsha L. Rozenblit, *The Jews of Vienna. Assimilation and Identity, 1867–1914*, Albany, NY 1984, S. 3 f.; allgemein: Russell A. Kazal, »Revisiting Assimilation. The Rise, Fall, and Reappraisal of a Concept in American Ethnic History«, in: *American Historical Review* 100/2 (1995), S. 437–471, bes. S. 450 f.

51 Herbert A. Strauss, »Akkulturation als Schicksal. Einleitende Bemerkungen zum Verhältnis von Juden und Umwelt«, in: ders./Christhard Hoffmann (Hg.), *Juden und Judentum in der Literatur*, München 1985, S. 9–26, hier S. 9. Strauss hatte sich bereits Mitte der 1960er Jahre mit dem Konzept der Ak-

kulturation auseinandergesetzt; siehe Herbert A. Strauss (Hg.), *Conference on Acculturation. Papers Delivered at the First Lerntag of the American Federation of Jews from Central Europe, New York City, May 16, 1965*, New York 1965; ähnlich: Yehiel Ilsar, »Zum Problem der Symbiose. Prolegomena zur deutsch-jüdischen Symbiose«, in: *Bulletin des Leo Baeck Instituts* 14/51 (1975), S. 122–165.

52 Shulamit Volkov, »Jüdische Assimilation und Eigenart im Kaiserreich«, in: dies., *Jüdisches Leben und Antisemitismus im 19. und 20. Jahrhundert*, München 1990, S. 131–145, 221–225, hier S. 132 f. An anderer Stelle hat Volkov dafür plädiert, das Verhältnis von Assimilation und Dissimilation als eine dialektische Beziehung zu begreifen, um »ein wesentliches Charakteristikum der deutsch-jüdischen Sozial-, Kultur- und Geistesgeschichte zu erklären: das Bestehen aus ›Verschmelzung‹ und ›Eigenart‹«. Dies., »Die Dynamik der Dissimilation. Deutsche Juden und die ostjüdischen Einwanderer«, in: dies., *Jüdisches Leben und Antisemitismus*, S. 166–180, 230–233, hier S. 167.

53 Kaplan, »Tradition and Transition«, S. 4 f. Ähnlich wie Kaplan auch: Paula Hyman, *Gender and Assimilation. Roles and Representations of Women in Modern Jewish History*, Seattle, WA 1995; sowie dies., »Gender and the Shaping of Modern Jewish Identities«, in: *Jewish Social Studies* 8/2–3 (2002), S. 153–161.

54 Ulrich Gotter, »›Akkulturation‹ als Methodenproblem der historischen Wissenschaften«, in: Wolfgang Essbach (Hg.), *Wir – Ihr – Sie. Identität und Alterität in Theorie und Methode*, Würzburg 2001, S. 373–406, hier S. 375. Solle der Begriff der Akkulturation mehr sein »als eine Leerformel«, folgert Gotter, erweise er sich als ebenso »voraussetzungsreich« wie »heikel« und erfordere daher »eine gewissermassen feinmotorische Methodik« (ebd., S. 399). Für den Hinweis auf Gotter danke ich Peter Haber (Basel).

55 Marion A. Kaplan (Hg.), *Geschichte des jüdischen Alltags in Deutschland. Vom 17. Jahrhundert bis 1945*, München 2003.

56 Trude Maurer, *Die Entwicklung der jüdischen Minderheit 1780–1933. Neuere Forschungen und offene Fragen*, Internationales Archiv für die Sozialgeschichte der Literatur Sonderheft 4, Tübingen 1992, S. 172.

57 Henry L. Feingold, »Series Editor's Foreword«, in: Eli Faber, *A Time for Planting. The First Migration, 1654–1820*, Baltimore, MD 1992, S. XI–XII, hier S. XII; Michael Brenner, »Einleitung«, in: ders. / Stefi Jersch-Wenzel / Michael Meyer (Hg.), *Deutsch-jüdische Geschichte der Neuzeit*, Bd. 2: *1780–1871*, München 1996, S. 9–11, hier S. 10; ähnlich auch: Marion A. Kaplan, »Einführung«, in: dies. (Hg.), *Geschichte des jüdischen Alltags in Deutschland*, S. 9–17, bes. S. 13; Michael A. Meyer, »Juden – Deutsche – Juden. Wandlungen des deutschen Judentums in der Neuzeit«, in: ders./Michael Brenner, *Deutsch-jüdische Geschichte der Neuzeit. Zwei Vorträge*, LBI Informationen Sonderheft, Frank-

furt/M. 1998, S. 4–16, hier S. 10; vgl. dagegen: Michael A. Meyer, »German Jewry's Path to Normality and Assimilation«, wo Meyer betont, dass die Kategorie der Assimilation einen höheren analytischen Wert besitze als die der Akkulturation.

58 Elke-Vera Kotowski, »Wege der Akkulturation«, in: dies./Julius H. Schoeps/ Hiltrud Wallenborn (Hg.), *Handbuch zur Geschichte der Juden in Europa*, Bd. 2: *Religion, Alltag, Kultur*, Darmstadt 2001, S. 353–363, 354 f.

59 Elisabeth Bronfen/Benjamin Marius, »Hybride Kulturen. Einleitung zur anglo-amerikanischen Multikulturalismusdebatte«, in: dies. (Hg.), *Hybride Kulturen. Beiträge zur anglo-amerikanischen Multikulturalismusdebatte*, Tübingen 1997, S. 1–29, hier S. 19. Wie Marshall Sahlins gezeigt hat, gehört es unter Anthropologen inzwischen zum guten Ton, den Kulturbegriff als »an operation of the hegemonic distinctions« zu verwerfen, da er ein »ideological trope of colonialism« sei: »an intellectual mode of control that has the effect of ›incarcerating‹ hinterland peoples in their spaces of subjection«. Mit Terence Turner erinnert Sahlins dagegen daran, es gebe gute Argumente »for the historical agency of indigenous people in the face of the capitalist world system – as opposed, that is, to the outlook that dehumanizes the peoples and ignores their struggles by conceiving them only as patients and objects of Western domination. One of the ironies of fashionable discourses of otherness, Turner remarks, ›is that it tends to exaggerate the potency of Western representations to impose themselves upon the ›others‹, dissolving their subjectivities and objectifiying them as so many projections of the desiring gaze of the dominant West‹.« Marshall Sahlins, »›Sentimental Pessimism‹ and Ethnographic Experience. Or, Why Culture Is Not a Disappearing ›Object‹«, in: Lorraine Daston (Hg.), *Biographies of Scientific Objects*, Chicago 2000, S. 158–202, hier S. 160, 193.

60 Zygmunt Bauman, *Moderne und Ambivalenz. Das Ende der Eindeutigkeit*, Hamburg 2005, S. 170, 230.

61 Christina von Braun, *Versuch über den Schwindel. Religion, Schrift, Bild, Geschlecht*, Zürich 2001, S. 439. Ob Brauns Argumentation überzeugt, sei dahingestellt. Zweifel weckt jedenfalls die Tatsache, dass sie die Denotation und Konnotation des Assimilationsbegriffs im frühen 19. Jahrhundert mit einem Zitat aus dem ersten Band des *Brockhaus in 20 Bänden* aus dem Jahre 1966 belegt (ebd., S. 623, Anm. 12). Damit soll nicht behauptet werden, der Begriff der Assimilation sei dem Rassediskurs fremd gewesen; zur Aneignung und Umdeutung des Konzepts in der Bevölkerungswissenschaft: Alexander Pinwinkler, »›Assimilation‹ und ›Dissimilation‹ in der Bevölkerungsgeschichte, ca. 1918–1960«, in: Rainer Mackensen (Hg.), *Bevölkerungsforschung und Politik in Deutschland im 20. Jahrhundert*, Wiesbaden 2006, S. 23–48. Bis

zum Ende des 19. Jahrhunderts dominierte jedoch ein kulturelles Verständnis des Begriffs, wie ihn vor allem die hermeneutische Tradition der Philosophie ab dem späten 18. Jahrhundert entwickelt hatte; siehe Axel Horstmann, »Das Eigene und das Fremde. ›Assimilation‹ als hermeneutischer Begriff«, in: Alois Wierlacher (Hg.), *Kulturthema Fremdheit. Leitbegriffe und Problemfelder kulturwissenschaftlicher Fremdheitsforschung*, München 1993, S. 371–409.

62 Kazal, »Revisiting Assimilation«; Ewa Morawska, »In Defence of the Assimilation Model«, in: *Journal of American Ethnic History* 13/2 (1994), S. 76–87; Marcelo Suarez-Orozco, »Everything You Ever Wanted to Know About Assimilation but Were Afraid to Ask«, in: *Daedalus. Journal of the American Academy of Arts and Sciences* 129/4 (2000), S. 1–30; Rogers Brubaker, »The Return of Assimilation? Changing Perspectives on Immigration and Its Sequel in France, Germany, and the United States«, in: *Ethnic and Racial Studies* 24/4 (2001), S. 531–548.

63 Robert Ezra Park/Ernest W. Burgess, *Introduction to the Science of Sociology*, Chicago, IL 1921, S. 735; siehe hierzu: Richard Alba/Victor Nee, *Remaking the American Mainstream. Assimilation and Contemporary Immigration*, Cambridge, MA 2003, S. 19 f.; sowie Rubén G. Rumbaut, »Assimilation of Immigrants«, in: Neil J. Smelser/Paul B. Baltes (Hg.), *International Encyclopedia of the Social and Behavioral Sciences*, New York 2001, S. 845–849, bes. S. 845 f.

64 Édouard Glissant, *Kultur und Identität. Ansätze zu einer Poetik der Vielheit*, Heidelberg 2013; David N. Myers, »›The Blessings of Assimilation‹ Reconsidered. An Inquiry into Jewish Cultural Studies«, in: David N. Myers/William V. Rowe (Hg.), *From Ghetto to Emancipation. Historical and Contemporary Reconsiderations of the Jewish Community*, Scranton 1997, S. 17–35; Dipesh Chakrabarty, *Provincializing Europe. Postcolonial Thought and Historical Difference*, Princeton 2000; Steven E. Aschheim, »German History and German Jewry. Boundaries, Junctions, and Interdependence«, in: *Leo Baeck Institute Year Book* 43 (1998), S. 315–322; Michael André Bernstein, *Foregone Conclusion. Against Apocalyptic History*, Berkeley 1994; Amos Morris-Reich, »Assimilation«, in: Dan Diner (Hg.), *Enzyklopädie jüdischer Geschichte und Kultur*, Bd. 1, Stuttgart 2011, S. 171–176; Maud Mandel, »Assimilation and Cultural Exchange in Modern Jewish History«, in: Jeremy Cohen/Moshe Rosman (Hg.), *Rethinking European Jewish History*, Oxford 2009, S. 72–92; Scott Spector, »Forget Assimilation. Introducing Subjectivity to German-Jewish History«, in: *Jewish History* 20/3–4 (2006), S. 349–361; Stéphane Beaud/Gérard Noiriel, »L'›assimilation‹, un concept en panne«, in: *Revue internationale d'action communautaire* 21 (1989), S. 63–76; Uwe Wirth, »Assimilation im Spannungsfeld von Hybridität und Pfropfung«, in: Andreas B. Kilcher/Urs Lindner (Hg.), *Zwischen*

Anpassung und Subversion. Sprache und Politik der Assimilation, Paderborn 2019, S. 39–54.

65 Amos Funkenstein, »Die Dialektik der Assimilation«, in: Ulrich Raulff/Gary Smith (Hg.), *Wissensbilder. Strategien der Überlieferung*, Berlin 1999, S. 203–219, hier S. 211.

66 David Biale, »Preface. Toward a Cultural History of the Jews«, in: ders. (Hg.), *Cultures of the Jews. A New History*, New York 2002, S. XVII–XXXIII, bes. S. XIX, XXVII; ähnlich: Sander L. Gilman, »The Frontier as a Model for Jewish History«, in: dies/Milton Shain (Hg.), *Jewries at the Frontier. Accommodation, Identity, Conflict*, Urbana 1999, S. 1–25, bes. S. 5 f.

67 Regina Bendix, *In Search of Authenticity. The Formation of Folklore Studies*, Madison, WI 1997, S. 8. Der Verzicht auf den Begriff der Authentizität, betont Bendix daher, »is one useful step toward conceptualizing the study of culture in the age of transculturation« (ebd., S. 9). Johanna Micaela Jacobsen danke ich herzlich für den Hinweis auf diese Studie.

68 Lionel Trilling, *Das Ende der Aufrichtigkeit*, Frankfurt/M. 1983, S. 91 f.; siehe auch: Richard Handler, »Authenticity«, in: *Anthropology Today* 2/1 (1986), S. 2–4; Susanne Knaller/Harro Müller, »Authentisch/Authentizität«, in: Karlheinz Barck u. a. (Hg.), *Ästhetische Grundbegriffe*, Bd. 7: *Register und Supplemente*, Stuttgart 2005, S. 40–65; dies. (Hg.), *Authentizität. Diskussion eines ästhetischen Begriffs*, München 2006; Erik Schilling, *Authentizität. Karriere einer Sehnsucht*, München 2020.

69 Ben-Zion Dinur, »Die Einzigartigkeit der jüdischen Geschichte« [1968], in: Brenner u. a. (Hg.), *Jüdische Geschichte lesen*, S. 127–131; Hans Kohn, »Assimilation«, in: Georg Herlitz/Bruno Kirschner (Hg.), *Jüdisches Lexikon. Ein enzyklopädisches Handbuch des jüdischen Wissens*, Bd. 1, Berlin 1927, S. 517–523, hier S. 518. Amos Funkenstein hat dagegen argumentiert, die Frage, »was an der jüdischen Kultur original und daher autochthon ist und was andererseits entlehnt, assimiliert und somit fremder Herkunft ist – diese Frage ist häufig irreführend und unhistorisch. Wir sollten im Ergebnis, im Endprodukt nach Originalität suchen, nicht in der Herkunft seiner Bestandteile.« Ders., »Die Dialektik der Assimilation«, S. 217.

70 Lionel Trilling, »Reality in America« [1940], in: ders., *The Liberal Imagination. Essays on Literature and Society*, New York 1950, S. 3–21, hier S. 9.

71 Guy Miron, »Emancipation and Assimilation in the German-Jewish Discourse of the 1930s«, in: *Leo Baeck Institute Year Book* 48 (2003), S. 165–189; Mitchell B. Hart, »Towards Abnormality. Assimilation and Degeneration in German-Jewish Social Thought«, in: Rainer Liedtke/David Rechter (Hg.), *Towards Normality? Acculturation and Modern German Jewry*, S. 329–346; Ritchie Robertson, »Die Erneuerung des Judentums aus dem Geist der Assimilation

1900–1922«, in: Wolfgang Braungart/Manfred Koch/Gotthard Fuchs (Hg.), *Ästhetische und religiöse Erfahrungen der Jahrhundertwenden*, Bd. 2: *Um 1900*, Paderborn 1998, S. 171–193.

72 Friedrich Nietzsche, »Zur Genealogie der Moral«, in: ders., *Kritische Studienausgabe*, Bd. 5, hg. von Giorgio Colli/Mazzino Montinari, München 1988, S. 317.

73 José Casanova, *Public Religions in the Modern World*, Chicago, IL 1994, S. 12. Casanova räumt ein, dass »die Vielfalt der Bedeutungen und Widersprüche des Konzepts es für die vorherrschenden Methoden der empirischen wissenschaftlichen Analyse praktisch unbrauchbar macht« (ebd.).

74 Der einflussreichste Vertreter dieser Lesart vermutlich: Bauman, *Moderne und Ambivalenz*; anregend hierzu: David Feldman, »Was Modernity Good for the Jews?«, in: Bryan Cheyette/Laura Marcus (Hg.), *Modernity, Culture, and ›the Jew‹*, Cambridge 1998, S. 171–187.

75 Willi Goetschel, *Spinoza's Modernity. Mendelssohn, Lessing, and Heine*, Madison, WI 2003, S. 4 f.

76 Michael A. Meyer, »Jewry's Path to Normality and Assimilation. Complexities, Ironies, Paradoxes«, in: Rainer Liedtke/David Rechter Hg., Towards Normality? Acculturation and Modern German Jewry, Tübingen 2003, S. 13–26.

Literaturhinweise

Grundsätzliches

Angus, Ian, *Identity and Justice*, Toronto 2008.

Appiah, Kwame Anthony, *In My Father's House. Africa in the Philosophy of Culture*, New York 1993.

Baier, Annette C., *Moral Prejudices. Essays on Ethics*, Cambridge MA 1994.

Balibar, Étienne, *On Universals. Constructing and Deconstructing Community*, New York 2020.

Barth, Frederik, *Ethnic Groups and Boundaries. The Social Organization of Culture Difference*, Bergen 1969.

Bauman, Zygmunt, *Moderne und Ambivalenz. Das Ende der Eindeutigkeit*, Hamburg 2005.

Benhabib, Seyla u. a., *Kosmopolitismus und Demokratie. Eine Debatte*, Frankfurt/M. 2008.

Berlin, Isaiah, »Jewish Slavery and Emancipation«, in: Norman Bentwich (Hg.), *Hebrew University Garland. A Silver Jubilee Symposium*, London 1952, S. 18–42.

Bernstein, Michael A., *Foregone Conclusion. Against Apocalyptic History*, Berkeley 1994.

Biale, David u. a. (Hg.), *Insider / Outsider. American Jews and Multiculturalism*, Berkeley 1998.

Castro Varela, María do Mar/Nikita Dhawan, *Postkoloniale Theorie. Eine kritische Einführung*, Bielefeld 2020.

Chakrabarty, Dipesh, *Provincializing Europe. Postcolonial Thought and Historical Difference*, Princeton, NJ 2000.

Cohen, Gerson, *Jewish History – Jewish Destiny*, New York 1997.

Conrad, Sebastian/Shalini Randeria (Hg.), *Jenseits des Eurozentrismus. Postkoloniale Perspektiven in den Geschichts- und Kulturwissenschaften*, Frankfurt/M. 2002.

Davis, Natalie Zemon, »Polarities, Hybridities. What Strategies of Decentring«, in: Germaine Warkentin/Carolyn Podruchny (Hg.), *Decentring the Renaissance: Canada and Europe in Multidisciplinary Perspective, 1500–1700*, Toronto 2001, S. 19–32.

Deleuze, Gilles, *Differenz und Wiederholung*, München 1992.
Diagne, Souleymane Bachir/Jean-Loup Amselle, *In Search of Africa(s). Universalism and Decolonial Thought*, Cambridge 2020.
Forst, Rainer, *Toleranz im Konflikt. Geschichte, Gehalt und Gegenwart eines umstrittenen Begriffs*, Frankfurt/M. 2003.
Funkenstein, Amos, *Jüdische Geschichte und ihre Deutungen*, Frankfurt/M. 1995.
Gleason, Philip, *Speaking of Diversity. Language and Ethnicity in Twentieth-Century America*, Baltimore 1992.
Glissant, Édouard, *Kultur und Identität. Ansätze zu einer Poetik der Vielheit*, Heidelberg 2013.
Hall, Stuart, *The Fateful Triangle. Race, Ethnicity, Nation*, Cambridge, MA 2017.
Kymlicka, Will, *Multicultural Citizenship. A Liberal Theory of Minority Rights*, Oxford 1995.
Levy, Jacob T., *The Multiculturalism of Fear*, Oxford 2000.
Okin, Susan Moller, »Feminism and Multiculturalism. Some Tensions«, in: *Ethics* 108 (1998), S. 661–684.
Phillips, Anne, *Unconditional Equals*, Princeton 2021.
Raz, Joseph, »Multikulturalismus. Eine liberale Perspektive«, in: *Deutsche Zeitschrift für Philosophie* 43/2 (1995), S. 307–327.
Sen, Amartya, *Identity and Violence. The Illusion of Destiny*, New York 2006.
Shklar, Judith N., *Der Liberalismus der Furcht*, Berlin 2013.
Taylor, Charles, *Multikulturalismus und die Politik der Anerkennung*, Frankfurt/M. 2009.
Tully, James, *Strange Multiplicity. Constitutionalism in an Age of Diversity*, Cambridge 1995.
White, Richard, *The Middle Ground. Indians, Empires, and Republics in the Great Lakes Region, 1650–1815*, Cambridge 1991.
Young, Iris Marion, *Justice and the Politics of Difference*, Princeton, NJ 2011.

Zeitgenössisches

Arendt, Hannah, *Wir Juden. Schriften 1932 bis 1966*, München 2019.
Baeck, Leo, *Werke*, hg. Albert H. Friedlander, 6 Bde., Gütersloh 2006.
Beer, Michael, *Der Paria. Trauerspiel in einem Aufzuge*, Leipzig 1826.
Bernays, Jacob, *Ein Lebensbild in Briefen*, hg. von Michael Fraenkel, Breslau 1932.
Blumenfeld, Kurt, *Erlebte Judenfrage. Ein Vierteljahrhundert deutscher Zionismus*, Stuttgart 1962.
Cohen, Hermann, *Jüdische Schriften*, 3 Bde., Berlin 1924.
Dohm, Christian Wilhelm, *Über die bürgerliche Verbesserung der Juden. Kritische und kommentierte Studienausgabe*, 2 Bde., Göttingen 2015.

Eliot, George, *Daniel Deronda*, London 1876.
Fuchs, Eugen, *Um Deutschtum und Judentum. Gesammelte Reden und Aufsätze*, Frankfurt/M. 1919.
Fürst, Max, *Gefilte Fisch. Eine Jugend in Königsberg*, München 1973.
Goldmann, Nahum/Gershom Scholem/Golo Mann u.a., *Deutsche und Juden*, Frankfurt/M. 1967.
Goldschmidt, Hermann Levin, *Das Vermächtnis des deutschen Judentums*, Frankfurt/M. 1957.
Granach, Alexander, *Da geht ein Mensch. Autobiographischer Roman*, Augsburg 2003.
Gronemann, Sammy, *Tohuwabohu*, Berlin 2019.
Greve, Ludwig, *Wo gehörte ich hin? Geschichte einer Jugend*, Frankfurt/M. 1994.
Haam, Achad, *Am Scheidewege. Gesammelte Aufsätze*, 2 Bde., Berlin 1923.
Herz, Henriette, *Henriette Herz in Erinnerungen, Briefen und Zeugnissen*, hg. von Rainer Schmitz, Berlin 2013.
Heuss, Theodor, *An und über Juden. Aus Schriften u. Reden (1906–1963)*, Düsseldorf 1964.
Holländer, Ludwig, *Deutsch-jüdische Probleme der Gegenwart*, Berlin 1929.
Jellinek, Adolf, *Aus der Zeit. Tagesfragen und Tagesbegebenheiten*, Budapest 1886.
Jonas, Regina, *Kann die Frau das rabbinische Amt bekleiden? Eine Streitschrift*, Teetz 2000.
Kaznelson, Siegmund (Hg.), *Juden im deutschen Kulturbereich*, Berlin 1959.
Klemperer, Victor, *Jugend um 1900. Curriculum vitae*, 2 Bde., Berlin 1989.
Lazarus, Moritz, *Was heißt national?*, Berlin 1880.
Lewald, Fanny, *Ein Leben auf dem Papier. Fanny Lewald und Adolf Stahr. Der Briefwechsel 1846 bis 1852*, 3 Bde., Bielefeld 2014–2017.
Mendelssohn, Moses, *Jerusalem oder die religiöse Macht und Judentum*, hg. von Michael Albrecht, Hamburg 2005.
Moszkowski, Alexander, *Der jüdische Witz und seine Philosophie. 399 Juwelen, echt gefaßt*, Berlin 1922.
Pappenheim, Bertha, *Literarische und publizistische Texte*, Wien 2002.
Richarz, Monika (Hg.), *Jüdisches Leben in Deutschland. Selbstzeugnisse zur Sozialgeschichte*, 3 Bde., Stuttgart 1976–1982.
Riesser, Gabriel, *Gesammelte Schriften*, 3 Bde., Frankfurt/M. 1867–1868.
Scholem, Gershom, *Briefe*, 3 Bde., München 1994–1999.
Susman, Margarete, *Gesammelte Schriften*, 4 Bde., Göttingen 2022.
Tergit, Gabriele, *Effingers. Roman*, Frankfurt/M. 2019.
Varnhagen, Rahel Levin, *Briefwechsel mit Jugendfreundinnen*, Göttingen 2021.
Wassermann, Jakob, *Mein Weg als Deutscher und Jude*, Berlin 1921.

Historisches

Aschheim, Steven E., *Brothers and Strangers. The East European Jew in German and German Jewish Consciousness, 1800–1923*, Madison 1982.

Baader, Benjamin M., *Gender, Judaism, and Bourgeois Culture in Germany, 1800–1870*, Bloomington, IN 2006.

Baron, Salo Wittmayer, *A Social and Religious History of the Jews*, 18 Bde., New York 1952–1983.

Bechtel, Delphine, *La renaissance culturelle juive en Europe centrale et orientale 1897–1930. Langue, littérature et construction nationale*, Paris 2002.

Biale, David (Hg.), *Cultures of the Jews. A New History*, New York 2002.

Birnbaum, Pierre/Ira Katznelson (Hg.), *Paths of Emancipation. Jews, States, and Citizenship*, Princeton 1995.

Brenner, Michael, *Kleine jüdische Geschichte*, München 2019.

Carlebach, Elisheva/Deborah Dash Moore (Hg.), *Confronting Modernity, 1750–1880*, New Haven 2019.

Davis, Natalie Zemon, *Drei Frauenleben. Glikl, Marie de l'Incarnation, Maria Sibylla Merian*, Berlin 1996.

Diner, Dan, *Gedächtniszeiten. Über jüdische und andere Geschichten*, München 2003.

Dubnow, Simon, *Weltgeschichte des jüdischen Volkes. Von seinen Uranfängen bis zur Gegenwart*, 10 Bde., Berlin 1925–1929.

Gay, Freud, *Juden und andere Deutsche. Herren und Opfer in der modernen Kultur*, München 1989.

Gilman, Sander/Jack Zipes (Hg.), *The Yale Companion of Jewish Culture in Germany*, New Haven 1997.

Gotzmann, Andreas/Rainer Liedtke/Till van Rahden (Hg.), *Juden, Bürger, Deutsche. Zur Geschichte von Vielfalt und Differenz 1800–1933*, Tübingen 2001.

Hacohen, Malachi, *Jakob & Esau. Jewish European History between Nation and Empire*, New York 2019.

Hess, Jonathan M., *Jews, Germans, and the Claims of Modernity*, New Haven 2002.

Jensen, Uffa, *Gebildete Doppelgänger. Bürgerliche Juden und Protestanten im 19. Jahrhundert*, Göttingen 2005.

Judd, Robin, *Contested Rituals. Circumcision, Kosher Butchering, and German-Jewish Political Life in Germany, 1843–1933*, Ithaca 2007.

Kaplan, Marion A. (Hg.), *Geschichte des jüdischen Alltags in Deutschland. Vom 17. Jahrhundert bis 1945*, München 2003.

Kaplan, Marion A., *The Making of the Jewish Middle Class. Women, Family, and Identity in Imperial Germany*, Oxford 1991.

Katz, Jacob, *Aus dem Ghetto in die bürgerliche Gesellschaft. Jüdische Emanzipation 1770–1870*, Frankfurt/M. 1986.

Kaznelson, Siegmund (Hg.), *Juden im deutschen Kulturbereich*, Berlin 1959.

Lerner, Paul F., *The Consuming Temple: Jews, Department Stores, and the Consumer Revolution in Germany, 1880–1940*, Ithaca 2015.

Mahler, Raphael, *A History of Modern Jewry, 1780–1815*, London 1971.

Meyer, Michael A./Michael Brenner (Hg.), *Deutsch-jüdische Geschichte in der Neuzeit*, 4 Bde., München 1995–1997.

Meyer, Michael A., *Die Anfänge des modernen Judentums. Jüdische Identität in Deutschland, 1749–1824*, München 2011.

Mosse, George L., *Jüdische Intellektuelle in Deutschland. Zwischen Religion und Nationalismus*, Frankfurt/M. 1992.

Myers, David N., *Resisting History. Historicism and Its Discontents in German-Jewish Thought*, Princeton 2003.

Penslar, Derek, *Shylock's Children. Economics and Jewish Identity in Modern Europe*, Berkeley 2001.

Pulzer, Peter, *Jews and the German State. The Political History of a Minority, 1848–1933*, Oxford 1992.

Robertson, Ritchie, *The »Jewish Question« in German Literature, 1749–1939. Emancipation and Its Discontents*, Oxford 1999.

Rürup, Reinhard, *Emanzipation und Antisemitismus. Studien zur »Judenfrage« in der bürgerlichen Gesellschaft*, Göttingen 1975.

Schüler-Springorum, Stefanie, *Geschlecht und Differenz*, Paderborn 2014.

Slezkine, Yuri, *The Jewish Century*, Princeton, NJ 2019.

Sorkin, David, *Jewish Emancipation. A History Across Five Centuries*, Princeton, NJ 2019.

Spector, Scott, *Prague Territories. National Conflict and Cultural Innovation in Kafka's Fin De Siecle*, Berkeley 2000.

Steinberg, Michael P., *Judaism Musical and Unmusical*, Chicago, IL 2007.

Ulbrich, Claudia, *Shulamit und Margarete. Macht, Geschlecht und Religion in einer ländlichen Gesellschaft des 18. Jahrhunderts*, Wien 1999.

Volkov, Shulamit, *Deutschland aus jüdischer Sicht. Eine andere Geschichte vom 18. Jahrhundert bis zur Gegenwart*, München 2022.

Wobick-Segev, Sarah, *Homes Away From Home. Jewish Belonging in Twentieth-Century Paris, Berlin, and St. Petersburg*, Stanford 2018.

Danksagung

Dieses Buch ist auch das Ergebnis von vielen Gesprächen mit Kolleginnen und Kollegen. Ihnen allen bin ich für Anregungen und Kritik, Ermunterung und Freundschaft verpflichtet. Die Stimmen von Werner Angress, Afef Benessaieh, Sharon Gillerman, Jonathan Hess, Richard Levy, Gilad Margalit, Reinhard Rürup und Michael Stolleis fehlen mir. Ich hoffe, in diesem Buch lebt etwas von ihrer klugen und menschenfreundlichen Art fort.

Die Arbeiten an den Fragen des Buches reichen weit zurück. Erste Schritte habe ich in Köln unternommen, einer Stadt, in der etwas von von der melancholischen Relativität der Werte zu spüren ist. Lernen durfte ich dort von Franziska Bedorf, Daniel Fulda, Patricia Hayes, Natalie Scholz und Hans-Peter Ullmann. Die Zuversicht, dass aus einer vagen Idee ein Buch werden könnte, verdanke ich der Freundschaft mit Michael Geyer und einem einjährigen Aufenthalt an der University of Chicago. In Hyde Park konnte ich zudem mit Leora Auslander, Ari Joskowicz und Andrew Sloin diskutieren. In Montreal kam Widerspruch und Ermunterung von Karin Bauer, Carolin Bem, Marcus Funck, Jens Hacke, Jennifer Jenkins, Lisa Leff, Harry Liebersohn, Laurence McFalls, Suzanne Marchand, Kristina Schulz, Robert Schwartzwald, Lisa Silverman, Sherry Simon, Helmut Walser Smith, Scott Spector, Anoush Terjanian, Barbara Thériault und Bob White. In Mainz begleiteten mich Anne Friedrichs, Sarah Panter, Johannes Paulmann und John Carter Wood. In Wien und Genf erhielt ich Impulse von Aleida Assmann, Jan Biba, Carolyn Biltoft, Ayşe Çağlar, Karolina Koziura, Vladimir Malakhov, Shalini Randeria, Jyotirmaya Sharma und Miloš Vec. In Bad Homburg, Frankfurt und Offenbach unterstützten mich Gabriele Annas, Seyla Benhabib, Zijad Dolicanin, Heinz Druegh, Andreas Fahrmeir, Menachem Fisch, Rainer Forst,

Kerstin von der Krone, Peter Niesen, Yael Peled, Nicole Reinhardt, Michael Rosen, Matthew Specter, Ferdinand Sutterlüty, Frank Trentmann und Johannes Voelz. Am Sorbischen Institut in Bautzen hießen mich Susanne Hose und Jana Piňosová willkommen. Seit fast siebzig Jahren ist das Leo Baeck Institut ein Forum des Gesprächs über jüdische Geschichte. Im Umfeld des Instituts habe ich von dem Austausch mit Steven Aschheim, Michael Brenner, Ari Dubnov, Adi Gordon, Sharon Gordon, Andreas Gotzmann, Raphael Gross, Christhard Hoffmann, Marion Kaplan, Guy Miron, Peter Pulzer, Stefanie Schüler-Springorum, Ulrich Sieg und Shulamit Volkov profitiert. Dass sich Otto Freundlichs Komposition aus dem Jahre 1938 auf dem Umschlag befindet, ist das Verdienst von Inka Bertz. In dieser Form geht das Buch auf die Zusammenarbeit mit Isabell Trommer zurück. Auf ihr Vertrauen und ihren Rat, ihren Langmut und ihre Ungeduld konnte ich mich ebenso verlassen wie auf die sorgfältigen Korrekturen von Jakob Borchers. Ihnen allen danke ich von Herzen.

Für finanzielle und logistische Unterstützung und gute Arbeitsbedingungen stehe ich in der Schuld der Alexander von Humboldt-Stiftung, dem Albert Hirschman Centre on Democracy, Genf, dem Institut für die Wissenschaften vom Menschen in Wien, dem Leibniz Institut für Europäische Geschichte in Mainz, dem Sonderforschungsbereich »Transformationen des Populären« an der Universität Siegen, dem Canada Research Chair Program, dem Centre canadienne d'études allemandes et européennes an der Université de Montréal, dem Exzellenzcluster »Die Herausbildung normativer Ordnungen«, Frankfurt, und vor allem dem Forschungskolleg Humanwissenschaften in Bad Homburg.

Abschließen konnte ich das Buch in Offenbach, einer Stadt, in der die Wirklichkeit der einen auf das Leben der anderen trifft. In allen Ecken türmten sich zu Hause die Bücherstapel und ich saß oft mit dem Computer auf dem Sofa. Trotzdem hat Julia alles ermöglicht, jede Zeile gelesen, jeden Gedanken gewogen. Auch dieses Buch hätte ich ohne sie nie geschrieben. Danke.